U0943494

四川大学外国语学院
学术文丛

中央高校基本科研业务费研究专项（哲学社会科学）项目
——青年教师科研启动基金项目“美国电视真人秀：
文化工业与身份认同”（skq01247）

真实的建构与消解

——美国电视真人秀中的身体与社会

Construction and Dissolving of Reality:
Body and Society in American Reality TV Shows

吕琪 著

Sichuan University Press
四川大学出版社

责任编辑:王　玮
责任校对:陈　蓉
封面设计:米迦设计工作室
责任印制:王　炜

图书在版编目(CIP)数据

真实的建构与消解：美国电视真人秀中的身体与社会 / 吕琪著. —成都：四川大学出版社，2016.7
(四川大学外国语学院学术文丛)
ISBN 978-7-5614-9684-8

Ⅰ.①真…　Ⅱ.①吕…　Ⅲ.①文娱活动-电视节目-研究-美国　Ⅳ.①G229.712

中国版本图书馆 CIP 数据核字（2016）第 162496 号

书名　**真实的建构——美国电视真人秀中的身体与社会**
Zhenshi de Jiangou—Meiguo Dianshi Zhenrenxiu zhong de Shenti yu Shehui

著　　者　吕　琪
出　　版　四川大学出版社
地　　址　成都市一环路南一段 24 号 (610065)
发　　行　四川大学出版社
书　　号　ISBN 978-7-5614-9684-8
印　　刷　郫县犀浦印刷厂
成品尺寸　148 mm×210 mm
印　　张　12.5
字　　数　324 千字
版　　次　2016 年 11 月第 1 版
印　　次　2016 年 11 月第 1 次印刷
定　　价　35.00 元

◆读者邮购本书,请与本社发行科联系。
电话:(028)85408408/(028)85401670/
(028)85408023　邮政编码:610065
◆本社图书如有印装质量问题,请寄回出版社调换。
◆网址:http://www.scupress.net

序

自20世纪60年代英国伯明翰学派在文化研究另辟蹊径以来，传媒研究一直“处于文化研究的中心位置”（at the heart of cultural studies）[①] 并具有明显的跨学科性质。对于文化研究学者而言，传媒产业及其文化产品既是政治体制、社会文化与技术联姻的产物，又毫无疑问积极参与到社会发展与文化形塑的进程当中。最近十年，随着新媒体技术的迅猛发展，大众传媒的概念似乎正在逐渐被自媒体、分众等新概念所替代，然而，事实是，在新媒体技术的时代，跨国、跨领域兼并连纵的大众传媒集团丝毫未显颓势，整个传媒产业反而因与新技术的融合而更加繁荣。因此，大众传媒的概念实际上仍有其意义，对大众传媒的研究也依然具有重要的价值。吕琪老师基于自己潜心研究多年的心得而完成的这部专著着重研究了美国电视真人秀。美国电视真人秀正是伴随着新媒体技术的发展而异军突起的商业电视节目新形态，其席卷荧屏的发展态势之猛烈，对美国电视整个生态的影响之巨大，都足以让其成为审视美国当下社会文化的症候及分析其发展趋势的恰当的切入点。

---

① Jessica Munns, Gita Rajan, eds. : *A Cultural Studies Reader: History, Theory, Practice*, New York: Longman, 1995, p. 297.

吕琪老师是我的青年同事，对美国传媒文化研究一直有着浓厚的兴趣，长于把文学批评理论与文化研究相结合，对媒体现象进行学理梳理和社会性分析。该著作是她在博士学习和研究的扎实基础上取得的成果之一，显示了她对大众流行的文化现象背后的历史、社会和意识形态因素一贯的敏锐体察和独到解读。作者将真人秀的研究置于媒体形态研究的学理框架内，梳理了国内外学界对真人秀研究的现状，界定了研究的对象、理论视角、研究内容和研究意义，从历史、文本和社会三个方面对真人秀的形态发展历史、形态特征、社会功能和文化影响进行了全面的考察，并集中研究了电视真人秀对现实进行建构与消解的方式与影响。

该著作对真人秀发展的历史分析主要从两方面展开：一是梳理了真人秀所传承的秀文化的传统，指出美国秀文化的繁荣在于其娱乐性和大众性间的紧密联系，但植根于美国多元民族杂糅社会境况下的美国秀文化始终将文化偏见和歧视作为创造娱乐性的资源；二是重在分析美国电视节目形态发展过程中电视与真实之间的关系变化，真实被电视化以及电视被真实化的交织共生状态。因此，电视真人秀的出现和它在流行文化中的得势就不是一种偶然现象，而具有历史的必然性，是美国商业电视为了履行其对真实进行定义的社会功能与它需要保持高度娱乐性的业态要求所造就的。在进行历史分析的基础上，作者用了相当大的篇幅选择了美国21世纪第一个十年最流行、最有影响力和代表性的大量真人秀节目文本作为案例分析，进一步从微观角度分析了真人秀文本对真实的象征系统进行建构的方式。

该著作对真人秀文本进行意识形态分析的全面和犀利体现在：以社会学的身体研究相关理论为基础，作者既聚焦于真人秀文本对真人秀参与者的身体与身份的利用，又剖析了真人秀参与者利用自身的身体与身份资本建构自身认同和社会定位的方式，进而落脚在这些具有冲突和颠覆潜力的意识形态素，如何被叙事整合为一个有机的象征系统，最终有效地起到对主流意识形态的支撑作用。著作的最后一章再次把真人秀放到宏观的社会语境当中进行研究，也是全书的亮点之一，作者敏锐地指出电视真人秀在新媒体时代起到的不可替代的社会实验场所的功能，而这一功能也就赋予了这一高度娱乐性的节目形态参与政治的潜力。

吕琪博士对真人秀的关注始于其2008年至2009年在美国南加州查普曼大学访学期间，其时正值美国总统大选的高潮，娱乐与政治的多样复杂的联姻让其甚为有感，进而将真人秀作为严肃的科研课题进行剥丝抽茧般考量。现在吕琪博士的新作即将付梓，又恰逢美国2016年总统大选进行到最盛之时，此次选举由于两位总统候选人的突出个性和话题性而似乎具有高度的娱乐性，正如一出充满戏剧性的“真人秀”引来世界的围观，而其中的一位候选人恰是她专辟一章进行分析的流行真人秀节目的主角，不可不谓是一种具有深意的巧合。大众媒体的娱乐性背后所深藏的政治议题是具有极大现实意义的研究领域，潜力巨大，期待吕琪博士在未来的研究中做出更多的探索。

是为序。

石　坚

于川大花园

2016年11月1日

摘　要

在 20 世纪末到 21 世纪初的美国，一种新的电视节目形态——真人秀——迅速崛起，成为一种不可忽视的文化现象。其崛起之时，正是美国电视产业面对来自新媒体的挑战而前途未卜之际。但是作为一种成熟的大众传媒形式和产业，电视对美国大众文化的塑造与主流观念的传递，仍然起着不可取代的作用。美国电视的运行机制高度依赖于形态划分，这意味着一种新形态的大规模崛起往往暗示了电视产业正在发生某种重要转型和变化，我们可以借以审视美国当下的社会与文化的变化趋势与潮流。电视真人秀将“真实”作为自身的形态标签，却又将“真人”（即非演员性质的以本色出现的节目参与者）作为最重要的娱乐卖点，因此它又提供给我们一个审视电视与真实、电视与大众关系的极佳视角。本书以美国电视真人秀为研究对象，旨在从历史、文本和社会的角度对这一新形态的发展历史、形态特征、社会功能和文化影响进行全面的考察，并以此讨论电视真人秀、真人与社会间的多维关系，其中电视真人秀对真实的建构与消解是本书研究的重点。

美国电视真人秀为我们提供的文本有两个层面。首先，它本身即是一个电视节目形态发展历史的文本，这一文本要置于历史和社会的框架下进行解读；此外，它的迅速流行和繁荣又给我们提供了相当丰富的可供细读分析的当下的影像语言文本。本书选择了美国电视真人秀中具有代表性和影响力的四组案例作为文本细读对象。它们分别是美国哥伦比亚广播公司（CBS）电视台的《生存者》（*Survivor*）和《老大哥》（*Big Brother*），美国全国广播公司（NBC）电视台的《学徒》（*The Apprentice*），福克斯（Fox）电视台的《美国偶像》（*American Idol*），美国广播公司（ABC）电视台的《单身汉》（*The Bachelor*）、《超级保姆（美国版）》（*Super Nanny: American Version*）以及《极致改造之家庭版》（*Extreme Makeover: Home Edition*）。这些真人秀节目既代表了真人秀的不同子形态，又都属于美国四大无线电视网的金牌节目，具有较大的社会影响力和号召力；它们所涉及的内容、要素构成和叙事方式既各有特点和侧重，又相互呼应，具有充足的可比性。本书既力图从宏观的角度把握作为一种新形态的电视真人秀在历史、文化和社会中的表征意义，又努力尝试对它的内容进行文学文本式的细读，从微观的角度，深入、细化地评析文本的具体内容和构建方式。本书主要聚焦于这些文本围绕真人的身体和身份所编织的象征体系、这些象征体系建构真实和阐释真实的方式及其最终所实现的意识形态的功能。

本书认为，电视真人秀是一种新兴的主流电视节目形态，在继承美国“秀”文化和电视文化的双重传统的基础上，将真人秀参与者的身份与身体作为真实性的源泉和建构真实的载体，从而深入介入并重塑真实，实现了其整合个体的社会认同与国家的意识形态功能，又反映并助推了新媒体时代的文化转型。

围绕这一总论点，本书主要分为三个部分七个章节进行了分层论证。绪论介绍了选题缘由和研究对象，对媒体形态研究的学术背景和流派进行了梳理，界定了研究内容和意义以及主要的研究方法和理论，提供了电视真人秀相关研究的国内外综述。在研究理论和方法上，本书主要综合应用约翰·汤普森对文化文本的意识形态分析方法和社会学的身体研究的相关理论。汤普森的意识形态分析方法强调将文本视为象征形式的集合整体，置于历史文化的框架下进行分析，而社会学的身体研究的核心议题则与本书对真人在真人秀的文本构建乃至社会功能的实现上所起作用的关注不谋而合。将两者结合运用到电视真人秀的文本细读当中，则是本书在电视真人秀的研究方法上做出的一种探索和创新。

本书的第一章和第二章主要从历史的角度梳理美国电视真人秀的形态特征与形态化的历程。第一章简要梳理了真人秀所传承的“秀”文化的传统，讨论它所依托的美国电视媒体的性质，并从历史文化的角度定义和限定本书所讨论的电视真人秀。美国“秀”文化的特征与精髓在于其娱乐性和大众性的紧密联系，它对于塑造一个有别于欧洲传统的美国文化具有建设性的意义。但是另一方面，美国“秀”文化又始终将文化偏见和歧视作为其娱乐性的创造性源泉，将历史和社会的烙印深深打在娱乐文化的产品之上。美国电视是美国“秀”文化在电子传媒时代最重要的载体，它既承袭了“秀”文化的娱乐化传统，又因其在技术上与真实的天然联系而不断塑造着“秀”文化新的面貌。围绕电视的真实性和娱乐性所产生的争议也影响了学术界对电视真人秀这一形态的认同与定义。在分析学术界围绕真人秀所产生的争议的基础上，本书将所讨论的电视真人秀进行了文化历史意义上的定义：“为20世纪90年代末到21世纪初，美国电视网中出现的以真人（包括普通人和名人）本色出镜，以展示或者竞技才艺、展示或竞技常态和特殊情景中的个人与群体的经历和生活状态等为内容，通常运用全国范围大规模海选或者观众投票等鼓励即时互动的节目手段，在黄金时段播出的以没有剧本地真实呈现冲突与改变为卖点的娱乐节目形态。”

在这一定义的基础上，第二章以电视与真实间的关系作为梳理脉络，在美国电视节目形态演变的框架中回顾电视真人秀的形态化历程，并对电视真人秀的子形态进行了划分。美国电视与真实间的关系经历了从呈现真实、参与真实，再到重塑真实的过程。在这个过程中，电视不断调整其组织现实影像的方式以满足受众对真实的预期。体育比赛转播、新闻报道以及纪录和文献片将电视对真实的呈现引向了对矛盾和冲突的反映；综艺秀、游戏秀和脱口秀，则在普通人的普通性与真实性之间建立了明确的关联，为电视全面进入重塑真实的阶段打下了基础。电视的社会影响力和它所呈现的真实在事实上的“超真实”性，进一步刺激了受众期待通过电视改变生活现实的渴望。在这些形态发展的基础上，电视真人秀这一形态明确地将“真人参与”和“重塑真实”两个因素相结合，进一步模糊并跨越了电视真实与现实真实间的界限，开启了一种新的节目形态。这一节目形态强调普通到非凡之间的各种转换方式，并且将之塑造为可以通过电视实现的真实。本书也据此为电视真人秀的子形态划分提供了一种新的研究思路，以补充传统的总结归纳型划分方式在理论思考上的不足。

第三章到第六章则以文本细读的方式审视了电视真人秀围绕真人参与者所调用的象征形式系统，这些系统所构建的真实以及它们颠覆、支撑或巩固的观念。第三章主要讨论哥伦比亚广播公司电视台的《生存者》节目，从纵向的角度重点对相隔十年的第一季与第十九季的文本进行对比分析。《生存者》利用真人参与者身体和身份上的多元化，在异国情调的蛮荒之中巧妙还原了一个微缩的当下美国社会，同时它通过挖掘真人身体和身份上的矛盾潜力以制造冲突和戏剧性，并以此凸显其真实性。它将自然态的身体与文明化的社会竞争规则置于生存的游戏当中，两者的碰撞和身体的最终屈服隐喻了现代人之生存境况。同样是将竞争作为叙事的中心线路并将真人的身份作为戏剧性冲突的源泉，第四章的分析案例美国全国广播公司（NBC）电视台的《学徒》则将真人们置于纽约这一现代化大城市的心脏——曼哈顿区，与《生存者》互文。《学徒》更为明确地将真人参与者化身为种种二元对立模式的要素，其中男性与女性以及精英与草根的对立被作为贯穿整个前三季的冲突模式。“无剧本”的竞争结果存在颠覆传统观念的潜力，但象征和叙事却依然巩固了二元对立中前项的优越地位。除了调用普通真人作为戏剧性的资源，《学徒》还塑造了名人特朗普这一重要的象征，作为整个真人秀合法性的核心，通过将之化身为“美国梦”的代言人，树立他的权威，最终社会的等级制度被个人成败所取代，从而消解了制度化不平等的现实。

《生存者》和《学徒》通过精心控制选角来保证参与其中的真人的代表性和戏剧性潜力。《美国偶像》则另辟蹊径，将公开的选角过程作为最重要的叙事策略，既凸显真人秀的真实性又最大限度地调用了真人资源。第五章以《美国偶像》为案例，主要分析这一真人秀将具有个性的真人们的身体进行分类呈现，并步步打造为符合“美国偶像”标准的流行音乐偶像的过程，并剖析真人参与者和受众是如何被鼓动加入文化产品的生产流程，以及其最终自愿被整合进文化工业方式的过程。《美国偶像》通过这一过程持续地向流行文化工业和现行的经济与政治体制致敬，有效地将个人认同、流行文化工业认同和国家意识联系起来。

与前三章主要通过对单个真人秀的多个文本进行纵向分析不同，第六章选取从哥伦比亚广播公司电视台的《老大哥》到美国广播公司电视台的《单身汉》、《超级保姆》（美国版）以及《极致改造之家庭版》的一组四个真人秀进行横向比较分析，讨论这一子形态下的真人秀对日常生活全方位介入的范围、力度与方式。从个体的人际交往到爱情婚姻中的两性关系，再到家庭的秩序乃至社区的运作，日常生活因真人秀的介入而显得非凡。在非凡的奇观效应下，真人的身体和生活方式所受到社会和机制的规诫与控制首先被娱乐化，之后被日常化和常规化，最后被内化为真人自我的要求和行为方式。

最后，第七章从宏观的角度将美国电视真人秀置于它所植根的当下社会背景中进一步考察。本书认为电视真人秀充当了新媒体时代的社会实验场所，电视也因此重新巩固和调整了自身的社会功能以及履行这一功能的方式。真人秀的节目在象征体系上发挥着整合国家与社会认同的意识形态功能，同时，它助推了大众更主动、积极，以更具有创造性的方式参与大众文化的生产。它所提供的社会实践的平台，具有将娱乐的文化力量引向更严肃的政治议题的潜力。

笔者希望通过对电视真人秀这一电视新形态的全面考察，更具体地探究大众媒介影响和塑造社会与文化的方式与趋势，同时也希望借此对文学研究与大众文化研究间的贯通做出新的尝试和贡献。

关键词： 美国电视真人秀；真人；象征形式；意识形态；身体

At the turn of the 20th and 21st centuries, Reality TV or Reality TV Show emerged and thrived rapidly in America as a new television genre, which has become a noticeable cultural phenomenon. Its rapid development is sided with the unsure future of American television industry which is facing the challenges posed by the new media. Yet, as a very mature mass communication medium and an industry, television is still playing a crucial role in shaping American mass culture as well as conveying mainstream ideas. American television relies highly on genres, thus the big rise of a new genre usually suggest this industry is undergoing some important transformation and changes, via which we can examine the trends and ethos of current American society and culture. Besides, Reality TV is the television genre which is named clearly with the very tag of "reality", but it also sells the participations of "real people" as the most important entertaining element, so it offers us a particularly good angle of view into the complex relationships between television and reality, and between television and its viewers. Studying American Reality TV in historical, textual and social contexts, this book aims to provide an overall examination of this new genre, including the history of its forming and development, its generic characteristics, its social functions and cultural influences. When analyzing the multiple relations between Reality TV, real people and society, this book will focus on the ways reality is constructed and dissolved.

The texts American Reality TV offers us should be rendered with from two aspects: first of all, the genre itself can be considered as a historical text of American TV genre development, which should be interpreted in a broad historical and social framework; secondly, its popularity has provided us a rich body of media texts which can be read closely. This book then has chosen four groups of cases of American Reality TV shows to carry out a close reading. They are *Survivor* and *Big Brother* from CBS, *The Apprentice* from NBC, *American Idol* from FOX, and *The Bachelor*, *Super Nanny: American Version* and *Extreme Makeover: Home Edition* from ABC. These cases represent different subgenres of Reality TV, and they are all very popular shows that have considerable social influences. While they have their own distinctive characteristics and features in the sense of contents, forms and narratives, they are corresponding to and comparable with each other as well. Thus, this book intends to provide both a broad account of the representations of Reality TV as a genre in historical, cultural and social contexts, and a close reading of its media cases, analyzing their contents and constructions in a deep and concise way with special attention on the symbol systems established around real people's bodies and identities, the ways those systems construct and interpret reality, and ultimately the ideological functions achieved.

This book argues that as a newly emerging mainstream television genre, having inherited the twin legacies from the traditions of American show culture and television culture, Reality TV, by using real people and their bodies as the sources and carriers of reality, interferes into and reshapes reality, functions ideologically to integrate the individual's self and social recognition with broader consciousness of community and nation, and ultimately reflects and assists the cultural transformation at the era of new media.

This book is divided into three parts and seven chapters to expound and verify this thesis. Introduction gives a literature review of media genre studies and Reality TV studies, defines the object, methods, contents and value of this research. John Thompson's ideological analysis of cultural texts and the relevant sociological theories on body studies are the mainstays of research theory and methods of this book. Thompson's ideological analysis of cultural texts emphasizes the importance of viewing texts as the integral body of symbols and symbolic forms in the historical and cultural framework, while the key subject of the body studies in sociology matches well the major concerns of this book in real people's roles in the textual construction as well as the social functions of Reality TV. It is also an exploration for this book to combine these two into the close reading of Reality TV show cases.

The first and second chapters survey the generic characteristics of American Reality TV and its generic development from the historical angle. The first chapter looks into the tradition of American show culture and the nature of American TV culture, and redefines Reality TV in a historical and cultural sense. American show culture is characterized by the bond between entertainment and mass popularity, which helps differentiate American culture from its European traditions. On the other hand, American show culture continuously uses cultural prejudices and biases as its creative sources, which leaves a deep historical and cultural mark on its entertainment products. As the most important carrier of American show culture at the age of digital communication, American TV passes on the entertainment culture, but remolds it constantly because of its natural connection with presenting reality. The debates around television's nature of being real or entertaining also impact the recognition and acceptance of Reality TV as a genre. After analyzing the disputes on American Reality TV, the dissertation offers an alternative historical and cultural definition of this genre. It is defined as an unscripted prime-time entertainment television genre appearing at the turn of the 20th and 21st centuries in American television networks which is characterized by presenting real people's conflicts and changes when they are showing their talents or living experiences in their daily life or in some fictional scenarios.

On the basis of this definition, in light of the relations between television and reality, the second chapter reviews the generic development of American Reality TV in the context of television genres′ evolution. The relationship between American television and reality has experienced three phases, from presenting reality, to participating reality, and finally to transforming reality. During the process, television adjusts its ways of organizing images of reality to meet the viewers′ anticipation of television reality. The sports show, the news show, documentary and docudrama connect presenting reality with showing contradiction and conflicts, while the variety show, the game/quiz show and the talk show relate reality with ordinariness of real people, which pushes television into the phase of transforming reality. Television's social impacts and the surreal spectacles of its reality presenting stimulate viewers′ longings of changing their life realities by the power of television. With the evolution of television genres, Reality TV clearly combines real people's participation with transformation of reality, which blurs and transgresses the boundary between television reality and factual reality, and opens up a new television genre. Reality TV emphasizes the spectacular ways of transforming the ordinary to the extraordinary, and shapes these processes as a kind of reality which can be achieved with the aid of television. With this categorizing, this book also sets out to explore a new theoretical approach to classifying subgenres of Reality TV to supplement the traditional way of categorizing by conclusion.

Chapter Three to Six carry out a close reading of the texts of Reality TV shows, examining the symbol systems fabricated around Reality TV participants and the ideas those systems have subverted, sustained or reinforced. From a chronological point of view, the third chapter analyzes and compares CBS's *Survivor* Season One and Season Nineteen, which are separated in broadcasting time by ten years. By making use of the diversity of real people's bodies and identities, *Survivor* restores a mini-American society in exotic wildness, exploiting the contradicting elements imbedded in real people's bodies and identities to create conflicts and drama that is to manifest its realness. Real people's natural bodies clash with the modernized rules of competition in the game of survivors and the submission of the former to the latter is a metaphor of the living conditions modern people have to deal with. Similarly placing competition at the core of storyline and using real people's identities as the sources of dramatic conflicts, the fourth chapter's case *The Apprentice* by NBC locates real people in Manhattan, the heart of the metropolitan New York City, which can be read as inter-textuality of *Survivor*. *The Apprentice* incarnates real people into a series of binary oppositions, while those between men and women, and between the elites and the grassroots run through the whole first three seasons as the main conflict patterns. As unscripted shows, the results of those competitions have the potential to subvert traditional prejudices or discriminations, but the symbol systems and the narratives in those shows still reinforce the advantageous status of the former item over the latter in those binary oppositions. In addition to ordinary people's participation, *The Apprentice* molds Trump, the celebrity millionaire, to be the core symbol which legitimizes this show's rationale. He is made the corporeal symbol of American dream, and he is shaped as the sole authority in the show, thus the class system of the society is replaced by personal success, while the reality of institutional injustice is dissolved.

By controlling the casting, both *Survivor* and *The Apprentice* ensure the real people participating in the Reality TV shows are politically, culturally and regionally representative and they also possess the potential of drama, while instead, *American Idol* presents the casting process as the most important strategy of showing the realness and expanding its real people pool to the most degree. The fifth chapter reveals the process of classifying real people's bodies and molding the ones with distinctive characters and personalities into standardized American idols, and discusses how the real people participants and viewers are encouraged to join into the manufacturing of cultural products and finally volunteer to be integrated into the cultural industry. This process in *American Idol* is a process of paying tribute to the popular culture industry and the current economic and political systems, and it relates the individual's self identification with the recognition of popular culture and national consciousness effectively.

Different from the former three chapters' chronological angles of text reading, the sixth chapter selects a group of Reality TV shows as cases to make a crosswise examination of the range, depth and ways Reality TV shows penetrate and interfere into real people's daily life. From interactions between individuals, the sexual relationships in love and marriage to the orders of families and the operation of communities, every aspect in the daily life of real people gets extraordinary transformation with the interference of Reality TV shows. With its spectacular effects, the discipline and controls cast on real people's bodies and their lifestyles by the social institutions become entertaining events, then they are turned into routines and accepted as part of daily life, and finally they are absorbed by real people and converted to be the latter's self-requirements and ways of behaving.

In the end, the seventh chapter takes a broad view point of the social context American Reality TV shows root. This book holds that Reality TV shows are playing the role of social experiment arenas, and therefore, television has reinforced and adjusted its social functions as well as the ways of carrying out those functions. Reality TV shows' symbol systems function to sustain the recognition of America as a nation and relates personal recognition with social recognition, but on the other hand, it pushes the mass to participate into the production of mass culture in a more active and creative manner, and with the social practice platform it offers, those cultural forces in entertainment may lead to concerns of more serious political issues.

By a thorough examination of Reality TV as a new genre, this book pursues to explore the impacts of mass media and their ways of shaping society and culture in a more concrete and concise way, via which we also hope to make new contribution to a convergence of literature studies and cultural studies.

Key words: American Reality TV; real people; symbolic forms; ideology; body

目　录

绪　论

第一节　选题缘由

21 世纪肇始的第一个十年，一种试图在人为设置的情景中揭示真实人物的真实性格或反应的电视节目风靡美国的电视荧屏，并逐渐成为一种基本的美国电视节目形态。无论从这一形态的电视节目的数量还是其收视率上看，它都已经改变了 21 世纪初美国的电视景观和生态。

在美国，这类电视秀的形态被冠以了不同的名称，如“真实电视秀”（reality television shows）、“真实竞赛秀”（reality competition shows）。有些节目由于其内容和形式上的接近又被进一步归为某一种子形态，如“改头换面秀”（makeover shows）、“真实游戏秀”（reality game shows）、“名人竞技秀”（celebrity competition shows）、“才能秀”（talents shows）以及“慈善电视秀”（charity TV shows）。但是，这些复杂多变又莫衷一是的命名并没有真正阻碍电视从业人员或观众认识到一种新的节目形态的崛起这一事实。目前在美国的社会话语和学术界中，“真实电视”（reality TV）或“真实秀”（reality shows）被广泛地用来作为这一形态的通称。根据著名的调查公司尼尔森公司（Nielson）

的调查报告，在2010年，全美黄金时段固定播出的最受欢迎即收视率最高的五大电视节目中，其中4个节目都被归于真实电视或真实秀形态之列①。美国的四大电视网，即哥伦比亚广播公司（以下简称CBS电视台），全国广播公司（以下简称NBC电视台），美国广播公司（以下简称ABC电视台）以及福克斯广播公司（以下简称福克斯电视台或FOX电视台），都将这一节目形态作为黄金时段的重头戏。而专门以真实电视或真实秀形态为主要内容的频道也开始设立，比如福克斯电视台的“福克斯真实频道”（FOX Reality）等。

“Reality TV”在国内曾被译为“真人秀”“生活秀”“真实秀”“真实电视”“真实剧场”等，但这一节目形态一般被称为“真人秀”。这一命名不仅得到了社会话语的认可，也被国内学界的大多数研究者所采用。国内一些电视台借鉴美国这一迅速流行的电视形态的形式制作了中国版《美国偶像》（*American Idol*）——《超级女声》，在国内掀起了电视真人秀的热潮，也引起了国内特别是影视传播研究学界的关注。由于国内对真人秀的研究主要关注发生在中国的这一文化现象，而把美国的电视真人秀大多作为比较的背景，因此学者大多采用了通俗的“真人秀”这一译法。

---

① “U. S. Top 10s and Trends in 2010”, Nielson, <http://www.nielsen.com/us/en/newswire/2010/u-s-top-10s-and-trends-for-2010.html>, 2011－01－12. 全球最著名的收视率以及数据调查公司尼尔森公司自1952年开始对美国电视收视率进行统计，它的数据从某种程度上已经成为左右注入美国各大电视台的资金流的指挥棒，也成为美国电视行业进行自我调整的指南针。在2010年的尼尔森公司的《全美娱乐以及媒体十大榜单以及潮流》的公开报告中，在“全美黄金时段固定播出节目”一项当中，位居前五的分别是“《美国偶像》周二秀”“《美国偶像》周三秀”“《与星共舞》比赛秀”“NBC周日橄榄球之夜”以及“《与星共舞》结果秀”，而排在前十的节目中，还包括位居第八的《生存者》。真人秀可以说已经占据了美国黄金时段最受欢迎的电视节目的半壁江山。

但是中文将英文“reality”（真实）译为“真人”（real people）应是借鉴了1998年的美国著名科幻讽刺电影《楚门的世界》（*Truman Show*，直译为《楚门秀》）中主人公带有寓意的“楚门”（Truman）即“真人”这一名字。“楚门”（Truman）一语双关，“秀”则暗示了男主角在片中的遭遇：一个在自己不知情的情况下成为全民娱乐节目主角的普通真实的人。美国的电视节目惯常采用主持人或主角的名字来命名，但在《楚门的世界》中，男主角并非主持人，也不是演员，而是“扮演”了自己的普通人。他的真实人生成为他人消遣娱乐的节目，在无所不在的隐藏摄像头的监视和记录下，从其呱呱坠地到成家立业的全过程暴露无遗。但是他生活中所有的场景和人际关系不过都是节目制作人的精心设计，所以他只是扮演了别人所期待他实现的人生角色。“真人”是影片中这一电视秀的卖点和主角，然而这里的真实人生是被他人设计、被抽空了“真实”的传统内涵的虚拟现实。影片中所描述的“楚门真人秀”突破了美国以往的电视节目形态，清晰勾勒并定义出了一种在新的技术和商业模式联姻下可能出现的新的节目形态。值得玩味的是，从这部影片的结局来看，它对电视真人秀这种节目形态的刻画显然是负面的和持批判态度的，具有警世的意义。但事实上，这部影片的轰动非但没有阻止一种新形态的产生，反而是对这一新形态最好的宣传。因为，这一形态的出现已经不是某个制作人异想天开的杰作，而是美国电视媒体发展的必然。

美国的电视文化是一种对形态划分高度依赖的文化。介入电视文化的各方，无论是电视从业人员、广告商、学者还是观众，都要依靠对形态的划分来制作、流通、选择、理解和应用媒体文本。这些作为文化商品的媒体文本，就如同超市的商品一样，由于其数量众多而必须进行适当的划分，否则这种丰富性导致的混乱会让销售者和消费者无从下手，而混乱导致的低效率也违背了现代工业的首要原则。

传统上来说，美国电视从业人员习惯把电视节目播出时间划为各个时段，即清晨（5点—9点）、日间（9点—16点）、晚间边缘（16点—19点）、晚间黄金时段导入档（19点—20点）、晚间黄金时段（20点—23点）、深夜新闻时段（23点—23点35分）以及深夜边缘时段（23点35分—次日2点）；各个电视节目也被划分为不同的节目形态，如新闻、戏剧、喜剧、体育、肥皂剧、脱口秀；不同的播出时段有与其相对应的较为固定的节目形态，他们将这一过程称为“节目排表”（scheduling）。但是这一过程并不是某人随心所欲的结果，它要求电视从业人员深入研究市场和观众收视习惯，并对观众的喜好做出预测。因此，电视业界还对一年的不同月份进行了划分，其中2月、5月、7月和11月被称为“全胜月”（Sweeps），这几个月的节目安排至关重要，因为它会影响到这一季度的广告费用的设定。对于观众而言，“节目安排”也是非常重要的参考信息，观众可以通过它提前得知他们何时何地可以得到他们想要的文化商品。如果这些商品销量良好，就意味着节目安排是成功的，那么电视台就可以将未来的节目安排连同预期的收视率卖给广告商和更广阔的商业世界，因为后者的潜在客户也许就在观众当中。

对于电视业界来说，文化商品的数量通常不是最重要的，因为它们真正的商品是观众和收视率。因此，商品的质量是关键。尽管收视率的高低本身能够成为质量的证明之一，但是为了节目长久的品牌效应和个人的荣誉，业界还需要一种看起来更具学术性、较少商业性的质量评判标准。这种学术性的认可又能进一步影响公共舆论和观众的判断力。正如不同种类的商品其质量明显不具备可比性一样，不同形态的电视节目文本的质量也被认为不应该被置于同一评判标准下进行比较。因此，由美国“电视艺术和科学学院”（Academy of Television Arts & Sciences，简称为ATAS）、“全国电视艺术与科学学院”（National Academy of Television Arts & Sciences，简称为NATAS）和“国际电视艺术与科学学院”（International Academy of Television Arts and Sciences）联合颁发的美国电视“艾美奖”（Emmy Awards）对电视文本质量进行评价时，也利用适当的形态划分以确保其奖项的专业性和公正性。同样，电视媒体研究的学者和评论家在批评和分析这些文本时，通常也会依照通用的形态划分标准让他们的研究方向或批评对象更集中，更具有学术性。

因此，电视节目形态已成为任何电视节目秀自然的不可分割的组成部分，以至于人们往往会将这些形态划分视为理所当然，直到某些新的难以被既有形态划分所纳入的电视文本的出现。在这种情况下，新形态的出现往往给予学者们新的视角来审视媒体和文化间的关系，但是这个新的视角由于还在生成期，既不稳定又难以预料其走势，因而极具挑战性，极有可能误导或是被误解。真人秀正是这样的一种新形态，它给我们提供了新的富有挑战性的视角和大量具有丰富象征意义的媒体文本。

伴随这一形态的迅猛发展和文化影响力的与日俱增，文化批评家和媒介研究学者开始对它投以越来越多的关注。同时，“真实电视”或是“真实秀”这些方便的命名术语也成为引发争议的所在。真人秀之所以吸引学术界和批评界的注意力，不仅在于它的大规模流行所引发的流行文化潮流的变化，还在于它的命名中背负了“真实”这样的符号。对于这些学术关注而言，如何定义这一新形态应是首要问题。

对于真人秀的繁荣，有两种主题在学术争论中频繁出现：一是讨论真人秀是否是“秀如其名”的真实或是究竟多大程度上是真实的，二是真人秀的真实性和流行性是如何实现的，具有什么样的意义。这两大议题很多情况下互相关联，彼此呼应。在学术争议中，这两个议题之间的关系是非常复杂的，而关于真人秀的流行和它的真实性究竟该如何理解，学术界也难以达成一致。学术界对真人秀的真实性的这种强烈兴趣和关切来源于一种人文学科由来已久的“求真”的哲学诉求，这一诉求根植于西方哲学发展历史当中。

求真是西方哲学的一个核心内容，西方的人文学科从来没有停止过对“真”的定义和解释。然而，“真”仍然是一个非常抽象的诉求。在中文中，“真”既可以被组合成“真理”“真实”“真实性”等较抽象的概念，也可以被理解为“真相”“事实”等较具体的事物。我们通常认为“真”在英文中对应的是“truth”这一词语，但是，英文中对“truth”的定义却相当含糊。比如，在《牛津高阶英汉双解词典》（第四版）中，对“truth”的定义有三项，其中前两项定义了该词作为不可数名词时的用法，其英文解释分别为“quality or state of being true”以及“that which is true”，均是用它的形容词形式来解释名词，基本属于同词重复，并不能作为有效的定义。而其最后一个定义，是该词用作可数名词时的解释，这时作者做出了稍有不同的说明，即“fact，belief，etc. that is accepted as true”①。值得注意的是，在这三个英文定义项中，都没有使用到另一个常被中文翻译为“真”的词语，那就是“reality”或“real”。同样，在对

① 霍恩比主编：《牛津高阶英汉双解词典（第四版）》（简化汉字本），李北达编译，商务印书馆/牛津大学出版社，1997年，第1634页。“quality or state of being true”直译为“真实的特性或状态”；“that which is true”直译为“真实的事物”；“fact，belief，etc. that is accepted as true”直译为“被接受为真实的事实或信仰”。而词典中，译者则将其分别翻译为“真实（性）”“真相；实情；真实情况；事实”“真理，原理”。

"reality" 的英文定义中，"truth" 或 "true" 也没有用上。在同一本词典中，"reality" 的定义也有三项，前两项为不可数名词，分别解释为 "quality of being real or of resembling an original" 以及 "all that is real; the real world, as contrasted with ideals and illusions"；最后对其作为可数名词的解释为 "thing that is actually experienced or seen; thing that is real"①。

比较 "truth" 和 "reality"，我们可以发现，编者们在解释后者时除了用到同义的形容词，还用更具体的概念和事物加以解释，如"与理想和幻想相对"。与 "truth" 相比，"reality" 里没有包括"真理"这样的抽象概念，但是两者在"真实"和"真实性"这一意义上有重合。相比这下，"reality" 指涉的是更具体的"现实""事实""眼见为实"的客观世界，但是又承认了"真实性"可能也指"与其模仿的东西的相似性"这样的与纯粹的"真实"有出入的意义。两个词语本身定义上的模糊和它们之间的这种似是而非的关系，不仅存在于概念当中，也存在于人们实际的认知和使用当中。

正如词典在定义 "truth" "reality" 这类经常使用却具有丰富内涵的概念时遭遇的困局一样，对于大多数人而言，"真"必须用某种实在的物质化的事实或现实来加以衡量和定义。但是这些事实或是现实却难以避免地要通过某种形式的表征作为意义的中介。而这又导致了另一场关于表征的长期的争议，即一物由另

① 霍恩比主编：《牛津高阶英汉双解词典（第四版）》（简化汉字本），李北达编译，商务印书馆/牛津大学出版社，1997 年，第 1240 页。"quality of being real or of resembling an original" 直译为"真的或与原物相似的特性"；"all that is real; the real world, as contrasted with ideals and illusions" 直译为"所有的真的事物，真的世界，与理想或是幻想相对"；"thing that is actually experienced or seen; thing that is real" 直译为"被实际经历或目睹的东西，真的东西"。词典中译者的翻译则分别为"真实（性）"、"现实；现实世界"以及"实际经历或目睹过的事物"。

一物来代表的准确性。换句话说，“真”必然并且只能存在于某种形式的文本、话语或影像当中。问题在于，如果“真”或是真理被认为是一种恒在的不变的存在，代表它的物质现实却会由于人们认知上或是了解和理解世界的方式的变化而发生变化。因此，人们对“真”的理解无法恒定不变。

古代西方哲学家和思想家始终被这样的困惑所驱使，试图找到终极的答案。“事物的真实究竟是什么样的”“我们要如何解释事物的变化”等成为他们需要回答的问题，而在对这些问题的长期思考中，他们逐步形成了另外一种认知，那就是事物往往和他们看上去的情况并不一致，表象常常远离真理①。但是对于表征的功能和意义，古典论家们的观点不尽相同，甚至大相径庭。比如，一方面，柏拉图宣称表征是误导人们远离真实以及真理的幻想，而从事这样活动的人，如诗人，将不被纳入他所设想的理想国之中②；而另一方面，亚里士多德则通过对诗人以及诗艺的辩护指出表征的各种形式或模仿乃是人类的天性，对于人类来说是非常自然和重要的，是将人与动物进行区分的主要人类活动③。

除去哲学上的争辩，自 18 世纪资本主义启蒙时期开始，西方社会对“真”的诉求更明显地外化为对科学知识的追求和技术的革新。通过对自然法则，也就是自然的真理和原理的追求以及更深入的研究，人们得以了解世界，而这些知识也不断推动着技术的进步。这里的真理和原理应该被解释为自然的客观真实的存在状态。但是，在人们对其的认知逐渐加深的基础上，这种了解自然客观存在的努力，又逐渐转变为一种对之进行控制和干预

---

① Samuel Enoch Stumpf，James Fieser，《西方哲学史：从苏格拉底到萨特及其后》，北京：北京大学出版社，2003 年，第 5 页。

② 柏拉图：《理想国》，吴献书译，上海：上海三联书店，2009 年，第 71 –80 页。

③ 亚里士多德：《诗学》，陈中梅译注，北京：商务印书馆，1996 年，第 47 页。

的欲望。在这样的背景下，对“真”的追求不再局限于对客观存在的真实的了解，还在于如何在此基础上创造理想的现实。对自然现实加以改造让其更符合理想中的现实的状态，也成为“求真”的途径。

在这场西方世界上演的宏大的历史图景当中，媒体技术的革新充当了重要的角色。在现代社会，人们的生活和思维方式以及对社会的了解都受他们从大众传媒中获得的二手经验和知识的深刻影响。这种影响的威力不亚于他们直接参与社会生活获得的第一手经验，有时甚至会超越和取代后者影响人们对事物的判断。自从古登堡（Gutenberg）的印刷术革命以来，媒体技术作为“人的延伸”①，已经从反映现实发展到参与和干预现实。当这种参与的深度和广度持续加大时，人们已经不可能离开它们去了解世界乃至自我。这也正是媒体逐渐开始改变对真实的定义的时刻，而不可避免地，它们也将对“真”做出新的定义。

当哈贝马斯（Jurgen Habermas）在区分“传统社会”与资本主义社会时，他强调说，对于后者而言，“革新本身就制度化了”，“这种机制能够保证目的理性活动的子系统不断发展，从而动摇了（传统社会的）制度框架在生产力面前的传统的‘优越性’”②。从这个意义上而言，作为一个国家，美国社会从一开始便不属于“传统社会”，而其文化的发展始终伴随着大众传媒

① “人的延伸”这一比喻取自加拿大著名媒介研究学者马歇尔·麦克卢汉（Marshall McLuhan）的《理解媒介：论人的延伸》一书。其中，他对媒介施加于社会和文化的深刻影响做了新颖独到却具有争议的革命性分析。他指出，一切媒介都是对人的身体，特别是感觉的延伸；而同时，任何一种塑造社会生活的产品又会让社会付出沉重的适应它的代价。参见马歇尔·麦克卢汉：《理解媒介：论人的延伸》，何道宽译，北京：商务印书馆，2003 年。

② 哈贝马斯：《作为“意识形态”的技术与科学》，李黎、郭官义译，上海：学林出版社，1999 年，第 53 页。

科技的相对快速的革新。传媒技术的革新构成了流行文化变化的技术基础，而革新又不可避免地导致信息交换和获取方式的变化。但是，这样的变化是否达到了可引发文化转型的程度，则不仅仅是由技术革新决定的。传统和制度同样是限制或指引文化转型方向的条件之一，而相对地，传统和制度上的变化也是判断文化是否发生转型的指标。

在进入21世纪之后，“新媒体”“新媒体时代”这样的词语开始频繁出现在公众话语之中。不可否认，以电脑、互联网、手机等构成的新媒体技术是传媒科技的重大革新，但是，它的文化影响力和它是否拉动了文化转型等问题却亟须更详细深入的研究。我们在评价新的媒体技术对当前文化的影响力时，恰恰可以进一步研究被认为在新媒体的攻击下地位岌岌可危的电视工业及其文化。要判断新的媒体是否已经取代了既有的老的主流传媒方式成为新的支柱，我们需要审视新的媒体是否已经实现了老的媒体所有的重大的技术和社会功能。因此，不是每一个新的媒体技术的出现都可以带领社会进入一个新的媒体的时代。而当一个媒介成为另一个媒介的内容时，前者的性质会得到更清晰的呈现，而这时也是我们能够对其进行更透彻研究的时候。因此，在新媒体正在将电视这一媒体纳入其中并逐渐成为一种强大的媒体力量之时，也正是我们可以深入研究电视文化的时机。另一方面，对电视的研究也有助于我们理解正在形成并渐成主流的新媒体文化的影响。麦克卢汉对这样的研究做了一个形象的比喻，那就是“鱼到了岸上才知道水的存在”①。

既然媒体已经成为现代文化最重要的影响源和最典型的具有

① 埃里克·麦克卢汉、弗兰克·秦格龙编：《麦克卢汉精粹》，何道宽译，南京：南京大学出版社，2000年，第35页。

说服力的表征之一，那么媒体研究也因此处于文化研究的中心地位。在媒体研究当中，媒体的可信度与真实性，即它与真实的关系，总是受到学术界的高度关注。因此，本书认为，鉴于美国电视真人秀所带有的“真实”的符号、其所造成的电视文化流行现象以及它的兴起与“新媒体时代”在公共话语和文化影响力上崛起的时间的一致，它无疑为我们提供了绝佳的理解当代美国文化的文本，同时也能够作为一个合理、严肃的研究议题，让我们可以透过它去进一步了解和讨论正在美国文化和思想中发生的微妙且深刻的变化。

第二节　课题学术背景：媒体形态研究/形态批评理论变迁

美国电视真人秀的研究隶属于媒体的形态研究这一传统。在当代西方媒体研究中，形态研究（genre studies）也叫形态批评（genre criticism），是以影视节目形态为对象的学术研究，在影视研究的理论和实践中占据重要位置。

在英文中，“形态”（genre）一词的英文词源来自于法语和拉丁文，意指“类型”、“类别”、“样式”或“种类”。在法语中，“genre”一词意为“类型”或“种类”，其拉丁词根为“*genus*”，也指涉“类型”、“分类”、“阶级”或“种类”。但是这一术语在媒体研究使用时具有特定而更复杂的含义，使用“形态”（genre），而不是“形式”（format）或是“类型”（type）这些更常见的表示形式或类型的词语，是因为“形态”指涉的是包含形式和类型的含义更丰富的概念。将“genre”译为“形态”，也反映出这一术语所要涵盖的多个方面，兼顾媒体文本的存在形式和其表现的运动状态[①]。这一术语的有效性和重要性在于，一方面它意味着众多的影视作品具有相似性和可归纳性，使纷繁的媒体文化文本具有可比性和相对稳定性；而另一方面，它又显示了媒体文本的工业化和类型化本质，暗示存在某种对其进行约束和限定的规则和规范。因此，对于"形态"概念的界定和厘清是形态研究重要的组成部分，其本身即可作为一个研究分支或课题[②]。

多数媒体的形态研究对"形态"这一概念的应用很大程度上基本延续了传统文论中的文类理论，将"形态"定义为具有某些相似特点的文本（节目或媒体产品）的特定集合，是指遵守某种文化传统或社交惯例，为达到某种特定的修辞或审美目的的话语集合形式[③]。"形态"在文学文本意义上可以从两个维度来理解：共时的（synchronic）和历时的（diachronic）。前者是指历久而不变的受到规律约束的文学形式，后者则是指特定时代的读者对一种特定词汇话语组合的认同[④]。形态反映并受到其他社会文化经济符码的牵制，代表某种较稳定的却又具有开放性的文化框架。与跨越众多文化仍然具有普遍性的文类研究不同的是，媒介研究的文本发展时间短，始终处于变化之中，与各国的文化历史因素有更紧密的联系。按照兹维坦·托多洛夫（Tzvetan Todorov）的划分，文学的形态倾向于理论性，是文论家们在归

---

① 刘利群、傅宁编著：《美国电视节目形态》，北京：中国传媒大学出版社，2008年，第1页。

② Ralph Cohen, "History and Genre", *New Literary History*, 1986, Vol. 17, pp. 203－318.

③ Nick Lacey, *Narrative and Genre: Key Concepts in Media Studies*, New York: St. Martin's Press, 2000, p. 132.

④ Thomas Kent, *Interpretation and Genre: The Role of Generic Perception in the Study of Narrative Texts*, London and Toronto: Associated University Presses, 1986, p. 15.

纳文本的基础上提出的。而相比之下，目前的西方媒体研究中的形态更倾向于历史性的划分，是大众文化所接受或公认的形态分类①。

对媒体进行形态研究始于电影研究的反精英主义浪潮以及学术界对大众文化研究兴趣的增加。保罗·威尔曼（Paul Willemen）认为，在20世纪60年代末70年代初，一种新的有别于传统的电影艺术风格研究（auteur theory）的电影理论出现之后，形态研究开始在电影研究理论中占据特殊位置。首先，形态研究是为了挑战和取代电影研究中的精英主义研究方法，即一部电影对应一个特殊的个体即导演，因此其好坏取决于这个导演和少数评论家的趣味。形态研究则要把电影放回“大众”的背景下，认为电影的影响力来源于流行艺术生产的传统。其次，形态研究的兴起与结构主义和意识形态研究密切相关，即认识到任何形式的艺术生产都是一种被社会历史限定了规则的活动，而电影理论则应该去挖掘植根于某类电影下的深层结构，还原它们的社会基础②。因此，形态研究不是仅仅关注一部电影的质量好坏或品位高低，而是将电影形态的内在特点和外在运作规律作为研究的对象。

简·费尔（Jane Feuer）在《形态研究与电视》（“Genre Studies and Television”）一文中明确倡导将形态研究应用于媒体研究，特别是电视研究当中，并指出提升媒体形态研究理论性的必要性。该文是电视形态研究理论化的重要里程碑，在文中费尔总结了进行形态研究的3种理论模式，即审美研究、仪式研究和

---

① Robert Allen ed., *Channels of Discourse, Reassembled: Television and Contemporary Criticism*, 2nd ed., Chapel Hill and London: the University of North Carolina Press, 1992, p.115.

② Stephen Neale, “Introduction”, *Genre*, Hertford: British Film Institute, 1980.

意识形态研究。对形态的审美研究是指将形态定义为“允许（尤其是个体作者的）艺术表达的规范化的系统”①。这种研究关注某一具体作品是否符合或超越了形态的规范和期待，对影视文本进行结构上的细读，并由此进行意义上的评价。形态的仪式研究是指将形态视为文化工业与观众间的交流，这种交流是文化自我对话的路径。因此形态的仪式研究关注形态的交流功能，以及它如何在文化中发挥中介作用，倾向于对形态进行社会学和交际学研究，而避免作价值批判。最后，意识形态研究通常将媒体形态视为实施控制的一种手段，即形态是统治阶级为了商业和政治目的所制造的认同。但在文化研究兴起的时代，对形态的研究往往结合了3种理论模式，特别将仪式研究和意识形态研究理论进行互补，以达到更深刻认识形态本身及其在社会文化中所起作用的目的。费尔所提出的这3种理论模式借鉴或得益于西方文艺理论以及媒体研究理论的发展。

形态审美研究的理论基础始于传统的古希腊柏拉图、亚里士多德时期的对文类的定义和研究理论。古希腊人认为文类或体裁与作者的个性和品德息息相关，同时特定的文类与特定的文体风格相对应。柏拉图认为诗歌是对人性的模仿，不同的人格有适合他的不同的诗歌体裁；亚里士多德认为悲剧作为一种理想的类型是评价某种悲剧文本应该遵照的准则，一旦这种理想的准则达到了，那么某一具体作品就会对观众产生特定的影响，而各种不同形态的诗自有其内在本质②。因此，经典的形态理论强调形态本

① Jane Feuer, “Genre Studies and Television”, *Channels of Discourse, Reassembled: Television and Contemporary Criticism*, 2nd ed., Robert Allen ed., Chapel Hill and London: the University of North Carolina Press, 1992, p. 119.

② Joseph Farrell, “Classic Genre in Theory and Practice”, *New Literary History*, 2003 Vol. 34, pp. 83 - 408.

身固有的性质，这种性质是不受具体的时代和社会文化限制的，而形态也是一种凌驾于具体作品之上的准则和文本理想状态。这种形态理论对西方文论具有持续的影响，正如加拿大学者诺思罗普·弗莱（Northrop Frye）在《批评的解剖》（*Anatomy of Criticism*）中所言，亚里士多德之后形态批评理论便停滞不前了，而他则试图在前人基础上进一步科学细化文学的全部类型。20世纪50年代文学的原型批评是对形态理论的进一步细化和深化。但与亚里士多德不同的是，弗莱的形态划分中形态与作者人格间没有必然的联系，文学是一个自足的客观系统，有其发展的自身固有的规律，一切文学作品都是由这些规律所建构起来的。由此，根据主人公与其他人物本质和程度上的高低，全部文学可以归结为四种"叙事范畴"（narrative categories）：喜剧的、传奇的、悲剧的和反讽的，如同四季春夏秋冬一样，文学的系统也是循环往复的①。

媒体的形态审美研究对弗莱理论的借鉴主要体现在对形态本身发展规律的关注和对构成形态的要素间关系的分析上。弗莱的文学形态理论在广泛意义上可以算是结构主义的。结构主义对于形态研究理论的贡献在于，它提供了区分"形态"（genre）和"形态化的文本"（generic texts）的理论依据，形态化的文本与言语（parole）相对，形态则与语言（language）相当。由此，形态是系统和结构，而不仅仅是个体的表达形式；形态研究虽然以某个个体为文本，但目的是研究个体后的深层次的结构。对媒体形态做结构主义审美研究的学者期望通过总结归纳出形态文本的内在特征来揭示架构之上的宏大规律。

① 诺思罗普·弗莱：《批评的解剖》，陈慧、袁宪军、吴伟仁译，天津：百花文艺出版社，2006年。

尼克·雷西（Nick Lacey）在其著作《叙事与形态——媒体研究中的关键概念》（*Narrative and Genre: Key Concepts in Media Studies*）中提出，叙事和形态都是宏大的概念，暗示观众有一种解读文本的特定方法，但是形态文本和叙事文本不等同于形态或是叙事。文本、形态和叙事三者构成金字塔关系，文本相对于形态是可变的，位于金字塔底，形态相对于叙事也是可变的，位于金字塔中部，而叙事才是宏语言（Metalanguage），位于金字塔顶[①]。在1985年出版的《电视形态》（*TV Genres—A Handbook and Reference Guide*）中，主编布莱恩·罗斯（Brian Rose）在序言中宣称这一工具书式的论文集是在将美国的电视节目形态的历史进行梳理的基础上力图寻求规则、原理以及可以将一种形态与另一种形态区别开的核心要素。该书将电视形态分为19种模式，全书分19章，每章分析一种形态的角色构成和特点、场景设置、主题和风格[②]。

但是经典结构主义并不特别关注结构下的内容，即宏大结构下的具体叙事，而是将现代结构语言学应用在文学分析上，试图寻找各种语言符号之间联系的规律。另一类媒体的形态审美研究就倾向于应用符号学或叙事学的相关理论。在媒体研究中应用符号学首先要确定什么是符号，符号由什么构成。符号学奠基人语言学家索绪尔（Ferdinand de Saussure）认为，语言是符号系统，其最小单位是符号（sign），而每个符号都由能指（signifier）和所指（signified）构成，两者间的关系是传统形成的、任意的。美国实用主义哲学家皮尔斯（Charles Peirce）则认为符号由3个

---

① Nick Lacey, *Narrative and Genre: Key Concepts in Media Studies*, New York: St. Martin's Press, 2000, p. 248.

② Brian Rose ed., "Introduction", *TV Genres: A Handbook and Reference Guide*, Westport, Connecticut: Greenwood Press, 1985.

部分组成，即符号形体（representament）、符号对象（object）和符号解释（interpretant）；而符号又可以分为3类：象征符号（symbolic）、图像符号（iconic）和标记符号（indexical）[①]。结构主义文化研究的先驱罗兰·巴特（Roland Barthes）在《S/Z》中提出了5种符码（code）的理论，即解释符码（hermeneutic）、语义符码（semantic）、行动符码（proairetic）、文化符码（cultural）和象征符码（symbolic）。他认为文本穿行在并形成于这5种符码架构的拓扑结构中，对这些符码和结构的分析可以用来解释文本深层的意义[②]。但是，由于媒体符号不能完全用语言学符号来解释，媒介研究学者进一步提出了媒体的语言学或语法学概念。虽然同样可以被认为是属于对形态的审美研究，但是在这一概念下，媒体的形态研究与文化研究开始发生交叉。

斯图亚特·霍尔（Stuart Hall）的《编码，解码》一文认为，大众传播是由从生产、流通、分配、消费到再生产诸多相连又相异的实践环节所维持的结构，这些实践的对象是以符号形式出现的各种信息和意义，这个符号系统是按"语言"的规则来运作的。但是，电视电影媒体的符号更复杂，同时包括视觉符号和听觉符号[③]。托马斯·沙茨（Thomas Schatz）认为形态/类型同样可以被当作一个形式化的符号系统来研究，其规则通过文化认同被大众无意识地同化吸收，与法国人类学家克劳德·列维-斯特劳斯（Claude Levi-Strauss）的观点一样，他认为形态/类型

① Robert Allen ed., *Channels of Discourse, Reassembled: Television and Contemporary Criticism*, 2nd ed., Chapel Hill and London: the University of North Carolina Press, 1992, pp. 17-19.

② Roland Barthes, *S/Z*. Trans. Richard Miller, New York: Hill and Wang, 1996, pp. 19-20.

③ 斯图亚特·霍尔：《编码，解码》，罗钢、刘象愚主编，《文化研究读本》，北京：中国社会科学出版社，2000年，第345-349页。

是文化解决问题的运作系统，他由此把深层次结构称为“电影形态/类型”，而表层结构则是“类型化电影”①。美国媒体文化研究学者约翰·费斯克（John Fiske）在《电视文化》（*Television Culture*）一书中则将电视节目视为文本，运用符号学研究电视是如何由一系列代码（codes of representation）所构成的，电视的每个要素从演员构成、服装设计、言谈举止到镜头灯光都产生也受控于这些代码，虽然观众看不见这些代码，但它们却实实在在影响观众所看到的一切景象②。在这一研究理论下，电视形态作为各种要素的集合同样受控于种种代码。具体到电视形态研究来说，与罗斯在1985年出版的《电视形态》一书期望对电视形态的内在原则和演变规律做出详尽梳理的鲜明结构主义的倾向相比，2001年由英国电影协会出版社出版的《电视形态手册》（*The Television Genre Book*）则只把电视形态分为7类，每一形态下都有可以变动的子形态③。编著者承认他们所划分的是形态单元，这种划分并不绝对，形态单元下的子形态更可以跨形态流动。他们试图从理论的高度理解电视纷繁多变的形态文本，但值得注意的是，编者们强调他们并不去追寻这些文本中是否含有形态形成的规律或是区别不同形态的核心因素，而是着重区分形态的社会和文化作用。

传统文类和结构主义美学理论是媒体形态研究理论的重要理论支撑之一。这些理论使得电影、电视形态研究的学术合法性得以确立。但是有学者指出，在现代文化研究以及媒体研究中，形

---

① 托马斯·沙茨：《好莱坞类型电影》，冯欣译，上海：上海人民出版社，2009年。

② Julie Rivkin and Michael Ryan, eds., *Literary Theory: An Anthology*, 2nd ed., Oxford: Blackwell Publishing, 2004, p. 1 274.

③ Glen Creeber ed., *The Television Genre Book*, London: the British Film Institute, 2001.

态研究，特别是电视形态研究，还没有得到足够的重视和长足发展，其原因也正在于此[①]。传统的文类研究或结构主义理论，即使区别了“文本形态”和“形态文本”，也仍然把形态仅仅视为文本的一个构成要素，从而忽视了单独的文本并不能决定或制造一种形态这一事实。形态实际上是在文本范围以外广泛运作的，嵌入某一特定的文化权力和政治的历史系统之中。缺乏对这一动态过程的研究，就会使得传统的审美形态研究与当下的文化研究的理论和方法仍然格格不入。与形态审美研究相比，与文化研究接轨的形态的仪式研究和意识形态研究的理论将研究重心移向形态形成的动态过程，以及形态得以存在和发展的社会历史系统。

媒体形态的仪式研究主要受到以接受理论为代表的读者反应批评理论、心理学、人类学和社会学的影响，反映了媒介研究理论自身的发展。英美文学批评理论中的读者反应批评兴起于 20 世纪 60 年代，受到德国接受理论/美学影响，通常指以读者为中心的文学理论与批评，包括现象学意识批评、解释学批评、精神分析学等。英美读者反应批评的代表人物之一沃尔夫冈·伊瑟尔（Wolfgang Iser）认为，文学作品是一种交流形式，存在于文本和阅读之间，这既赋予了读者在文本意义形成中的主动性，又强调了这种主动性仍然是与文本本身紧密相连的，文本的内在机制中包含召唤读者阅读的结构机制，而这也就暗示了文本的隐含读者的存在[②]。媒介研究理论受接受理论和读者批评的影响，同样经历了从把受众视为完全被动的信息接受者到将受众视为主动的文本建构的一部分的转变。在这种理论的指导下，瑞克·阿特曼

① Jason Mittell, *Genre and Television: From Cop Shows to Cartoons in American Culture*, New York and London: Routledge, 2004.

② 朱立元主编：《当代西方文艺理论》，上海：华东师范大学出版社，1997 年，第 294－295 页。

(Rick Altman) 于 1999 年出版了媒体形态的跨学科研究著作《电影/形态》(*Film/Genre*)。他认为业界批评家和观众在形态的形成和变化中起到了至关重要的作用，他将形态理论建立在不同形态使用者间既竞争又互补的关系上。当观众被视为一个阐释群体 (interpretive community) 时，形态这一概念则可以将制作系统 (the system of production)、文本结构解读 (the structural analysis of texts) 和接受过程 (the reception process) 这三个层面整合起来加以研究①。

可以说，形态的仪式研究理论把研究的重心从形态内在的特征或是暗藏的结构转移到了文本是如何被受众阐释最后形成形态，即形态是如何成为一种实现交际功能的媒介上。仪式研究对形态的交际功能的研究与意识形态研究不同之处在于，它认为形态的交际功能的实现是文本的意义在势均力敌的文本生产者和消费者间的自然流动，从而并不对这种流动进行更进一步的批判性阐释。仪式研究因此更多地借鉴人类学和社会学研究的范式，而不同于意识形态研究更侧重于政治经济学的阐释。

但是，如果我们把对形态进行意识形态分析等同于对其进行政治经济学的解读，则有可能将形态简单视为统治阶级为了商业和政治目的所制造的认同，而忽略了意识形态形成和实际运作的复杂性。因此，费尔所提出的意识形态研究是狭义的，广义的意识形态研究即为文化研究，或文化的政治性研究。后者的理论根源主要是马克思主义，但对马克思主义理论在理解和应用上存在很多分支和不同的范式。其中，法兰克福学派 (Frankfort School) 是“西方马克思主义”阵营中影响最大、历史最久、理论体系相对最完整的一个学派，其代表人物阿多诺 (Theodor

① Rick Altman, *Film/Genre*, London: British Film Institute, 1999.

Adorno）和霍克海默（Max Horkheimer）所提出的“文化工业”批判理论对美国的精神生活产生了重大影响，也是法兰克福学派批判理论中对当前文化研究影响最深远的理论。

从阿多诺个人对文化工业研究的发展来看，文化工业的概念已经不仅仅包括具体的以生产文化产品为目的的某一工业（如电影工业）本身，而是更加明确地指向以“标准化”以及技术分配的“经济利润导向的合理化”这样的工业生产方式，来组织非工业生产环节的人类社会生活各方面的文化倾向。在阿多诺阐述“文化工业”概念的这一突破时，电影形态就是一个显然的例证。“它（文化工业）指涉的是事物本身的标准化——例如西部片，每个看电影的人都熟悉——和分配技术的合理化，但并不严格局限于生产过程。”[①] 法兰克福学派批判文化工业，认为它带来的是一种抹杀文化内在差异的大众文化，即文化多元性的丧失，以及与之相随的文化中革命性和反抗性因素的丧失。因此法兰克福学派的大众文化作为一种意识形态的产物是被动和消极的。

美国媒介文化学者道格拉斯·凯尔勒（Douglas Kellner）认为，法兰克福学派的文化工业批判为填补美国媒介文化研究中出现的文化主义和实证主义间的学科范式鸿沟提供了可借鉴的研究途径。在《海湾电视战争》（*The Persian Gulf TV War*）一书中，凯尔勒成功应用法兰克福学派的文化工业批判理论，对大众传媒与意识形态的联系进行了批判性研究，极为深刻地揭示了大众传媒在整合意识形态，为第一次海湾战争制造民意支持和舆论倾向上的强大力量，而大众对这种力量却后知后觉、无能为力，并指

① Theodor Adorno, “Cultural Industry Reconsidered”, Trans. Anson Rabinbach, *New German Critique*, 1975, Vol. 6, pp. 12 - 19.

出这种看似独立的媒体事件中所体现的美国文化发展的趋势①。

但在《意识形态与现代文化》(*Ideology and Modern Culture*)一书中，约翰·汤普森（John Thompson）一方面肯定了霍克海默和阿多诺文化产业的分析的积极贡献，认为其代表了社会与政治理论家对现代社会中大众传播的性质和后果达成妥协的最持续性的尝试之一，但另一方面他认为两人的分析从3个方面来说不能构成研讨现代社会中大众与意识形态之间关系的令人满意的基础。首先，两人只着重分析了大众传播中象征货品的体制化生产与扩散这一点，而忽视了生产与接受之间设定的间隔、象征形式在时间与空间上的效力扩展，以及这些形式在公共领域的流通。其次，两人认为文化产业促成了一种新形式的意识形态，一种不再自称独立于社会现实，处于社会领域之上的学说，而是其中一部分，存在于文化产业的产品中，成为特别为大众生产的文化物品。文化产业产品成为纯交换品和欢乐的来源而没有任何批判性和超越性，这就产生了一种比以前的意识形态更普遍和模糊的意识形态作用。而汤普森则认为接受和占用文化产品是一个复杂的过程，这包括不断的解释活动，意识形态不是统治关系复制所涉及的唯一因素，统一化和物化也不是意识形态运作所涉及的唯一方式，其中合法、虚饰和分散等方式不能忽视。最后，他认为两人大大高估了个人被成功整合进现存社会秩序的程度，虽然文化产业的产品对个人整合进大组织消灭个性起了一定作用②。

在阿尔都塞（Louis Althusser）的意识形态理论中，意识形

---

① Douglas Kellner, *The Persian Gulf TV War*, Boulder: Westview Press, 1992.

② 约翰·汤普森：《意识形态与现代文化》，高铦等译，南京：译林出版社，2005年，第111－120页。

态是一套动态制度和实践，维持“个体与其物质存在想象性的关系”①。因此它不能仅仅被理解为一套固定的靠统治阶级强加的虚假观念，而是一种动态的过程，即意识形态国家机器（ideological state apparatuses），如家庭、教会、学校、大众传媒，不停地在制度实践中再生产和再构人们对现实的再现和社会惯例，即他们思考、行为和理解自身与社会关系的方式②。阿尔都塞的意识形态研究在宏观上发展了作为“上层建筑”的意识形态与文化之间的相互作用关系，同时受到20世纪精神分析学的影响，延伸了意识形态在微观层面上对个体的作用。但与精神分析学不同的是，他的理论更强调社会历史条件，如阶级对主体形成的影响。葛兰西（Antonio Gramsci）的“文化霸权”理论进一步补充了阿尔都塞的意识形态理论。在葛兰西看来，上层建筑可以分为两个层面，一个为市民社会，我们也可以理解为文化层面，另一个是政治社会，即国家制度层面，两个层面互相呼应以实现统治集团在市民社会中的“文化霸权”，得到认同，同时也确保国家和政府政令的通达③。无论是法兰克福学派对文化工业的批判理论、阿尔都塞意识形态理论，还是葛兰西对文化霸权的阐释，他们都为媒体研究和媒体形态研究提供了有力的理论支撑。

具体到媒体文化研究，意识形态批评又往往结合其他研究范式，如读者反应批评理论等。在《〈达拉斯〉与大众文化意识形态》（“*Dallas* and the Ideology of Mass Culture”）一文中，莱恩·

① Louis Althusser, “Ideology and Ideological State Apparatus”, Julie Rivkin and Michael Ryan eds., *Literary Theory: An Anthology*, 2nd ed., Oxford: Blackwell Publishing, 2004, p. 693.

② John Fisk, “Culture, Ideology, Interpellation”, p. 1268.

③ Antonio Gramsci, “Hegemony”, p. 673.

昂（Ien Ang）运用意识形态分析，通过解读读者来信的方式，揭示了《达拉斯》（*Dallas*）的热播和恶评并行这一文化现象背后的大众文化意识形态，即受众一方面认定《达拉斯》作为大众文化产品的公式性、商业性、低俗性，一边又通过采用讽刺的观看策略来继续体验观看的快感[①]。女性主义和性属研究也大量采用意识形态或政治批评的方法对媒体和媒体形态进行研究。他们大多将形态分为两类——主流和边缘，如剖析黄金时段电视剧形态所深嵌的主流白人男权主义中心的意识形态并加以批判，或是为针对女性的日间肥皂剧形态和被主流意识形态边缘化的日间脱口秀形态进行批评性辩护，认同这些形态本身所具有的解构主流意识形态的主动性。

尽管媒体形态研究理论挑战了传统的文学形态研究，但是后现代理论则进一步质疑形态这一概念本身，而这一质疑无论对传统的文学形态研究，还是媒体形态研究的合理性都构成了威胁。后现代主义对形态研究最大的影响是它首先直接质疑已有形态的存在合理性，可以说从某种程度上解构了传统形态研究的可行性和意义。米歇尔·福柯（Michel Foucault）认为必须在熟悉的分割或者组合，即已有的知识的形态划分面前采取谨慎态度，不应该原封不动地接受诸如科学、文学、哲学、宗教等的区分，因为“问题在于所分析的陈述总体在它们表述的时代完全是以另一种方式来分布、分配和标志的”[②]。而德里达则在《形态的法则》（“The Law of Genre”）一文中明确提出，形态划分系统是站不住脚的，因为参与其中的文本个体在诠释上是拒绝分类的，即一个

① 莱恩·昂：《〈达拉斯〉与大众文化意识形态》，罗钢、刘象愚主编，《文化研究读本》，北京：中国社会科学出版社，2000 年，第 380 页。

② 米歇尔·福柯：《知识考古学》，谢强、马月译，北京：生活·读书·新知三联书店，2003 年，第 22 页。

艺术或文化文本即使没有形态的记号仍然可以被识别和理解。传统的形态理论和后现代的挑战之间最大的分歧在于所谓的“形态指标”（genre marker）的问题，即是否有判断和划分形态的形态指标，或是说，这些指标是否有存在的必要[①]。杰森·米特（Jason Mittell）则旗帜鲜明地指出他采用文化研究的模式来研究电视形态，他认为适用于文学和电影研究的形态研究理论不适用于电视形态研究，因此提倡对文本的泛读而非深读从而以一种文化研究的方式切入电视形态研究[②]。他的研究点在于解析电视的各种形态是如何在社会各话语中通过流通达到自然化的成形并固定下来成为约定俗成的概念的过程。他的研究方式深受新历史主义互文性阅读的影响，但是他抛去了对文本的深度阅读，认为文本自身并不具有任何意义却又明显具有后现代主义的影子。

然而，对于另一种研究形态的切入方法而言，“形态指标”或形态本身的构成要素并不是他们最关心的问题，而这种研究视角通常被认为是历史和文化的视角。在《政治无意识》（*The Political Unconscious*）一书中，詹姆逊（Fredric Jameson）认为形态/文类批评虽然遭到现代文学理论的全面怀疑，但是其中却包含一种与历史唯物主义的特殊关联，其价值就在于，它是“‘文学的机制’，或作家与特定公众之间的社会契约，其功能是具体说明一种特殊文化制品的适当运用”[③]。在《历史和形态》（“History and Genre”）一文中，拉尔夫·科恩（Ralph Cohen）

① Jacques Derrida, Avital Ronell, “The Law of Genre”, *Critical Inquiry*, 1980, Vol. 7, pp. 55 - 81.

② Jason Mittell, *Genre and Television: From Cop Shows to Cartoons in American Culture*, New York and London: Routledge, 2004.

③ 弗雷德里克·詹姆逊：《政治无意识》，王逢振、陈永国译，北京：中国社会科学出版社，1999 年，第 95 - 96 页。

在回顾了形态这一概念的发展历史和形态研究的趋势后，提出了用历史文化视角切入形态研究的理论，并指出在这一框架下形态这一概念的有用性。他认为分类是经验主义的行为，“是由作者、观众、批评家共同构建的历史性的假定，是为了服务于交流和审美的目的”；同时，他也指出，“作者在创作时进行的形态选择是一个意识形态的选择，而批评家将某个文本纳入某一特定的形态选择进行审视时，也就将自身与某种特定的意识形态的、历史的和文学的许诺相关联了”①。在当前的形态研究中，这种文化历史的切入方式受到的关注最多。

本书也倾向于将媒体形态视为一种暂时稳定的对众多媒体景观进行分类和区别的共识，这种共识是由媒体参与的各方通过话语的流通和反复所达成的。因此，形态研究应该更多地将形态本身视为文化商品，而非简单地将某一文本与其他文本区别的指标集合。而在这样的研究视角下，对文本进行意识形态分析和批判仍然不仅是对文本阐释最有效的方法，也能最深刻地理解文本所处的文化历史环境。

美国电视工业对形态的依赖和利用是为了确保资本主义文化的生产效率，以及能够对受众产生较稳定持久的影响力。因此，美国电视发展的历史也是一部电视形态生成和变形的历史。形态的变化首先是电视工业为了求得利益的最大化，在创新与保守之间博弈的结果；而另一方面，一个新形态的生成过程，也就是这一形态程式化和社会化的过程，却不单单是工业发展的产物，也是社会和文化的产物。换句话说，一个新形态的出现象征并反映某种社会和历史的变化。当某种新形态的流行让它得以在媒体景观中占据显著的位置时，我们也可以说它具有重塑媒体的文化图

---

① Ralph Cohen, “History and Genre”, *New Literary History*, 1986, Vol. 17, p. 216.

景的潜力，而这种潜力与它作为一种强有力的鲜明的表征综合体息息相关。

一个电视形态从出现到繁荣的过程，也是它在媒体的公共话语中从边缘走向中心的过程。相应地，它也就不得不面对它所担负的社会责任和意识形态功能上的变化。当一个形态在媒体中处于最显著的位置时，这种地位就决定了这一形态会更自觉地发挥它的意识形态功能。问题只是在于，它对于现有的占主导的意识形态系统究竟是起到了建设性的还是毁灭性的作用。

第三节　主要研究内容和研究意义

电视真人秀作为一个以真实为秀点的电视形态，并不是偶然或突然出现在媒体景观当中的，它是电视文化形态发展中的一环，与其他形态交织重合。值得研究的是，无论是从技术发展还是历史发展来看，真实是电视产业伊始便不停应用于自我定义的一个具体而抽象的概念，但是真人秀却是第一次将真实明确作为标识符号的形态。因此，依托电视真人秀，我们可以更清晰地阐释电视与真实之间的关系。

一方面，本书将关注真人秀文本中的真实。研究的重点将不仅在于讨论电视真人秀是否呈现了真实，而且要考察电视真人秀是如何呈现真实，并达到让这些表征最终服务于它所需要支撑的占统治地位的社会结构的意识形态目的。本书将着重关注电视真人秀如何调用种种象征来建构美国多元文化的现实、表现文化的冲突，又是如何体现和灌输主流价值观和国家意识。

对于美国社会而言，美国文化，或是理想中的美国文化的核心特点即是它作为一个多元化开放社会的现实，让来自不同地域、种族、民族，拥有不同宗教信仰、政治主张的人们带着他们的文化自由地交融，并一同创造出新的强大的现代文化。在这个国家中正在上演的文化交融被认为是世界文明发展的方向，这点是美国政府、学者所宣扬和倡导的，受到美国民众普遍认同，也由此获得了世界上众多文化的民众对美国文化的欣赏和认可。而这样的自信，也让“成为世界的领袖”这一口号内化为美国作为一个国家进行自我定义和认同的核心价值观之一。但是，多元文化并存的社会不得不面对的一个现实是，这样的并存也极易导致社会的动荡和文化的冲突。因此，如何维持这样一个理想化的多元文化社会的持续发展，将冲突化解到可控制的范围内，是政府制定内政方针的关键所在。然而，对于美国正在采用的联邦政体和它所坚持的资本主义的自由主义而言，仅仅依靠自上而下的国策的实施，效果可能都不理想。它需要的是更精密的意识形态系统，而在这套系统当中媒体是最重要的中介和参与者之一，电视真人秀也是这一庞大系统中的一环。

除去多元文化共存和文化冲突这些事实，美国电视从业者还极其明确地将电视真人秀与美国式的民主相关联。对于美国民众而言，美国文化中的民主同样不是抽象的概念，而必须是在日常行为和政策实践中的实在的举措。要理解美国的民主是如何实施的，就要去梳理各种关系日常是如何互动构成民主的事实。因此，本书也将重点关注电视真人秀如何组合事实，对事实进行控制，最终将美国式的民主理念灌输侵入日常生活之中这一方面。

“真人秀”这一译法与英语“真实”（reality）所指涉的意义和内涵有较大差别，但是，本书仍然采用这一译名的原因除了是因为这一译名通俗易懂，还在于这一译名呼应了本书对真人秀形态当中的“真人”（real people）这一重要象征的关注。表面上看，这一译法将真人秀中的“真实”翻译为“真人”是不准确的。但是，另一方面，这一翻译恰恰将真人参与者推向了真人秀为建构真实所调用的众多表征的中心地位，有助于揭示电视真人秀对真实的表达和建构的方式。真人对真实的象征有两个重要基础：一是真人的身份的真实性，二是真人的身体行为的真实性。实际上真人是真人秀得以将社会现实与电视现实相联系的中介。真人秀中的真人是社会学意义上的行为主体，这一主体应该是同时具有感情和理性的具身体现（embodiment），或者可称为具身性主体。真人和他们的身体因此处于真人秀的表征真实的整个象征体系的中心，也将成为本书进行文本分析时的重点。

本书也将从宏观的角度对电视真人秀这一形态进行历史文化的解读，也可以说是真人秀文本外的真实。真人秀所处的社会环境与真人秀的真实间的相互关系，尤其是真人秀与受众间的关系，将成为分析的重点。

从技术层面上来说，电视最初对“现实”的定义是视觉的和即时的图像，因为这正是电视媒体区别于电影或广播的技术特点。美国的电视产业从发展初期尚与其他媒体产业争夺文化话语控制权时，就是依靠对真实的转播得到了公众的认同和接受，电视也被法定为负有公共社会责任的传播方式①，虽然私有的商业电视才是美国电视的主流。真实是美国电视媒体不言而喻的特征和责任。“不言而喻”（Self-evidently）是美国文化在阐释复杂的哲学或道德概念，甚至自身文化的定位和国家的责任时经常使用的词语，但“不言而喻”又暗含着没有记录在案。在美国的传播法中同样没有对电视内容的真实准确性进行具体的描述，或者约束。真人秀作为一个形态的名称则使其再次进入媒体文化的话语空间，因此对这一形态的宏观的研究和剖析将首先是对美国秀

① George Watson, *Communications Law: Liberties, Restraints, and the Modern Media*, 4th ed. Beijing: Tsing hua University Press, 2004, p. 326.

文化传统和美国电视文化的一次梳理。

自20世纪50年代以来，美国的流行文化可以说是由电视所呈现和塑造的大众文化，因为电视几乎将当时所有其他大众媒体所具有的功能囊括其中。从提供信息到娱乐，从政治经济国家大事到日常生活家长里短，电视利用视觉和听觉媒体相结合，又借助直播以及可以进入公共和私人空间等技术优势，当之无愧地成为大众媒体的代表。同样，正是在20世纪的后半叶，美国也进一步建立和巩固了它在国际上作为经济、政治和文化的超级大国的地位。但是，它在全球的文化霸权，相对于它经济和政治上的地位而言，显得不那么稳定，也更容易受到质疑。对于不同地区和国家的文化而言，美国文化霸权影响的深度和广度都有所区别，并且在持续变化当中。语言的障碍和政治体制的不同，对于接受文化产品而言都会带来解释上和制度性的困难。文化商品的内容是文化商品最不可分割的组成部分，因此它们更容易被辨认出是某种美国利益的意识形态载体，也就常常引发怀疑和抵制。因此，美国出口的文化商品的数量、类型和速度在不同地区和国家有较大区别。

但是，形态，却往往不被认为是文化商品，而仅仅是独立于文化和政治之外的结构和样式而已。如果形态被简化为不带有信息的中介形式，它可能产生的文化意义也就被忽视了。在形态进行跨国传播时，它往往较少受到抵制，同时，它可以更迅速直接地和当地传媒相结合，被“本土化”。美国文化霸权的威力在于它可以从审美趣味到生活方式最终到政治倾向上对年轻人施加影响的能力，也就是所谓的“软实力”。在这种软实力当中，除去单个文化商品的内容，形态的威力，或者说，大量文本聚集所组合成的形态的影响力也不容小觑。电视真人秀不仅在美国流行，而且经历了非常迅速和大量的全球性的传播。很多时候这种传播都是一种形态的传播，而非其内容的完全传播，但它的威力并未因此减弱。虽然本书的重点不在于美国电视真人秀的全球传播的影响力，但是它所处的全球化背景也让这一选题具有重要的现实意义。

第四节　主要研究方法和理论

作为一种形态的电视真人秀同样由大量的文本所构成，而这些文本在与社会的互动阐释中产生了意义，也被贴上了形态的标签。采用社会学的实证研究方法可以通过采集形态流通的数据对形态的形成和传播途径进行量化的研究，但是对于身处美国流行文化环境之外的学者而言，对文本的细读可为我们切实理解这些文本与社会产生的联系提供有力的支撑。同时，在对文本进行细读、对这一议题做定性研究的同时，采用一定的实证量化研究的手段也是必要的。本书拟采用约翰·汤普森的意识形态分析①的

① 在《意识形态与现代文化》中，约翰·汤普森将意识形态概念分为两个方面：一种是一般性概念，即中性概念；另一种是批判性概念。而他认为两种概念可以结合起来达到文化分析和批评的目的，意识形态的批判性概念也值得使用。意识形态的社会复制总体理论又分为两类：核心共识和区别共识。但是这种理论的问题在于：一是将共识的概念简单化和片面化；二是将意识形态过于阶级化，把意识形态等同于统治意识形态或者社会凝聚剂都不令人满意。汤普森明确指出媒体研究对于理解意识形态之于文化的作用的重要性，因为正是在大众媒体发展所构筑的公共领域的开阔空间里，意识形态的论述出现并构成了有组织的信仰体系，它提供社会与政治现象的合理解释，它服务于发起社会运动并为权力的行使提供理由。因此，他提出了文化研究或者媒体文化研究的“意识形态分析”方法，研究意识形态就是研究意义服务于建立和支撑统治关系的方式。他首先关心的不是象征形式的真假，而是这些形式在特定环境中用于建立和支撑统治关系的方式，但这完全不是说那些象征形式只有在错误的、幻想的和虚假的情况下才能用于建立和支撑统治关系。本书的这一小节将对汤普森的这一分析方法与象征形式间的关系进行重点介绍。

研究方法对文本中的象征形式进行深度阐释，同时结合社会学中的身体理论来阐释电视真人秀的社会文化意义。

一、象征体系与意识形态分析

文化的文本和文学的文本一样都是一种表征和再现。表征与其所再现的真实的关系一直处于西方哲学和美学研究的争议中心，既有柏拉图对表征误导人们远离真实的担忧①，也有德里达对再现和意义的后结构主义的解读，坦然接受表征与其所指的现实之间的不对称②。但是，无论对于表征与现实之间的关系如何理解，表征被普遍认为是人们理解现实的产物和途径，它可能无法将复杂的现实完整且面面俱到地呈现和表达出来，但是在其进入公共领域后，它便成为人们进行交流、构建共同认识的途径和中介。我们研究和理解文本的意义和它在社会文化中的意义，就是要理解表征的构建和它被理解的过程，其中，“意识形态”和“象征形式”是两个极为有效的概念。

在《意识形态和现代文化》中，约翰·汤普森则对文化和意识形态的关系进行了独特的理论诠释，并特别指出大众传媒在这一理论诠释中的重要影响和作用。他提出了所谓的文化研究或者媒体文化研究的“意识形态分析”模式。这一模式认为各种象征和表征共同协作，支撑占统治地位的社会结构，这一结构即是权力不平衡的寄居之所。

约翰·汤普森系统地阐述了他对象征形式与意识形态、大众传播以及文化之间的关系，并对经济资本、文化资本、象征资本

---

① 柏拉图：《理想国》，吴献书译，上海：上海三联书店，2009 年，第 71 – 80 页。

② 雅克·德里达：《声音与现象：胡塞尔现象学中的符号问题导论》，杜小真译，北京：商务印书馆，2005 年。

象征本身的经济价值和象征价值进行了细致的区分。他将象征形式定义为“由主体所产生的并由主体和别人承认是有意义的建构物的一大批行动、言语、形象与文本”[①]，而“文化的概念可以适当地用来一般性地指社会生活的象征性质，指社会互动中交换的象征形式所体现的意义特征”[②]，那么对文化进行意识形态分析则是“询问象征形式所建构和传达的意义是否服务于或不服务于维持系统的不对称的权力关系”[③]。

在汤普森的意识形态分析中，他明确指出了将大众传播纳入其中进行全盘考察的重要性。他认为正是有了大众传播媒介的发展，意识形态现象才能成为大众现象，即能影响多样而分散的背景下大量人的现象，因此当代文化的意识形态分析必然涉及大众传播的形式和作用。技术媒介的部署不应被视为仅仅是对预先存在的社会关系的补充，而应被视为服务于新的社会关系、新的行动与互动关系、新的表达自己和回应他人的方式[④]。

当我们提到意识形态时，我们往往容易视其为某个超脱的抽象的概念，能自发自觉地对文本或是行为起作用，而汤普森对文化进行的意识形态分析策略则提醒我们，意识形态必须通过一系列切实地由人作为代理的社会实践来形成、存在、延续、变化和起效。只是因为我们无法将这一社会变化的过程和其代理人逐一追踪，我们才退而聚焦于文本，将这一过程的产物作为窥视这一过程的途径。汤普森在其意识形态分析理论中明确指出，分析文本的意识形态就是要分析文本中（文本的创造者）采用何种策

① 约翰·汤普森：《意识形态与现代文化》，高铦等译，南京：译林出版社，2005年，第65页。

② 同上，第13页。

③ 同上，第7页。

④ 约翰·汤普森：《意识形态与现代文化》，高铦等译，南京：译林出版社，2005年，第17页。

略或谋略达到支撑统治关系的目的，而分析出它所支撑的关系，我们就能够看见社会意识形态的倾向或改变。在方法论上，汤普森建议运用“深度解释学”，其步骤有三：社会历史分析；正式的或推论的分析，将象征形式作为复杂的象征结构来研究；解释，来最终完成对意识形态构成和作用的深度阐释。具体到象征形式的分析，汤普森提出象征形式具有5个意义性质：意向性、常规性、结构性、参照性和背景性；由此阐发出5种意识形态运行模式：合法化（合理化、普遍化、叙事化）、虚饰化（转移、美化、转义，其中转义包括提喻、转喻、隐喻）、统一化（标准化、统一象征化）、分散化（分化、排他）、具体化（自然化、永恒化、名词化和被动化）①。

电视真人秀想要实现的是电视作为一种艺术和传媒所期望能够实现的最大的野心，作为一种试图浓缩人生百态于一体的象征形式，将现实世界和虚拟世界实实在在地联为一体，让人们眼见为实，看到电视如何靠人们的关注一步步切实地改变人们的命运。单个的真人秀节目作为一种象征形式，也处于特定的环境中，它同样要经历一个价值化过程才能具有象征价值和市场价值。同时，真人秀作为一种形态本身也是一种象征形式，是在特定的环境下形成的，其文本中充满了各种象征形式——语言、行动、图像、情节构成、故事述说、角色定义、艺术的加工。文本创造者对这些象征形式的调用是有目的的，这种目的应该与意识形态的作用相联系。对真人秀进行意识形态分析就是要分析单个的和作为一种形态的真人秀是如何在特定的环境中去表现和支撑统治关系，分析文本制造者采用何种策略或谋略达到支撑统治关

① 约翰·汤普森：《意识形态与现代文化》，高铦等译，南京：译林出版社，2005年，第65页。

系的目的。虽然汤普森提出的意识形态分析不关乎真假或是正误，但是笔者认为，有效的意识形态分析必然要涉及如下问题：这种表征是否是错误的、幻想的和虚假的，这种支撑是否是有效的和必然的。

在电视真人秀中，真实是一个被频繁调用的表征，但构建“真实”则涉及方方面面各种象征形式的调用。这些象征形式之所以用来建构“真实”，成为电视媒介实现社会沟通作用的手段，不仅是某个电视制作者或是团队的个体偏好，更是一种历史性和社会性的选择。本书在运用汤普森的意识形态分析方法对美国电视真人秀进行解读时，也将重点考察美国电视真人秀对“真实”这一表征的构建和应用。这种考察将不可避免地将电视真人秀纳入历史文化和社会的视野中，因此第一章和第二章将主要对美国电视真人秀的文化传统和形态化历史过程进行梳理和追溯。但这种梳理和追溯的重点不在于笼统勾画一个面面俱到的美国电视的发展历史，而是试图抓住在美国大众文化和电视文化发展历程当中持续发挥影响的因素，以便更深入理解当下美国电视真人秀的文化影响。

二、社会学身体理论的三种思路

“身体”一直处于社会学研究的边缘，但如今正逐渐进入学术分析的核心，被认为具有社会和文化维度上的重要意涵。英国社会学教授克里斯·希林（Chris Shilling）在其《身体与社会理论》（*The Body and Social Theories*）中梳理了社会学对身体的三套阐释思路。

一是18世纪兴起的自然主义身体观。这种思路聚焦于社会的前社会性的、生物性的定位，也就是说把社会结构化约为主体的生物性所决定。它把个体的意向、行动、潜力都归于其生理构成或生物学上的基因构成，因此把社会结构也化约为由生物属性所决定，从而来证明社会现状的正当性和必然性。它将达尔文进化论与社会发展相关联，但这种思路事实上维护了社会不平等的现状，并让个体对现状的抵抗显得徒劳和无益。它强化不同群体生物学上的差异，而压制其中的共同处，或是将平均差异转换为绝对差异。比如，将女性在社会上的地位归于由生理上的劣势所决定；将黑人整个群体的不平等地位视为整个种群进化上的落后，是整个种族未脱离兽性的低劣所造成的。这一思路的晚近继承者是20世纪70年代哈佛大学发展起来的社会生物学，"把社会的不平等说成是自然的遗传基础的必然后果，不仅证明了现状的正当性，而且使自身与保守主义意识形态融为一体"[①]。这一思路得到了保守主义或新自由主义政府的支持和利用。希林认为这一种思路为性别歧视和种族主义提供了正当性，而对主体自身能动性的否定不能让人信服，但是，这一思路对身体如何奠立并作用于社会生活的分析则值得发扬。

相比于自然主义的身体观，另一种社会建构的身体观则更具有社会批判意识，它将身体视作为具有可塑性的意识形态资源。其中，道格拉斯（Mary Douglas）、福柯（Michel Foucault）、戈夫曼（Erving Goffman）和布迪厄（Pierre Bourdieu）等人的理论对这一思路的影响特别显著。在《自然象征》（*Nautral Symbols*）中，道格拉斯主张，人的身体最容易用来反映一个社会系统的意向，"身体首先是对于整个社会的隐喻"，"社会态身体约束了人们以何种方式领会和体验生理态身体"[②]。福柯的理论首要关注

① 克里斯·希林：《身体与社会理论》（第二版），李康译，北京：北京大学出版社，2010年，第46页。

② 克里斯·希林：《身体与社会理论》（第二版），李康译，北京：北京大学出版社，2010年，第65页。

身体是如何受到话语的控制的，作为生物性的实体已经日趋消散，成为一个具有高度可塑性和不稳定性的社会建构的产物。身体不只是话语的焦点，还构成了日常实践与权力的大规模组织之间的唯一联系，个体在从传统社会向现代社会变迁中，被生产成具身性的主体，与制度和机构相关联。作为肉身的身体在社会话语中被转换为心智性的身体，被困于现代规训的系统当中。与福柯关注的焦点不同，戈夫曼研究的核心在于身体怎样使人介入并影响日常生活，身体是人行动不可或缺之要素。在戈夫曼看来，身体与人的行为实施紧密关联，它是一种资源，既要求人们管理自身的举动和外表，又提供了这种可能性，身体充当了人的自我认同与社会认同之间的中介。福柯和戈夫曼的理论虽然侧重点不同，但是他们的共同点在于关注身体的社会性，而对身体的物质性基础则有所忽略。而布迪厄和埃利亚斯（Norbert Elias）的理论则提供了现代身体观的第三种思路，即认为身体兼具生物性和社会性。

布迪厄的社会再生产理论的核心就是关注作为符号价值载体的身体。身体承载着符号价值，是一种物质现象，既构成了社会，又被社会所构成。它是一种未完成的实体，与各式各样的社会力量结合发展，也是维护社会不平等的不可或缺的要素。在布迪厄的理论中，关于身体如何在现代社会中被商品化的分析格外有力。身体不仅通过劳动力的形式被商品化，还通过一些方式成为综合性的身体资本形式，一种具有权力、地位和独特性/区隔性的符号形式，也是积累其他资源的要素，会被转换为经济资本、文化资本和社会资本①。因此，身体在现代性状况下越来越

① 克里斯·希林：《身体与社会理论》（第二版），李康译，北京：北京大学出版社，2010 年，第 123 页。

重要，不同的阶级和小集团会发展出独特性/区隔性的身体取向，创造出多种身体形式，附着于身体上的符号价值变得特别重要，对于具有资源的人来说，身体也成为一项终身规划。与布迪厄关注附着在身体上的符号价值不同，埃利亚斯则关注身体越来越个体化的意义。他认为身体之间的冲突，如今更多转移到具身性的主体内部，即个体要投入更多的时间和精力来进行越来越高的情绪控制。埃利亚斯采取了进化的发展的角度来谈身体，特别涉及文明化身体的形成，即身体在被社会充分接受之前，需要经过漫长的教育过程，而个体和社会的长期文明化进程导致了情感表达和生理表达上的某种转换。文明化的身体要求主体具备将情感理性化、对其进行高度控制、监管自身及他人的行动，并将各种"得体"行为的规则内化为自我要求的能力①。

希林在融通了各种身体学说思路后，提出了"肉身实在论"(corporeal realism) 这一身体研究理论。这一理论对于我们理解真人秀是如何利用真人及其身体实现其社会功能，以及真人如何通过真人秀实现社会化并对社会产生影响，即真人、真人秀与社会间的多重关系，提供了新颖而有力的理论支持。总的来说，希林的身体理论也可以归于第三种思路，即将身体视为兼具生物性和社会性的整体，而这种整体也决定了社会结构与身体间的多重关系。

在《文化、技术与社会中的身体》(*The Body in Culture, Technology and Society*) 一书中，克里斯·希林在对古典和当代论家的诸多身体学说进行分析和融会贯通后，概括出了肉身实在论，旨在提供一套框架以分析身体与社会之间的辩证关系。这一

① 克里斯·希林：《身体与社会理论》(第二版)，李康译，北京：北京大学出版社，2010 年，第 144 页。

论述将身体视为社会构成过程中的多维中介，与社会是辩证统一的关系。希林认为社会学的研究对象不应该仅仅是不受身体感觉和习性影响的非具身性的心智，还应该包括会思考、有感情的身体。

希林提出的“肉身实在论”有3个核心，首先，它强调具身性主体，与社会一样，也是“一种具有重要因果意义突生性现象，是一种有独立存在地位的重要分析对象”[①]。“身体和社会都作为实在的东西存在，不能被消解为话语”[②]，世界在本体意义上即有层次之别。其次，在理解行动者与社会之间关联的社会分析中，有必要融入时间成分。这意味着分析者要理解具身性行动者与社会之间的关系，有必要确定身体如何在生成意义上关系到社会结构的突生；已经确立的结构如何形成行动的背景，并有潜力形塑人们的身体行动或习性；具身性主体的生成性能力如何与这些结构展开切实互动，再生产出这种结构，或加以转换。最后，作者指出肉身实在论应带有批判性，关注评估特定社会对人类潜力造成的效应。作者认为，当代有关身体的理论的主导思路都深切关注具身性主体的重要性和创造性的失落，但是也有必要进行实质研究来评估当今社会发展是否真的遏制了具身性主体。

希林也对“身体作为社会构成过程中的多维中介”进行了详细的阐释，提出其主要体现在3个维度：身体作为社会之源泉，是社会赖以建构的载体；身体作为社会之定位场所，社会的结构铭刻其上；身体作为个体定位于社会的手段，是连接个体与社会的通道。肉身实在论分析不妨以社会为出发点，集中探讨社会，但是要认识到不同人群的身体对社会结构的生成性和接受性

---

① 克里斯·希林：《文化、技术与社会中的身体》，李康译，北京：北京大学出版社，2011年，第16页。

② 同上，第15页。

不尽相同，因此要格外注意对社会分层的把握①。比如，“男性与女性，白人与黑人，体格健全者与以生理残障为特征者，成人与孩童，如此等等，长久以来，他们的身体在社会中都有截然不同的定位”②。

希林所提到的社会分层，对于一般层面上的社会理论一样重要。它与文化分析当中的“代表政治学”（representation politics）这一概念有异曲同工之处，特别适用于分析美国电视真人秀对真人参与者的筛选机制和呈现模式。美国几乎每个电视真人秀如今在进行参与者招募的时候都刻意选择了代表不同民族、种族、性别、阶层、生活方式和信仰的参与者，试图构成一种多元的具有代表性的印象。这种刻意可以用多种理由来解释，比如法律要求、吸引受众产生共鸣或是容易造成戏剧反差和冲突效果。这些理由都是合理的，而它们都统一在一个宏理由之下，那就是，真人秀已经成为主流的电视节目形态，必须承担其意识形态上更明确更重要的责任，而在美国，多元文化共存的社会共识是一个必须得到持续支撑和建构的理念以及集体意向。这些参与者的身份与他们的身体一起形成复杂的象征体系，同时，也提供了绝佳的观察具身性主体与社会间辩证统一关系的社会文本。

第五节　国内外研究综述与创新点

真人秀被认为并逐渐被接受为一个独立的形态是在21世纪的头十年，而就是在这十年的发展中，这一形态的力量愈发引起

---

① 克里斯·希林：《文化、技术与社会中的身体》，李康译，北京：北京大学出版社，2011年，第15－19页。

② 同上，第24页。

学术界极大的关注。一系列的专著相继发表，大量的媒体研究也不同程度地涉及对真人秀形态或是文本的分析。按照媒体研究学者简·费尔对形态研究的分类标准[①]，我们可以将目前真人秀的研究分为以下 3 种。

第一种是文化产业的研究，即研究形态与节目制作和商业成功的关系，通常采用总结归纳法。如资深电视制片人兼导演麦克·埃塞尼（Michael Essany）2008 年出版的《真实支票：制作真人秀的商业与艺术》（*Reality Check: The Business and Art of Producing Reality TV*），即从业内人士的视角详尽梳理真人秀的不同形式以及每种形式如何取得最好的影响，同时也剖析了商业电视制作中的内幕。

第二种是媒介发展历史研究以及真人秀特性研究，探索真人秀所遵循的形态形成的法则，同时将真人秀形态视为一种特定语类，试图探索其自在的、区别于其他语类的核心因素。如 2005 年出版的《真人秀：现实主义与曝光》（*Reality TV: Realism and Revelation*）展现真人秀与英、美、法三国纪录片形态上的关系，作者阿妮塔·毕瑞思（Anita Biressi）和希瑟·努恩（Heather Nunn）认为，真人秀的形式来源于电影纪录片的历史，但其各种形式的成功在于使用了“现实主义”（realism）和“曝光”（relevation）两个互相纠结的元素，即在叙事中迎合观众对现实主义的规则的期待，而通过“曝光”将重心放在对个人问题的探讨上，让参与者的“自我”表现得到满足，又融入了自我反省式的精神分析这个在大众话语中长盛不衰的主题。而同样的对形态法则的探索中，2008 年出版的《真人秀、效应与亲密感：

① 简·费尔在《形态研究与电视》一文中提出的形态研究的三种理论模式：审美研究、仪式研究和意识形态研究。本章第二节已做相关详细分析。

真实的重要性》（*Reality Television, Affect and Intimacy: Reality Matters*）中，米沙·卡瓦卡（Misha Kavaka）则认为真人秀最主要的形态特点是运用电视媒介的特性营造“亲密感”（intimacy），从而对受众的情感进行操纵，通过让受众得到“感觉上的真实”（feel real）和“真情实感”（real feeling）而非认知上的真实或对现实的理解来迎合受众。

第三种是对真人秀与大众文化关系的研究。这类研究是近年来最富有活力的研究，大致又分为两大类。一类是在遵循业内和消费者普遍接受的形态划分标准上，对真人秀某个或多个文本进行深读，探讨其与社会文化现象的关系。如苏珊·莫瑞（Susan Murray）等所著的《真人秀：重塑电视文化》（*Reality TV: Remaking Television Culture*，2004）和安妮特·希尔（Annette Hill）的《真实电视：观众与流行的现实电视》（*Reality TV: Audiences and Popular Factual Television*，2005）[①]。另一类则试图突破既有的真人秀形态的划分，试图重新定义或细分该形态。如赫勒（Dana Heller）所编著的《改造电视：真实的重构》（*Makeover Television: Realities Remodelled*，2007）将英、美两国真人秀形态重新定义为“改造电视”秀。作者认为英、美两国的真人秀引导了这一形态在世界范围的电视文化中的“大爆炸”，而其中最主要的形式即“改造型”（“makeover”formats）。他们敏锐地指出观众最易从这种形式中获得观看快感，因为这一形式恰恰是将“现实”改造为超现实，而这种形式最大的原则是呈现或制造名人（celebrity）效应和名人生活。总的来说，文化主

① 这本著作在2008年已由中国国际广播出版社翻译出版，其标题被译为《流行真人秀——真实电视节目受众的定性和定量研究》。这一译法强调了作者希尔所采用的综合研究方法，但笔者认为这一译法可能过于局限了这一著作研究的对象，值得商榷。这里采用了对原标题的直译。

义的形态研究都不可避免地采用了跨学科研究的视野和方法。

值得注意的是，英美学界在电视真人秀研究中常互引双方的电视文本为证，这显示了两国媒体文化的息息相关。因此在研究美国真人秀时，关于英国相关研究的著作也具有重要的参考价值和可比性。但两国电视文化在体制和历史上不同，学者们的视野和关注点也各有侧重。由于英国的电视体制中的公共性因素，英国学者通常将电视真人秀纳入纪录片的体系加以考量，而美国学者们则更明确地将电视真人秀置于娱乐类节目中进行讨论。

另一个值得关注的是真人秀的狂热观众所形成的“半专业研究者”团体。他们参与真人秀的方式即是研究其文化影响力的一个方面，而他们本身对真人秀的研究，虽然通常以网络论坛或个人网络日志的形式进行和公开，不属于传统学术的文化研究的范畴，但由于采用了类似于人类学民族志的研究方式，仍然具有一定的参考价值。

国内目前对电视形态的研究主要集中在两个方面，一是将中国借鉴国外产生的电视节目形态文本与其原版文本进行比较研究，重心放在内容细读和具体节目构成上；二是对某一节目形态进行社会价值评判，但多集中于对中国某个具体节目的内容的分析上。但是就文化研究而言，学界对美国电影的形态研究比电视形态研究更为深刻系统，这一方面是由于电影资源更易得，另一方面也由于电影发展的历史较长，相应的学术研究的积累也更深厚。而关于美国电视形态，国内研究一般遵循美国文化中常见的形态分类，国内研究比较关注的美国电视的节目形态包括新闻、西部片、情节剧、“脱口秀”等。业界近几年开始察觉到这类研究的缺乏，新近出版的几本对美国电视节目形态进行总结和梳理的专著，较全面的是 2008 年出版的阚乃庆、谢来所著的《最新欧美电视节目模式》和傅宁、刘利群所著的《美国电视节目形态》两本书。前者主要是一种介绍性质的研究，从形态分析入手，精选了100例欧美电视节目中的典型或流行节目，对其节目概括、板块组成、节目风格和内容等做了详略不一的介绍，旨在为国内的媒体同行提供可供借鉴的“先进”模式。后者则集中于推介美国电视节目的形态，对美国电视节目形态的含义以及形态的发展历程做了梳理。但是国内的研究比较缺少对形态产生的历史渊源和社会文化要素的综合分析，也缺乏从文化研究角度探讨形态与文化间的相互关系。此外，对节目形态的分析也主要从宏观角度来把握，较少对其进行详细的文本细读和分析。

关于真人秀这一新兴的节目形态的研究方面，国内研究同样比较注重真人秀的内容所反映的美国社会的现实，或是美国社会如何对真人秀做出价值评判，多数研究属于节目评赏性的，从美国大众文化角度分析的研究较少，特别是将真人秀历史和社会形成与其文本分析相结合的研究论文和专著甚少。作者在中国期刊全文数据库（CNKI）输入“电视真人秀”作为检索关键词，自1998年到2012年，共搜索到180条记录，大多以中国电视真人秀现状为研究对象，而以欧美电视真人秀为背景，将美国电视和文化研究作为直接研究课题的不足10篇。利用数字化博硕士论文文摘数据库（PQDD）以摘要关键词“电视真人秀”或“Reality TV”来检索1990年到2012年的学位论文，均没有记录。在中国高校博士学位论文库中以“电视真人秀”为主题关键词搜索，共有7篇博士论文与之相关。但是这些论文主要以中国的电视娱乐或综艺节目为研究课题，以真人秀为案例，或是重在对其进行产业性的研究，如山东大学李冬梅的博士论文《网络时代中国电视真人秀节目的内容生产与营销创新》、复旦大学周亭的《中国电视娱乐产业研究》。

国内学者对电视真人秀的关注，从内容上看，主要可以分为三种。首先是对电视真人秀形态的流行原因和成功模式的探讨，期望从行业发展的角度对中国电视节目探索可借鉴的模式和经验。这一关注视角多数为传媒的业内人所采用，他们对欧美电视真人秀多采用推介的态度，关心欧美模式的本土化方式，同时对国内电视真人秀叙事方式上的落后与创新上的缺乏表示担忧。其中比较有代表性的是2006年尹鸿、冉儒学和陆虹所著的《娱乐旋风——认识电视真人秀》。这本著作是近年来所出版的最为详尽深入总结和分析全球范围的电视真人秀的专著，将真人秀作为一种全球化下的媒体景观进行分析，同时对真人秀不同类型进行了梳理，通过分析中外节目已有的形式，为中国真人秀发展总结实用的理论和可借鉴的模式。而2007年谢耕耘、陈虹所著的《真人秀节目：理论、形态与创新》也较全面地分析了真人秀节目的形态特征、类型和叙事策略，其中涉及美国的许多案例，重在对真人秀节目创新和营销发展提供具有前瞻性的建议。第二种研究则重在分析电视真人秀的节目内容在审美和叙事上的特点。如赵华的《论电视真人秀节目中的模糊美学规则》，刘岩东、安立国的《浅析电视真人秀的后现代叙事特征》。第三种关注视角聚焦于电视真人秀的文化和社会影响，主要对电视真人秀的后现代文化的特征和其所反映的消费社会的现状进行剖析，也对电视真人秀真实性进行了较多的讨论。比如，尹鸿的《解读电视真人秀》，吴申坤、李骏的《游戏中的众人狂欢——论“真人秀”电视节目的消费文化特征》以及李冬晓的《“真人秀”节目的文化范式解读》。后两种研究多以论文的形式出现，但由于篇幅所限，在文本分析的深度和广度上都有所局限。

与国内外已有的真人秀研究相比，本书的创新点首先在于将身体研究理论纳入对电视真人秀的形态研究当中。“身体研究理论”概指社会文化研究中对身体的关注和研究以及与之相关的理论，它本身是一个跨学科的理论范畴而非某一个单一的理论体系。近年来，一方面，丰盛的消费社会能够提供给具身性主体多样和有深度的物质满足，另一方面，媒体技术的日益更新带来的是对具身性主体物质性的某种消解，具身性主体身体上的后现代文化特征正在凸显。“身体”在社会话语中正日益占据更显著的地位，而伴随着身体话题在社会话语中的增值，它也正在成为学术界的一个核心话题。本书将身体理论与电视真人秀研究相结合，给真人秀研究提供了独到而精确的视角，对真人秀所代表的媒体施加给具身性主体的影响进行有针对性的分析；同时，电视真人秀的视觉性和参与者的真人性质也让电视真人秀成为身体研究的一个极佳的分析文本，它给身体研究提供了相对集中又具有现实价值的分析素材。

其次，本书特别注重对电视真人秀的案例进行文本细读，并将意识形态的文化分析方法作为重要的理论支撑。国内的媒体研究学者多从社会学或是传播学的角度对媒体文本进行分析，对媒体文本本身的叙事价值不够重视，或是由于论文篇幅所限而难以做到细致的剖析。但是，事实上，媒体所提供的文化产品已经成为大众日常消费的叙事的主要载体，对其中具有影响力的文本的细致分析应该成为文化研究的重要方式。文学叙事的研究已经取得丰硕的成果，但媒体文本的叙事和文学文本的叙事又不能完全等同，因此本书对真人秀文本的细读将是对文学叙事的分析方法应用于分析媒体文本叙事的一次可行性尝试。

最后，虽然本书将采用的意识形态文本分析和肉身实在论的研究理论和方法具有批判性，但是本书对美国电视真人秀的研究，不是单纯为了用怀疑的眼光去审视它和批判它，而是试图通过这一视角来探究美国电视文化是如何通过整合国内的身份认识和核心价值观，从而塑造国家意识和国家形象，并由此作为它在全球扩大影响力的基础和原点。

本书的第一章和第二章将对电视真人秀所秉承的美国秀文化传统、美国电视的性质以及电视真实与电视形态演进的关联历史进行梳理。对这些文化历史背景的回顾有助于解释围绕在真人秀定义上的争议，也将让我们更全面地理解电视真人秀的形态化历程，从而为我们进入文本分析奠定基础。从第三章到第六章，我们将选择当下具有代表性的几类美国电视真人秀节目作为案例，通过文本细读，剖析在不同种类的电视真人秀文本中各个象征之间是如何互动、互相支撑巧妙地共同构建其对社会既有秩序认同的过程。而分析的重点在于电视真人秀文本中真人和真实的建构与消解间的相互关系。第七章则将从宏观的角度考察电视真人秀在新媒体时代的美国社会中所起到的文化表征作用和担负的社会职能，并分析真人秀对受众的影响。通过对这一节目形态演变历史的梳理和对其进行文本细读，我们可以一窥它是如何通过种种试图忠于真实又塑造真实的策略来维护美国自由主义的价值观、巩固多元文化共存的社会共识的意识形态功能的。在它的策略中，为了真实，不同文化间的冲突必须得到反映，但是，为了塑造理想中的真实，这些冲突如何被反映才是关键，而真人成为这一策略实施的施动者、中介和载体。在这一过程中，具身性主体并非全然处于被动状态，他们如何利用真人秀作为将自身定位于社会的中介，也将得到深入的剖析。

第一章

真实的娱乐与娱乐的真实：电视真人秀的文化传统与定义

要理解电视真人秀，除了要了解“真实”（Reality）这一限定词，理解另两个关键词“秀”（Show）和“电视”（TV）也很重要。为了更全面理解美国电视真人秀和真人秀现象，我们需要把美国“秀文化”[①] 传统以及美国电视文化一起纳入考虑。

“秀”这一译自英文单词的外来词在中文中已经成了无须加注的被广泛用来指称“节目”或“表演”的词语。然而，作为一个在美国文化的传统与流行文化的现状中频繁使用的词语，它看似通俗易懂，实则积淀了深厚的文化传统，与美国大众文化的形成和美国文化认同联系紧密。美国的电影和电视都是秀文化的延续，是美国成就流行文化霸主地位的表征。同时，电子媒介的秀又在悄然改变美国秀文化的外貌。

① “秀”和“秀文化”是属于舶来词，这里为了方便解释和进行强调，笔者在使用时加上了引号，在本书其他部分出现时将作为一般词语，使用时不加引号。

在本章中，我们将首先对美国秀文化的传统进行简要的梳理，其中秀与大众的关系、秀文化中所体现出的文化冲突与偏见，以及秀文化所体现的美国精神将得到重点分析。美国电视真人秀不仅继承了美国秀文化传统，而且美国电视的性质更直接限定了电视真人秀在节目内容与形式上的选择。本章第二节将重点讨论美国电视性质中真实与娱乐的矛盾共生关系。最后，我们将对围绕电视真人秀所产生的种种争议进行梳理，并在本书中重新定义“真人秀”。电视真人秀所引发的定义之争事实上也延续了美国秀文化和电视文化所面对的认同与争议。

第一节　美国秀文化传统：大众文化与美国精神

什么是秀？在英文中，它既可作名词，表示“展览”“上映”“炫耀”“表演”“节目”“演出”“景观”“影片”；又可作动词，表示“展出”“出演”。在它亦动亦静的背后记录了美国从农业社会向工业社会再向大众传媒的消费社会转型的历史。

美国20世纪50年代一部歌舞电影被命名为*There Is No Business Like Show Business*，直译出来即“没有什么事业堪比秀的事业”①。影片通过表现一个以歌舞表演等为生的家庭的生活，渲染了一种轻快有趣、歌舞升平而又充满变化和机遇的美国文化氛围。那么什么是“秀的事业”呢？其实通俗来讲，它可以被理解为“娱乐业”。在美国文化中，秀与娱乐的这种关系是历史

① 这部影片的中文译名通常采用意译，如《轻歌曼舞好营生》。这部在当时算得上是高成本的电影音乐剧，1954年由20世纪福克斯公司（the 20th Century-Fox）出品，其片名取自另一部著名的舞台音乐剧《安妮拿起你的枪》（*Annie Get Your Gun*）中的代表歌曲。这部影片中的家庭经历了美国社会的变迁，但他们的娱乐才能和精神为他们应对社会变化提供了持续的支撑。

形成的，追溯美国19世纪和20世纪早期娱乐形态可让我们更好地理解当下美国娱乐秀的演进历程和本质。

一、秀文化与娱乐的大众性

上文所提到的这部影片的开篇对影片中所谓的秀的事业即娱乐业的历史进行了一个简短的背景回顾："在1919年，歌舞杂耍表演（vaudeville）是娱乐业非常重要的组成部分。"[①] 所谓的歌舞杂耍剧场（vaudeville theatre），在英国和美国的历史语境中的发展途径并不完全相同。

在《理解大众文化》（*Understanding Popular Culture*）一书中，约翰·费斯克指出，歌舞杂耍剧场在19世纪伦敦的工人阶级中逐步流行起来，一方面它的"媚"和"俗"给工人阶级提供了幻想的空间，包含威胁中产阶级的要素，但另一方面它对中产阶级乃至上流社会又有强烈的吸引力。它让大众破坏性的快感得到展示，威胁社会的控制，也成了冲突中的社会力量斗争的场所，它处在"体面的"和"大众的"文化冲突的中心。此外，它通常还被认为是一个无论是工人阶级还是中产上流社会的男性均可以合法、体面寻欢的场所，对于女性而言则是下等"不体面"的去处[②]。而在美国，虽然大众文化也有体面和粗俗之分，但这一类表演由于受到中产阶级妇女和家庭的光顾，被逐渐转换为一种体面的大众娱乐形态而得以保存下来[③]。从19世纪上半叶开始直到20世纪30年代电影的大规模流行前，这种娱乐形态不断吸收各种在美国大地上流行的娱乐秀的精华，形成了一种新的

① 本书选自电影或电视内容的引用部分均为笔者所译。

② 约翰·费斯克：《理解大众文化》，王晓珏等译，北京：中央编译出版社，2006年，第81-82页。

③ 同上，第82页。

娱乐形态。这些不同的娱乐秀包括从传统的莎士比亚式的戏剧表演、歌唱音乐表演，到巡回全国各地演出的马戏团（circuses）、各种滑稽表演团（burlesques，minstrel shows），乃至为宣传药品进行的巡回展出表演（medicine shows），等等。到19世纪后半叶，在更好的交通和通信条件的支持下，娱乐业者将这些表演进行整合、系统化、制度化和商业化，并通过"清洁"改善剧场环境等，进一步吸引大量女性和家庭观众，渐渐在城市的剧场中稳定下来，逐步演变成一种老少咸宜的娱乐产业，即歌舞杂耍表演，这一新的娱乐秀形态被称为当时美国"娱乐业的核心"①。

回顾美国秀文化业态化的过程，我们可以看到，美国秀文化从一开始就与"大众"这一概念紧密相连，这一概念并没有格外区分阶级和性别。歌舞杂耍剧场表演崇尚的是一种片段式的变形的多元的娱乐形态，"大杂烩"式的娱乐被认为是可以吸引和满足大众的关键，而商业的需求驱使表演团体尽可能提供适合各种口味的"大杂烩"以赚取最大的利益。

除去"大杂烩"式的表演内容，美国的歌舞杂耍剧场表演还有一个特点，那就是表演场面的辉煌壮观，尤其是在标志性的大城市中，不仅表演场面壮观，表演场所也犹如宫殿般富丽堂皇。由于表演场所的宏大，它需要更多的观众，因此"大杂烩"式的表演内容其实呼应的也是"大杂烩"的观众。"各色各样的表演在同一个剧场内上演，1830年的观众买了票就能看到戏剧、马戏、歌剧或是歌舞。纽约的公园大剧院，尽管有着精英剧院的声望，却有着相对广阔的空间来容纳大众，并让其控制了舞台。尽管不同的阶层在剧场内有各自的区域，但是都被允许进入——

---

① "American Vaudeville", American Studies, University of Virginia, http://xroads.virginia.edu/~MA02/easton/vaudeville/vaudevillemain.html, 2012-03-08.

正厅后排的是技术工人们，上流社会的男女们则在包厢，妓女、下层阶级的男人和黑人们则坐在戏院的楼厅。”①

人们之所以去看秀，除了消费多余的时间，更是一种跳出烦琐粗糙的日常生活的途径。在或是轻歌曼舞或是插科打诨的氛围中，不用付出高昂的票价，人们就可以感受到愉悦，得到娱乐。亨利·詹金斯（Henry Jenkins）认为，歌舞杂耍剧场代表了美国大众文化的精髓，体现了19世纪和20世纪之交的美国文化的转型，而其中还有隐含独特的美学原则。歌舞杂耍剧场表演遵从的是一套不同于叙事美学的标准。后者要求人物的整体性、逻辑的合理性和叙事的连贯，而前者则强调表现力、对情感的即时感染力以及具有震撼力的奇观②。而这一营造“奇观”效应的娱乐精神一直贯穿在美国大众文化当中，之后无论是百老汇表演、好莱坞大片，再到电视真人秀的全国效应，都是对这一精神的标志性传承，它回应的既是一个消费社会和文化的崛起和成熟，又是传统的期望超越现实处境的大众心态。

二、秀文化与文化偏见和定式

美国秀文化的崛起除了与上升的中产阶级及其空闲时间的相对富余相关，还与文化偏见与定式紧密相连。早在美国殖民地开疆扩土的时代，穿梭于不同散居聚居地之间的表演团体除了给人们带来短暂的愉快，也起到了交流文化信息与培养文化定式的作用。从历史和现实来看，美国是一个典型的移民国家，移民带来了活力，也带来了多元文化的冲击。其殖民地和建国历程见证了

---

① Lewis Erenberg, *Steppin' Out: New York Nightlife and the Transformation of American Culture, 1890 - 1930* , Chicago: the University of Chicago Press, 1984, p. 15.

② Henry Jenkins, *What Made Pistachio Nuts?* New York: Columbia University Press, 1992, p. 24.

一个逐步吸纳众多民族、种族和文化背景的移民国家的相对迅速的崛起，也见证了一种多种族、多民族文化的交流融合与冲突隔离并存的状况。伴随多种族和多文化大杂居的现状而来的是不可避免的种族歧视和偏见。

在《美国的种族划分：歧视的变迁史与后果》（*American Ethnicity: The Dynamics and Consequences of Discrimination*）一书中，阿基尔（Adalberto Aguirre）和特纳（Jonathan Turner）指出，总的来说，“歧视”即是某一个体、团体或是人群以各种方式阻碍或否定其他个体、团体或人群获得有价值资源的过程，而通常来说，种族歧视就是更强大的占统治地位的族群对其他处于被支配地位的族群在工作、收入、健康、地位、权利或是其他社会价值上进行限制和否定。对于一个社会而言，歧视是最重要的保持族群性的力量①。从极端的种族灭绝到不易察觉的选择性包容（selective inclusion），从制度性的歧视到个体的非正式的歧视，歧视有各种程度和方式，但总的来说，各种歧视都有类似的作用机制，而且对于接受一方而言都是不愉快的负面的体验。而另一个与歧视相伴的概念是“偏见”，偏见是对一个特定人群的一整套固定的看法和形象认定，而种族偏见则是对具有类似的生理、行为方式、组织结构和文化特征的特定人群的一套固定的印象和看法，而且通常是负面的可能导致歧视行为的看法②。虽然偏见不一定导致歧视行为的发生，但是建立在对其他族群负面刻画之上的偏见往往是激发和导致持续的种族间紧张关系的原因。

美国的娱乐业和大众文化在这样的历史环境下，无论在内容

---

① Adalberto Jr Aguirre, Jonathan Turner, *American Ethnicity: The Dynamics and Consequences of Discrimination*, New York: McGraw-Hill, Inc., 1995, pp. 4 – 5.

② 同上，第11页。

还是形式中，都难以避免浸透歧视和偏见。其他族群的外貌举止以及文化风俗为制造娱乐效果提供了丰富的原料，还让娱乐消费者在潜移默化中强化了对自我族群的认同和对他者的辨识与区隔。这在早期的娱乐形态中格外明显，如在美国 19 世纪内战前后极为兴盛的白人化装成黑人的滑稽音乐表演（blackface minstrel shows）就是一个最典型的例子。

在 19 世纪 40 年代，乔装成黑人的滑稽音乐表演是流行于全美国的一种主要的娱乐秀形态，被认为是第一个具有清晰美国特性的戏剧形式，是美国音乐产业上升时期的核心形态，并且启发了诸如《汤姆叔叔的小屋》（*Uncle Tom's Cabin*）或是《哈克贝利·费恩历险记》（*The Adventure of Huckleberry Finn*）这样的名著的诞生[①]。作为一种流行于白人中的主流的大众文化形态，它大量借用黑人音乐歌舞元素、黑人形象和身份元素。其中所刻画的黑人形象大多是蠢笨的、懒惰的、滑稽的、迷信的，同时听天由命、无忧无虑，并且能歌善舞。据称，这一娱乐秀形态在当时受到各个阶层各个族群的普遍欢迎[②]，但是也可以推断这样的形象所要取悦的对象当然不会是被刻画的黑人群体。

从积极的角度来看，这一表演形态为白人，特别是北方的白人提供了一个观察黑奴和黑人生活状态的窗口，让他们有更多的机会直观感受到黑奴和奴隶制的存在，以及一种黑人文化的存在。虽然是通过娱乐的形式，但是它还是将这一社会问题推到了台前。然而，总的来说，这一观察黑人文化的窗口又是安上了花玻璃的，它将南方黑人的生活渲染得歌舞升平、快乐自在，着力表现出他们和白人奴隶主之间的和谐关系。这种娱乐形态也许并

---

① Eric Lott, "Introduction", *Love and Theft: Blackface Minstrelsy and the American Working Class*, New York: Oxford University Press, 1993.

② Frank W Sweet, *A History of the Minstrel Show*, Backintyme, 2000, p. 27.

不是为了贬低黑人或是出于种族主义目的而创作的，但是实际上在其中却难以出现黑人家庭被迫妻离子散或是受到剥削虐待的场景，因此渐渐成了为种族主义歌功颂德的娱乐形式。白人观众欣赏着黑人的歌舞形式，认可了黑人天真幼稚却具有歌舞天赋的形象，另一方面则加深了种族主义的偏见，减弱了对种族主义实际残酷性的认识。这一表演形式直到20世纪初黑人群体越来越积极地在法律和政治权利上争取平等地位的时候才渐渐不再流行。但是，无论正面还是负面，它在确立一种黑人文化或是黑人性（Blackness）方面的文化影响却是持久的，这种影响可以从好莱坞电影、电视以及社会生活的方方面面中得到体现。

除了黑人形象这一主要的制造娱乐效果的原料，在这一娱乐形态中也有与美国原住民①、华裔或是欧洲移民中的爱尔兰人等少数或是弱势族群相关的要素。这些娱乐表演多是将一些负面要素夸张后达到喜剧效果，而这种重复地、反复地对他者形象进行负面刻画造成的文化影响也是不可低估的。例如，美国原住民要么是一种处于前工业时代的野蛮人形象，要么是酒鬼和暴徒，都不是文明社会的一分子；华人当时所留的辫子以及中式英文的口音，乃至饮食习惯，都成了被频繁戏仿和嘲笑的对象；爱尔兰人则多是脾气火爆、爱喝酒惹事、说话土腔土调等。毫无疑问，多元的种族和文化给予了这些戏剧和歌舞表演丰富的素材，歌曲和戏剧中对族群偏见的使用并不一定是为了加深种族矛盾，但是事实上，这一文化实践却加深了对族群间差异的认同，从而让一些文化长久被排挤在主流之外，成为取悦主流的却又是边缘的不可融合的类别。

但是，为了国家的稳定发展，美国又必须解决如何将如此众

---

① 本书将“美国印第安人”统称为“美国原住民”。

多的多元的族群吸收、整合到一种核心文化里的问题。在大众文化的构成当中，以娱乐为核心目的的秀文化占据了重要的组成部分，它所执行的社会功能中除了构建族群和个体身份认同，也要担负整合民族意识的任务。这一功能在美国文化中的实现，大多数情况下并不依靠政治性的宣传，而是通过影响大众娱乐和消费的方式以及审美趣味，从而让其在日复一日的文化活动中植根，自觉地再生产。如约翰·费斯克所指出的，大众文化具有看似矛盾的商业性和大众性的双重性："一种商品要成为大众文化的一部分，就必须包含大众的利益。大众文化不是消费，而是文化——是在社会体制内部，创造并流通意义与快感的积极过程：一种文化无论怎样工业化，都不能根据商品的买卖来进行描述。文化是一个活生生的、积极的过程：它只能从内部发展出来，而不能无中生有，或从外面强加而成。"①

三、秀文化与美国精神

丹尼尔·布尔斯廷（Daniel Boorstin）在评价19世纪末20世纪初的美国文明时认为："一个新的文明找到了把人们团结在一起的新方法——越来越少地依靠教义和信念，抑或传统和地域，而是越来越多地依靠共同的努力和共同的经验，依靠日常生活的组织方式以及依靠他们对自我问题进行思考的方式。现在的美国人较少被他们的希望所维系在一起，而更多的是靠他们的需求，靠他们所制造和购买的东西，以及靠他们了解事物的方式。"②这里布尔斯廷强调的是由一种日常生活的共同经验构成的美国精

① 约翰·费斯克：《理解大众文化》，王晓珏等译，北京：中央编译出版社，2006年，第22页。

② Daniel Boorstin, *The Americans: The Democratic Experience*, New York: Vintage books, 1974, p.1.

神，而在这个共同经验中，既有劳动工作，也有日常的消费休闲。我们也可以这样理解，美国精神不仅体现在美国宪法制度或宗教传统中，也不仅仅是由伟大思想家和学者们定义，它更重要的是鲜活地存在于美国人的日常生活实践当中，展现在潜移默化中形成的大众文化中。

早在20世纪20年代，美国早期的文化批评家吉尔伯特·塞尔兹（Gilbert Seldes）在所著的《七种鲜活的艺术》（*The Seven Lively Arts*）一书中就大胆地提出，美国对20世纪最伟大的文化贡献和成就不在于模仿欧洲的艺术传统，而在于开拓了如爵士乐、百老汇歌剧、电影和连环漫画这类新兴崛起的本地特色，它们是美国当下鲜活的艺术①。这一论调在当时可谓大胆新颖，同时也引起诸多争议，因为它将流行文化与传统艺术相提并论，把流行文化提升到与艺术同等的、具有体现一个国家文化成就的地位，这既是对美国流行文化的社会价值的肯定，又是对资产阶级把审美趣味进行高下定位的挑战。

在《区隔：趣味判断的社会批判》（*Distinction: A Social Critique of the Judgement of the Taste*）一书中，法国文化批评家布迪厄指出了流行文化和资产阶级在美学上的区别，他认为前者反映了“一种深刻的要求参与的诉求，一种想要进入到游戏中的欲望，一种与角色人物同喜共悲的共鸣感，为他们的命运担忧、强烈地支持他们的希望与理想、过一遍他们那样的生活”②。而后者，相反，则要求保持情感上的克制、疏离乃至冷漠，具有代表性的就是大型博物馆的庄重肃穆、歌剧院和剧场的宏伟奢华以及音乐厅的装潢和烦琐礼节。

---

① Henry Jenkins, *The Wow Climax: Tracing the Emotional Impact of Popular Culture*, New York and London: New York University Press, 2007, p. 13.

② Pierre Bourdieu, *Distinction: A Social Critique of the Judgement of the Tast*, Tran. Richard Nice, Cambridge, Massachusetts: Harvard University Press, 1984, p. 34.

相比之下，流行文化中马戏表演或是电视情景剧的奇观是不正式的、不含蓄的，往往提供给观众更迅速直接的满足，让其敞开心扉，在一种狂欢的氛围中抛开对规范和礼仪的顾忌。如果说布迪厄认为流行文化和资产阶级传统审美确实存在区隔，那么，在美国流行文化的实践中，这种区隔又一再被打破。

布尔斯廷在《美国人：建国历程》（*The Americans: The Democratic Experience*）中记载了19世纪的酒店在美国尤其是在北方和西部，如何发展成与其英国表亲不一样的“公共场所”，成了美国人的“公众的宫殿”。布尔斯廷认为，由于美国没有封建的皇室传统，在建筑上缺少某种众人都认可的社会的中心，因此酒店被赋予了这样的功能，它的外观修建得宏伟壮观，内饰也富丽堂皇。但更关键的是，它在那个时期对公众起着比英国的旅店更大、更重要的作用。它是众多的社会活动展开的地方，也是新的与生活相关的技术发明投入试验的场所，起着展示生活品质的作用。各阶层的人都入住其中显示了美国社交的流动性和集体性，以及这一文化鼓励人们在不同的社会圈子中交流的特点。它的弊端在于使家庭关系松弛，但长处则是打破了等级壁垒，成为美国式的城市生活的象征。而这种创新展示了这一文化的活力，又被欧洲国家借用仿效①。布尔斯廷对美国酒店的描述虽然带有明显的对美国文化的乐观主义情绪，但是，其中也客观显示了美国文化精神对大众性的强调。公众的场所不再被认为是鱼龙混杂的不体面的地方，相反，成了最辉煌、最值得重视的中心。那么同样，承载流行文化的种种娱乐场所以及之后的媒体景观也因其大众性而尤其看重场所和产品的质量。前文所论述的美国式的歌

① 丹尼尔·布尔斯廷：《美国人：建国的历程》，谢廷光等译，上海：上海译文出版社，2009年，第123－135页。

舞杂耍剧场表演场所可以作为一个例证，而之后的百老汇则是将这一特点推上了新的高峰。

在美国全面进入工业社会后，美国大城市的兴盛逐步将流动的表演团体固定到酒吧、餐厅和剧院中，百老汇和爵士乐等娱乐形态正是美国流行文化所创造的源于欧洲又有别于欧洲传统的新的艺术形式的代表，它们模糊了艺术与文化的界限，见证了美国作为流行文化大国的崛起。百老汇被认为代表了英语世界商业性娱乐演出的最高水平，集中展示了美国秀文化的大众性与艺术性相结合的特点。

所谓的百老汇现在指坐落在纽约曼哈顿地区，以百老汇（Broadway）大道为中心，辐射到林肯中心的几十家大型剧院以及每天在那里上演的各种音乐戏剧。虽然从 19 世纪开始，纽约就开始有较多的剧场表演，包括欧洲传统的莎剧或是歌剧，也有本地特色的滑稽音乐表演和歌舞杂耍剧场等，但是百老汇成为标志性的美国文化的代表，则是在 19 世纪末 20 世纪早期音乐剧（musical）这一形态的诞生和繁盛之后。音乐剧又是一个兼容并蓄发展出来的娱乐形态，它吸收了歌舞杂耍剧场表演、音乐厅表演和其他轻喜剧形态中的元素，但是其侧重不在于情节的曲折复杂，而在于渲染烘托明星魅力、大型的舞蹈表演和众多脍炙人口的流行歌曲的汇集。这些表演在辉煌华丽的剧场上演，歌舞质量上乘，平易亲切，易于理解，很快得到了美国大众的喜爱。虽然之后的百老汇成了更多元的剧场表演的总称，很多优秀的剧作家如尤金·奥尼尔（Eugene O'Neill）等为百老汇带去了严肃戏剧。但是最能代表百老汇特色的还是将大众性与艺术性相结合的音乐剧，有些剧目长演不衰，从流行走向了经典。而在 1947 年，主要为表彰以百老汇剧场为代表的美国现场表演而设立的托尼奖（Tony Award）的诞生，则是正式为流行文化的精品戴上艺术桂冠的里程碑。虽然这种奖项的设立有很大商业性的考虑，但是它也显示了一个社会对流行的大众文化的尊重和推崇。

在后工业化时代，随着各种大众传媒形式，即电影、广播和电视的兴起，秀文化的舞台又将中心转移到了电子媒介当中。在这期间，美国流行文化借助唱片业的蓬勃发展与好莱坞的强大文化工业的支持，真正开始了全盛时期，其中好莱坞电影几乎成了美国流行文化的代名词，为塑造美国形象、宣扬美国精神和展示美国式生活方式起到了不可替代的作用。好莱坞电影仍然延续了美国秀文化的传统，将美国秀文化发展成一种具有世界性影响力的通俗文化。

很多学者认为好莱坞的成功在于好莱坞是典型的文化工业化的产物，有一套行之有效的标准化制作规范①，但是也有学者认为这个标准绝不是简单地用文化工业化就能够概括的。比如，詹金斯就认为好莱坞的准则从来不是完全遵照某一套统治性的趣味行事，它要求对持续的有争议的话题开放，甚至有时要遭到核心文化和社会机构的抵制。好莱坞电影一方面保存了流行文化传统中对情感的即时感染力的强调，另一方面又要保有足够的对社会规范的尊重以确保其生存下来。它最大的挑战是要同时吸引“大众”和“精英”、男人和女人、年轻人和老人、城里和农村的观众，在各种不同的观念中走钢丝，而这些观念对于什么是好品味的或是恰当的娱乐往往有着极为不同甚至可以说是非常矛盾的定义②。这也可以解释为什么好莱坞电影在早期借用传统娱乐秀的

---

① 对好莱坞所代表的文化工业化生产以及其标准化传播的论述可参见 Allen Scott（*On Hollywood: The Place, the Industry*, Princeton: Princeton University Press, 2005）以及 James Bernardoni（*The New Hollywood*. Jefferson and London: McFarland and Company, Inc. Publishers, 1991）等学者的相关论述。

② Henry Jenkins, *What Made Pistachio Nuts*? New York: Columbia University Press, 1992, p. 21.

很多形式。无论是无声电影时期的滑稽喜剧片，还是有声时期的音乐片，这些形态都借助了先前已经受到检验的为大众所欢迎的娱乐形态的文化影响力。好莱坞把美国秀文化对壮观奇景的偏好、对情感冲击的巧妙利用和传统的叙事美学有机结合，从而把美国秀文化的发展带到了一个高峰。而这种结合，也让它对意识形态的影响更加显著。这也是为什么在研究美国的“文化帝国主义”的著作中，好莱坞电影是绕不开的主题的原因。

不可否认，在20世纪的美国，文化的等级制度依然存在。在批评界和大众意识中，芭蕾舞、交响乐、艺术馆或是经典名著等文化形态仍然被视为“高雅文化”（high culture），处于等级阶梯的顶部，而电视肥皂剧、摇滚和流行乐、漫画等则是“低俗文化”（low culture）一端的代表。然而，值得关注的是，在美国文化中，文化等级制度上的高低之分并没有影响文化影响力或是价值的大小，很多“低俗文化”商品由于其广泛的流行性具有比“高雅文化”更强的传播力和持久的影响力，而且这一等级制度往往成为被挑战和质疑的对象。

美国的秀文化是一种娱乐的文化，见证的是消费社会的崛起，但是它同样是美国大众文化形式的代表，反映了一个新兴社会如何看待流行文化与公共领域间的关系。它既包含深刻的文化偏见和定式，又蕴含对其进行利用和反抗的因素。美国的秀文化与美国精神息息相关，它既承担着构建个体与族群、集体的身份认同，又要起到在潜移默化中塑造美国人作为一个统一民族的意识的作用。

第二节　美国电视的性质：真实与娱乐的博弈

当美国的秀文化全面进入电视时代之时，传统和现实进行了一次次整合，形成了各种适合在电视媒体上传播的新的秀的形态。由于电视媒介在传播上的特性，电视在塑造美国的大众文化和传播美国精神的功能上也形成了自身的特点。要研究美国电视真人秀的文化影响和价值，我们首先需要对美国电视的性质进行梳理。

电视作为一个产业、一套体制和一种文化，其基因植根于具体的社会文化背景；换句话说，电视的性质是一个社会标准、文化风尚、政治潮流和经济条件决定的综合体。美国电视的性质是一场真实性与娱乐性的博弈：真实性是电视技术与社会要求的性质，娱乐性的本质则源于其对秀文化传统的继承。

一、美国电视的商业性与娱乐性本质

对于美国的电视来说，商业性是其最鲜明的标志。《电视这门生意：电视行业的标准指南（第三版）》（*This Business of Television: the Standard Guide to the Television Industry*, 3rd edition）是一本写给希望成为或是已经成为美国电视“圈内人”的行业指导性著作。作者布鲁门索（Howard Blumenthal）和古迪纳夫（Oliver Goodenough）在序言中就非常直接甚至“露骨”地说道：“如果你想成为这一‘行业’的一部分，那么你必须拥抱变化。而且，你必须明白电视无关艺术。电视永远是一种商业的努力。毫无例外，电视就是关于金钱的。”① 他们认为这正是美国电视业者所面临的客观环境。在这一宣称中，我们可以清晰地看到，作者们将“艺术”与“商业”明确地置于了对立面。而这一宣称暗合的是根深蒂固的对高雅艺术等于非商业性与低俗流行文化

① Howard Blumenthal, Oliver Goodenough, *This Business of Television: The Standard Guide to the Television Industry*, 3rd ed. New York: Billboard Books, 2006, p. 25.

等于商业性这一二元对立关系的确定，它同样暗示艺术指向永恒，商业则是善变的，承认美国电视的商业性本质几乎就等于承认其低下的艺术性。

尽管在很多领域，比如古董收藏和奢侈品消费，交易的商业性并不意味被交易物品质量和品位的低下，但是美国电视旨在赚钱的商业性本质却常常为它招来恶名，而且这种质疑与轻蔑不仅来自于文化批评界、学界、政界，也来自各种社会组织乃至观众。这一广泛质疑的逻辑是，商业性不可避免导向娱乐性。娱乐性因此成为美国商业电视的另一个本质。

格雷博（Glen Creeber）在《电视形态——手册与指南》的开篇非常明确地指出，电视是美国最流行的娱乐源泉，虽然这种媒介也许不能提供最多元的形式集合，但是它无疑每天用戏剧、喜剧、浪漫剧和信息召唤了最多的观众①。这样看来，在美国，无论电视节目采用什么形态，其目的都是为了娱乐。值得一提的是，在这本著作中，“娱乐”并没有被当作贬义词来使用，然而，在更广泛的社会语境中，娱乐却被视为把观众的注意力从严肃的政治和社会议题上转移开来。从文化上来说，商业化的娱乐倾向于取悦观众而不是熏陶情操或挑战人们的固有思维，因此娱乐是消费性的，而非建设性的。而且，更严重的是，娱乐被广泛地认为给予了观众逃避现实的方式，与真实脱节。

这一担忧在《娱乐至死》（*Amusing Ourselves to Death*）一书中得到了淋漓尽致地阐发，波茨曼（Neil Postman）对于电视所代表的“娱乐业时代”的到来进行了深刻的剖析和批判。波茨曼对“娱乐性”的定义是“取悦于人”，“能让人发笑的”，“幽

① Glen Creeber ed., *The Television Genre Book*, London: the British Film Institute, 2001, p. 3.

默的”，“美丽的奇观”，“视觉愉悦”，“视觉快感”①。他担心电视这一媒介本身的特征让它不能承担其传承“严肃”文化的功能，而只能有一种声音：“娱乐的声音。”因为会话方式的改变会直接带来话语内容的改变，也是文化的改变。波茨曼对于媒介性质可能决定其内容的分析与加拿大著名媒介研究学者马歇尔·麦克卢汉“媒介即讯息”的判断异曲同工，但是他的观点倾向于悲观和批判。他发现当下美国文化对电视的接受如此自然，电视已经成为文化的“元媒介”，深刻融入美国文化，人们已经不再关注电视本身，而只谈论电视上的内容。因为电视可以包容所有的话语形式，所以波茨曼所诟病的是：“问题不在于电视为我们展示具有娱乐性的内容，而在于所有的内容都以娱乐的方式表现出来”，“娱乐是电视上所有话语的超意识形态”，“娱乐不仅仅在电视上成为所有话语的象征，在电视下这种象征仍然统治着一切”②。

如果我们仔细分析波茨曼的担忧，就会发现让他感到可怕的是，娱乐摒弃了“思考”，而且其提供的“信息”也是无序的、对社会生活没有建设性价值。其中最典型的例子是娱乐性对传统“信息类”节目，也就是与真实最相关的节目形态的侵蚀。新闻节目不能提供有价值的信息或是提供太多没有关联性的信息，以及谈话节目无法有深度。因此，电视重新定义了真实性：“报道的真实性要取决于新闻播音员的被接受程度”，“讲述者的可信度决定了时间的真实性”，“‘可信度’指的并不是讲述者曾经发表过的言论是否经得起事实的检验，它只是指演员/报道者表现

① 尼尔·波兹曼：《娱乐至死》，章艳译，桂林：广西师范大学出版社，2004 年，第 6 页，第 114 页。

② 同上，第 114 页，第 121 页。

出来的真诚、真实或吸引力”[①]。而推而论之，政治家为了争取选票，不必要关心事实真相，而只需要表演到最佳的逼真感就可以了；如果教育者要争夺学生的兴趣，也就必须遵守电视的会话方式，不能强调循序渐进和漫长的积累，更不能挑战具有难度的、会带来困惑的问题，或是进行连续性的思辨的阐述，而只能通过片段式教育取悦学生。但是，最终的结果是文化精神的萎缩，“不管我们的看守人接受的是左翼思想还是右翼思想，对于我们来说没有差别，监狱的大门一样是坚不可摧的，管制一样是森严的，偶像崇拜一样是深入人心的”[②]。

对美国电视的商业性和娱乐性持批判态度的美国学者大多受到了德国法兰克福学派批判理论的影响。后者的核心成员作为具有犹太文化根基的欧洲思想家，对第二次世界大战前后美国文化所呈现的景观进行了深刻的思考和不无严厉的批判，而以阿多诺和霍克海默为代表的法兰克福学派文化工业批判理论被公认为是批判理论中最具有影响力和现实活力的理论之一。只是在法兰克福学派流亡美国的时代，电视还没有成为美国最主流的大众传媒方式，因此，在其论述中并没有特别针对电视的论述。但是美国电视的商业性正是与美国大众文化的高度产业化紧密相连，美国电视既是“文化工业”的产物也是文化工业本身，应用文化工业批判理论对其进行审视无疑仍然具有相当的活力。对于研究当代美国文化的学者而言，法兰克福学派的文化工业批判理论中最具有启发和借鉴意义以及操作性的部分是其对大众传媒的巨大威力的洞见。

---

① 尼尔·波兹曼：《娱乐至死》，章艳译，桂林：广西师范大学出版社，2004 年，第 132 页。

② 同上，第 202 页。

二、美国商业电视的真实性和建设性潜力

对于以波茨曼为代表的对商业电视及其文化进行批判的学者们而言，文化变得“浅薄”或是“低俗”并不都是最坏的情况。他们所暗示的是如果民众没有得到足够的切实信息，就无法成为具有可靠判断力的公民，从深远来说，民主制度的有效性就受到了巨大的威胁，而这将可能把整个国家带入极权的发展轨道。这才是美国媒介研究学者为何关心电视与真实性这一话题的最主要原因，因为这涉及他们所珍视的民主制度及其文化的存亡问题。从这点来看，学者们的担心不是没有道理的，因为商业电视的确提供了难以计数的可以对此加以印证的例子，从粗制滥造的综艺节目、煽情或色情暴力充斥的电视剧，到夸大扭曲事实以求骇人听闻、博人眼球的新闻节目，电视对真实性违背的负面例子比比皆是。

然而，美国电视的发展历史不仅是商业驱动的历史，也是商业与技术、政治以及社会公益/正义间合作与冲突的历史。在博弈中，商业电视始终必须对真实加以关注权衡，以求各方利益的平衡和自身利润的最大化。

首先，美国的商业电视受到政府制度的约束和管理，其中联邦通讯委员会（the Federal Communications Commission，FCC）是最主要的约束商业电视的政府机构。自《1934 年通讯法案》（*The Communications Act of 1934*）奠定了美国通讯法案的基础以来，联邦通讯委员会的基本理念即“为公众利益”而进行管制，而通常联邦通讯委员会将这一理念阐释为保持地方性的强大、自

由的广播服务①。而这也让联邦通讯委员会在其管理中多显得较为保守，即对于变化一般较为谨慎，在其管制历史中，对媒体在荧幕上下的商业行为也都有相应的约束。但是，自 20 世纪 80 年代以来，在政治上新自由主义风气的影响下，联邦通讯委员会对媒体企业间的合并采用了愈发宽松的政策，解绑后的媒体企业得以进一步纵横兼并，形成了跨区域、跨行业的超大型传媒巨头。很多学者认为这是联邦通讯委员会放弃《1934 年通讯法案》以来的“为公众利益”这一原则的开始，美国政府与商业传媒企业之间的利益愈发紧密捆绑，无论是哪一个党派，在对待传媒企业的问题上都成为后者的代言人和保护者。但是，我们同样要看到，这一政治与媒体联姻的趋势似乎并不能认为是电视的商业性或娱乐性的后果，反而是政治与经济的环境左右了商业电视产业发展的方向。

其次，电视产业为应对制度和民意监督，在发展中形成了整套的行业自律规则，在商业考虑中也不得不将政治和公益纳入考虑。商业的考虑也并不一定要降低电视节目的质量。从历史来

① John Zelenzny, *Communications Law: Liberties, Restraints, and the Modern Media*, 4th ed. Beijing: Tsing hua University Press, 2004, pp. 361 - 391. 在 20 世纪 20 年代，美国的第一家无线电台开始运营，之后在没有任何管制的情况下，大量的电台涌现，频率互相干扰，局面混乱。无线电波频率的有限性，让政府介入管理成为一种必然选择。然而，在当时，政府有 3 种选择：一是将所有无线电台收归国有，由政府管理和运作；二是任由市场进行调节，政府只在发生争议时进行裁决，而第三种选择是一种折中路线，即私人仍然允许拥有和经营电台，但是必须按照政府所规定的流程审批。最后一种选择被认为是最大限度保护了听众的权利，商业电台的竞争性能够激发创造性，同时政府的监管又能让这种竞争处于有序的状态。最终，第三种选择成了《1934 年通讯法案》的合理性基础，这一法案规定了联邦通讯委员会具有的权力和不能够干预的领域。联邦通讯委员会只有对电台执照的审批权，但是无权对内容进行监管，不得阻碍第一修正案所保护的言论自由权。因此，从理论上而言，联邦通讯委员会是为了公众的最大利益对媒体施加有限的监管。

看，在电视发展的初期，电视节目采用电视直播的方式，而节目形态也多承袭广播剧的传统。当时的商业模式是，由某一个赞助商赞助某一“电视剧场”，在节目内容中植入性的广告可说是非常明显。比如，日用清洁品公司经常赞助这一剧场，而演员们经常要在表演中插入对肥皂等日用品的宣传，甚至停下正在进行的表演为其做广告，这也成了美国电视“肥皂剧”这一形态的命名来源①。然而，电视台为了将自身商业利益更大化，在其逐渐掌握了电视技术传媒的特点后，便将节目的制作所有权争取回来，而采用将节目中间的广告时段拍卖给广告商的方式来盈利，这种对商业性的追求反而让节目松绑，其质量没有下降，而是得到了提升。

最终，无论是政府监督还是电视产业的商业运作，都离不开大众的评价。大众对电视中呈现的有关真实世界的影像及其呈现的方式也进行着持续的审视，将其结合自身的日常生活经验加以比照。对电视与真实性之间关系的现状持悲观和批判态度的学者们，在其论述中通常过于强调人们面对媒体时的脆弱性和被动性，而没有给予大众的主体性和能动性同等的重视。他们可能忽略的是，人对真实和对快感的追求是并行的，当发现在某种渠道中某一个追求无法实现时，往往会转向其他渠道，而在没有现成渠道时就会去创造或是利用已有的渠道。这也是另一派流行文化研究学者对流行文化进行辩护的基础。

对美国的流行文化的建设性进行辩护的学者中，立场最鲜明、阐述最有力的当属以约翰·费斯克为代表的“学/迷

① Stuart Kaminsky, Jeffery Mahan eds., *American Television Genres*. Chicago: Nelson-Hall Publishers, 1985, p. 85.

(Aca/Fan)派"①，意即他们成长生活在流行文化的环境下，欣赏并深度参与其中，但是又能够从学术的立场来阐释他们与这种文化环境的关系。他们的阐述遍及流行文化对人们衣食住行的影响，但是他们通常最关注的还是媒体文化，而电视更是首要的分析对象。他们的总体立场是，当下的美国电视节目提供了复杂的信息和多线并进的思维方式，看电视的观众并不是不阅读或是不参与社会实践的，相反，他们会将一手和二手的经验结合进行判断。观众对媒介话语模式的认识是逐步提高的，而这也促进了电视话语的改变。只要进行简单的比较，就会看到现在的电视节目无论从形式还是内容上已经比过去更加复杂，信息量更大，它需

---

① 身为威斯康星大学麦迪逊校区传播系学教授的约翰·费斯克对于自己的双重身份有清醒的意识。他坦承自己既是学院中人，也宣称自己是大众文化迷。在《理解大众文化》的前言中，他认为自己的学术研究也是一种社会产物。他运用源于欧洲的批评理论，结合自己的文化体验和实践，对美国的大众文化进行了全面而精辟的分析。其代表作包括《理解大众文化》、《电视文化》（*Television Culture*）、《解读大众》（*Reading the Popular*）等。这种分析视角和方法影响了一批美国大众文化研究学者，这些学者往往将媒体研究与大众研究进行结合。现任南加州大学传媒系教授，曾任麻省理工学院"比较媒体研究项目"（the MIT Comparative Media Studies Program）主任、人文学科教授（the Peter de Florez Professor of Humanities）的亨利·詹金斯是其中非常活跃的代表人物。他明确地将自己所承袭的费斯克的大众文化研究理论与思路进一步定义为"学/迷派"，并以此为自己的研究目的，即打通"学院世界"与"大众文化迷的世界"，将两者的优势集为一体，从而做出既有实际意义又有创造性和洞见的研究。事实上，詹金斯自己的学术研究的确与大众文化迷的文化实践紧密结合，他特别强调文化研究学者的成果要用于对年轻一代的教育，比如让父母能够更好地应对与帮助孩子适应和利用电子媒体和参与其中的文化活动。他的代表作有《文本侵入者：电视迷与参与性文化》（*Textual Proachers: Television Fans and Participatory Culture*）、《流行的嘻哈：流行文化的政治与快感》（*Hop on Pop: The Politics and Pleasures of Popular Culture*）、《交融态文化：新旧媒体冲突之地》（*Convergence Culture: Where Old and New Media Collide*）等。其他代表人物还包括约翰·汤普森、斯蒂文·约翰森（Steven Johnson）等。后者的代表作为《所有的坏东西都是好的：当下的流行文化如何让我们更智慧》（*Everything Bad is Good for You: How Today's Popular Culture Is Actually Making Us Smarter*）。

要通过复杂的情节或是多个视角来挑战观众以迎合观众，而观众也充分感受到这种互动并加以利用。而以电脑和互联网为代表的新媒体的出现，让之前对电视的担忧又转移到了新媒体上，这也就充分说明了媒体文化同样具有演变进化的能力。

有意思的是，这一学派的学者们同样认为电视与民主间具有密切的关系。他们的判断是，电视的发展没有也无法阻碍民主的发展，相反，电视节目形式和内容的演进正在推动民主。他们对流行文化的推崇正是在于，这一文化让更广泛的、更多元的社会阶层以及其价值观得到聚合，被推向前台。在一些学者看来，“低俗”“肮脏”的电视节目的娱乐性如同“狂欢节”一样可能冒犯了传统的审美和价值观，却产生了类似于涂尔干（Emile Durkhem）所说的“欢腾”的能量，这种能量可以促进个体和社会的融合，也增强了他们参与社会实践和批判现实的能力。在“学/迷派”的著作中，我们并没有看到他们对电视文本与真实性的关系特别关注，或是特别担心真实性在文本中的缺失，但是他们关注电视作为一种叙事和符号系统如何与社会现实产生关联，从而能够被阐释以及被受众处理和运用，使之参与到自身的生活现实中来。在这一学派的著作中，大众始终被视为具有难以被媒体彻底异化的能动性和批判性，因而不是被动和脆弱的。

三、商业电视的娱乐性与真实性的博弈

然而以上两派的美国学者，无论对美国电视的商业性和娱乐性持批判还是支持态度，他们总的来说还是延续着一种现代主义对真实的理解，意即他们仍然认为存在一个媒介没有化约的客观真实。这与以波德里亚（Jean Baudrillard）等为代表的法国后现代主义理论家的观点存在比较明显的区别。后者认为在后现代时代，拟像已经取代了真实，是所谓的超真实，因此，媒介中制造

的景观既是虚幻也是真实，它重新定义真实。

波德里亚指出，在消费社会，总体上物质极大丰盛，但是真正可以供人们自由支配的却并没有达到丰盛的地步。比如，超大型的购物场所营造出让人目眩神迷的丰盛氛围，人们可以自由徜徉其中，却只能从中带走极少的一部分。而电视机则让消费变成了一种“奇迹”的体验，即“它消除了消费者意识中社会现实原则本身，即通向形象消费的漫长社会生产过程。因此，同土著人一样，电视观众在神奇而有效的方式上把这种占为己有的手段视为骗取”①。消费社会在大众交际中的特点是，对“现实性、‘真相’和‘客观’的更为贪婪的要求上面”，然而，这种对客观现实的消费是从旁观者的角度进行的，是主体不在场的真实，是“实际不存在但又偏偏存在的事实”，是“幻影”，“我们在符号的掩护下并在否定真相的情况下生活着”②。而大众传媒在其中的作用正是把作为符号的符号，而非参照外界的符号，提供给大众去消费。因此，波德里亚得出的结论便是，在消费社会，在交际借助大众传媒的时代，大众的交际只是一种否定真相的对空洞符号的大量了解而已。因为如果没有了世界的幻影，封闭的日常生活是令人难以忍受的，电视图像呈现的是外面世界的残酷，从而给予日常生活世界中的人们内在的安全感。从波德里亚的论述中我们也可以看到，总的来说他认为这种现状是资本主义发展的结果，而不是电视节目内容的真实性或娱乐性本质发展所导致的。

美国电视的本质究竟应该是真实性还是娱乐性，其实是一个

---

① 让·波德里亚：《消费社会》，刘成富、全志钢译，南京：南京大学出版社，2006年，第7页。其中“土著人”是指一群试图通过模拟电视呈现的机场画面，燃起篝火来诱骗飞机陷落的土著人。

② 同上，第9页。

并不对称的假设，因为真实性和娱乐性并不必然是二元相对的，虽然两者间又确实存在功能上的迥然不同。所谓的娱乐是指脱离实际功用的一种生活实践，将人从满足基本生活需求的烦劳中解脱出来，这种解脱既是身体上的也是精神上的；娱乐代表的是放松、放肆、自由、宣泄。在这种生活实践中，真实或是现实往往不是一个要求直面的客体，而是一个需要被忘记的客体，只有脱离现实才能实现娱乐，娱乐的最终目的是让人感到愉悦。通常越是在现实中受到压抑、感到痛苦，越是难得有娱乐的实践，越是渴望娱乐，也越容易在娱乐中找到快乐。娱乐的本质是要影响情感，而非传递客观信息。但是，不可忽视的是，娱乐与满足其他生活需求一样，是人的本能欲望，是对快乐的欲望，也是人能够进行持续的有生产力的其他社会实践的有机部分。

但是，正如波兹曼警告说，当一个文化过分沉迷于娱乐，这个文化和这个社会可能走向灭亡。波兹曼的警告是有道理的，当娱乐取代了现实，成了最大的现实，即社会的生产围绕其进行时，娱乐的功能发生了转变，其建设性的功能可能成为毁灭性的功能。失去现实作为参照，人又难以从娱乐中感到愉悦，而娱乐越是难以简单激发人的快感，人就必然走向通过更极端的方式刺激感官试图拥有快感。在这样的背景下，真人秀是一个严肃的主题。它究竟是一个展示娱乐对文化的毁灭性功能的极端例子，还是例证了电视所蕴藏的娱乐与现实间的一种新型的关系呢？

第三节　定义“真人秀”：认同与争议

从前文的梳理当中，我们可以看到美国电视真人秀所继承的文化传统，从某种意义上也将它置于争议的传统之中。与美国娱乐文化和商业电视总体上所受到过的质疑一样，围绕电视真人秀的争议也主要是关于它的真实性和它的社会功能，同时，关于真人秀的历史溯源，不同学者的看法也存在较大分歧。但在这种分歧的表象之下，是对真人秀之于当下美国电视和娱乐文化重要性的认同，而对真人秀的准确定义之所以成为一个问题，则在于这一形态本身的杂交性质和它正处于变化中的现状。

一、真人秀的真实性之争

细观学者们在电视真实性问题上的争议，主要是取决于他们对真实性本身的不同理解。大体来说有两种不同的理解：一种是认为真实性与真相/真理相关，这种真实性具有逻辑性，但是相对抽象，是一种理性意义上的真实；而另一种理解是把真实性与眼见为实相联系，这种真实是视觉性的，表面上来说即是可见的、实在的，是一种感性的真实。电视与真实性之所以一开始就被认为紧密相关，是因为在日常影像无法被大规模记录、编辑和重构的时代，眼见为实与真实在很大程度上是重合的，所以电视视觉化的媒体特征让它成为反映日常真实的最好载体。然而，当媒体性质与内容可以轻易地被剥离时，视觉的真实与理性的真相/真理成了两个不同的概念，属于不同层次的真实。

然而，如果我们将两者完全割离似乎又有违事物发展的规律，因为人脑中的概念，包括对真实的概念，仍然必须借助于各种信息渠道，而视觉无疑是其中非常重要的一支。如，马克思（Karl Marx）和恩格斯（Frederick Engels）在《德意志意识形态》（“The German Ideology”）一文中所指出的，哪怕尽管在所有意识形态中，人们和意识的关系就如同在照相机暗箱中看到的一样，是一种镜像的倒立，不是绝对的一致，但是这种现象也是在人们生活的历史过程中产生的，正如物体在视网膜上的倒影是直接从人们生活的生理过程中产生的一样，我们还是要通过它来认识世界[1]。可以说，在当下，大众传媒已经成为一种非常重要的反映与生产社会意识和个人意识的中介，但是其生产者和使用者又同时是历史的和物质的存在，其意识受到不仅仅是来自于大众媒介的塑造。

“可能最终说来，也是很重要的，让众多的节目令人信服地集合在一个被称为‘真实电视秀’的名称之下，大概是它在话语上、视觉上和技术上所宣称的‘真实’。”[2] 但是当学者们在梳理美国电视真人秀的发展历史时，也由于概念的不同，即对真人秀中真实的定义的不同，而产生了较大的差别。

在国内，目前来说《娱乐旋风——认识电视真人秀》（尹鸿等著）和《真人秀节目：理论、形态和创新》（谢耕耘等著）是对电视真人秀研究较全面的两本专著，但是在追溯电视真人秀起源时，两本著作却有不同的判断。前者认为在 20 世纪 50 年代美国就出现了真人秀节目，较著名的是《观众点播》（1950 - 1959 年）和《这是你的生活》（1952 - 1961 年）[3]。后者则认为在 20 世纪 50 年代的美国，一个叫作《一日女王》的游戏节目具有真人秀的雏形[4]，而 70 年代的《一个美国家庭》的纪录片才是真人秀节目真正兴起的标志。在定义上，两者也有较大的不同。尹鸿等对真人秀节目的定义较为谨慎，仅称其为“相对明晰”的定义，即“电视真人秀作为一种电视节目，是对自愿参与者在规

① Julie Rivkin, Michael Ryan eds., *Literary Theory: An Anthology*, 2nd ed. Oxford: Blackwell Publishing, 2004, p. 656.

② Su Holmes, Deborah Jermyn eds., *Understanding Reality Television*, London and New York: Routledge, 2004, p. 5.

③ 尹鸿、冉儒学、陆虹：《娱乐旋风——认识电视真人秀》，北京：中国广播电视出版社，2006 年，第 8 页。

④ 谢耕耘、陈虹：《真人秀节目：理论、形态与创新》，上海：复旦大学出版社，2007 年，第 10 页。

定情境中，为了预先给定的目的，按照特定的规则所进行的竞争行为的真实记录和艺术加工”①。作者认为在这一定义中包含真人秀的7个关键元素，是真人秀节目基本具备的。而谢耕耘等对真人秀节目的定义则相对明确，开篇就指出“所谓真人秀节目，就是指由普通人而非扮演者，在规定情境中按照指定的游戏规则展现完整的表演过程，展示自我个性，并被记录或者制作播出的节目”②。但是对真人秀节目的基本特征，他们另用了“纪实性”“原生态”“拟态性”“冲突性”“叙事性”“参与性”6点来做归纳，并将“纪实性”和“原生态”放在了突出的位置。表面上看，两个定义的区别似乎不大，然而细观之下，我们可以看到学者们对于真人秀的真实有相当不同的理解。前者强调的是“真实记录”，而后者强调的是“普通人而非扮演者”；或者说，前者强调的是制作方表现内容的真实，而后者更强调的是节目内容中参演者的真实。而这种不同也反映在两本专著对真人秀这一中文译文的溯源上。虽然两者都注意到这一译名与美国电影《楚门的世界》之间的联系，但是对这一译名的评价却不一样。前者认为真人秀似乎更像一个流行语，基本上是一个舶来词，只是在词汇上与这部电影有所相似③。其作为流行语的意思和作为电视形态术语的解释不完全一样，并且暗示这个翻译中并没有传达出这一形态的两个重要且互为矛盾的意义：“真实（记录）和虚构（肥皂剧、秀）。”而后者则明确认为“真人秀”是一个典型的中

① 尹鸿、冉儒学、陆虹：《娱乐旋风——认识电视真人秀》，北京：中国广播电视出版社，2006年，第6页。

② 谢耕耘、陈虹：《真人秀节目：理论、形态与创新》，上海：复旦大学出版社，2007年，第1页。

③ 尹鸿、冉儒学、陆虹：《娱乐旋风——认识电视真人秀》，北京：中国广播电视出版社，2006年，第4页。

国式译名，是对《楚门的世界》的直译，非常传神[①]。

不过，相同的是，两本专著都认为电视真人秀并非一种崭新的节目形态，而是一个多种节目形态的混合体，而这个混合体将似乎矛盾的“真实类”节目类型与“虚构类”节目类型融为一体了。然而，两本专著并没有在真人秀的演进历史上做进一步的探讨，而是接受了真人秀作为一个独立的电视节目形态这一既成事实。国外的学者则在这一问题上进行了更广泛的讨论，也有更大的争议。

例如，以业内人士的身份，埃斯利直截了当地指出，真人秀中的真实是一个得到公众默许的具有欺骗性的错误命名。以真实名义进行的真人秀更多的是受到了节目制作者、制片人的操纵以及大量后期润色的结果[②]。

同样，詹姆斯·弗雷德曼（James Friedman）在《真实的平方：关于真实的电视视觉话语》（*Reality Squared: Televisual Discourse on the Real*）中指出真人秀这个名称似乎是名不副实的。因为电视的技术特点，真人秀中的真实必然经过编辑选择，成为突出戏剧化情节的素材，而且节目的制作人也认为观众不会把真人秀与真实相混淆。但他更敏锐地指出，真实还是被广泛地与这一节目形态相联系，而且这是不可忽视的联系。因此，只有在接受电视真人秀呈现了某种现实这一前提下，我们才能对其进行分析，不同的节目不会用整齐划一的形式来呈现现实。现在的真人秀节目对于观众而言，代表的是一种电视视觉化的新现

---

① 谢耕耘、陈虹：《真人秀节目：理论、形态与创新》，上海：复旦大学出版社，2007 年，第 7 页。

② Michael Essany, *Reality Check: The Business and Art of Producing Reality TV*, Burlington, MA: 2008, p. 5.

实主义①。

除去对真人秀定义当中真实所占分量的争议，国外的学者对真人秀的历史渊源、现实意义都有不同的思路和见解。其中，真人秀是否能够作为一种独立的节目形态，或者说，是否存在一个叫作真人秀的独立的节目形态，也受到了质疑。

二、真人秀的历史溯源之争

在《从〈法网〉到〈生存者〉：从历史文化视角看真实电视》（“From *Dragnet* to *Survivor*: Historical and Cultural Perspectives on Reality Television”）一文中，作者肖恩·贝克（Sean Baker）沿用了另一学者坎伯恩（Kalborn）在 1994 年对真实电视的定义：“真实节目包括（a）对个人或群体的生活中的事件的记录，‘正在进行时的’，通常借助于轻便录像设，（b）通过各种戏剧化再现形式来模拟真实生活事件的尝试，以及（c）以恰当的编辑方式将这些素材结合成有吸引力的整体的电视节目，能够以其‘真实’作为重点来做宣传。”② 在这一定义下，贝克同样认为真人秀是从 20 世纪 50 年代电视开始普及以来一直存在的一个节目形态，从而划分了四类真人秀形式，而每一类又大致是历史演化的过程，即每一类型都伴随着一个历史时期对真实和现实主义的期待和认识。贝克的研究注意到了贯穿电视发展史中电视与真实不可分割的关系，因此，真人秀也是一个随历史演进的形态。

---

① James Friedman ed., *Reality Squared: Television Discourse on the Real*, New Brunswick, New Jersey and London: Rutgers University Press, 2002, p. 7.

② Sean Baker, “From *Dragnet* to *Survivor*: Historical and Cultural Perspectives on Reality Television”, Matthew Smith and Andrew Wood eds., *Survivors Lessons: Essays on Communication and Reality Television*, Jefferson, North Carolina, and London: McFarland & Company, Inc., Publishers, 2003, p. 58.

但是，在《真像人生：真人秀的社会几何学》（“Reel Life：The Social Geometry of Reality Shows”）一文中，作者埃利斯·戈达德（Ellis Godard）提出必须要对“真实电视”（Reality TV）和“真人秀”（Reality Show）做明确划分。真实电视是一个早已存在并广泛使用的术语，但不能等同于目前的真人秀这一节目形态。它们最大的区别是当下的真人秀重在刻画一个团体内的个人和个人在较长时间中的一段互动，而非简单记录事件[①]。值得注意的是，戈达德是为数不多的几位提出对真人秀研究进行术语划分的学者。

贝克和戈达德这两篇论文都是以美国电视节目《生存者》（*Survivor*）为例子，但是显然两位作者对于它究竟属于一种已有节目形态的延续，还是代表一种新的节目形态，有着不同的理解。

在《真实电视：观众与流行的现实电视》一书中，作者安妮特·希尔（Annette Hill）指出，无论是在电视产业界还是学术界，真实电视都不是一个新的术语，而且这一术语已经随着时间的推移而变得包罗万象，将众多的节目类型收纳其中，因此20世纪末21世纪初的“真人秀”节目只是让这一术语更加广为人知。但是，她也观察到电视产业和学术界在使用这一术语时的摇摆和不确定：有的学者倾向于将其纳入纪录片的发展框架中，有的学者则认为它毫无疑问是娱乐节目的发展，而有的学者则提出真实电视/真人秀是一个位于事实和虚构之间的节目形态。他们主张不去用“事实/虚构”的二分法来考虑这一形态，而把它看成是‘事实’和‘虚构’之间的连续统一体，其中不同的真实

① Ellis Godard，“Reel Life：The Social Geometry of Reality Shows”，Matthew Smith and Andrew Wood eds.，*Survivors Lessons: Essays on Communication and Reality Television*，Jefferson，North Carolina，and London：McFarland & Company，Inc.，Publishers，2003，p. 73.

电视节目的客观实在性有所区别①。

虽然学者们对真人秀历史溯源上存在分歧，但是倾向认同这一形态的历史延续性。然而，在比尔·卡特（Bill Carter）所著的《绝望的电视网》（*Desperate Networks*）一书中，作者却记录了电视业内人在面对《生存者》这一节目所代表的形态概念时的犹豫不安和对未来的不确定："CBS 电视台正在准备投入的，是一个美国人从来没有真正地在电视网中见过的东西：一个黄金时段的秀，却没有演员、剧本和编剧，而又仍然是一个戏剧，一个被来自于真实生活中的人们所'表演'的故事。这要么将带给电视网一个美妙新世界，要么将是其灵魂的暗夜……"② 似乎电视从业者并无法预先将其纳入某一个节目形态，或是认为它从属于某个形态的传统，而是将其视为一种前所未有的新形态。这是因为"电视"和"有线电视"在美国电视业内被认为属于不同的传播方式，因此，其呈现的内容也被认为具有不同的形态。在美国，"电视"的概念与"电视网"相连，即便在有线电视台中已经出现过类似的节目形态③，如果它没有在电视网中被人们见识到，它仍然被认为是一种新的节目形态。从普通电视观众的角度来看，这样的区分可能只是一种历史的惯性，实际上对于电视从业者而言，这却意味着不同的营销传播模式，对一个节目最后选择的形态至关重要。

同样，1985 年美国出版的《电视形态——手册与指南》一

---

① Annette Hill, *Reality TV: Audiences and Popular Factual Television*. London and New York: Routledge, 2005, pp. 57 - 59.

② Bill Carter, *Desperate Network*, New York: Broadway Books, 2006, p. 76.

③ 美国的 MTV 有线频道的《真实生活》（*The Real World*）这一节目早在 1992 年便采用了与后来的《老大哥》等真人秀节目类似的节目模式，即将几个来自现实中的陌生人置于一个陌生的环境中朝夕相处，扮演自己。现在，这个节目也被归为"真人秀"的大范畴。

书细分了 20 类节目形态，但没有一个被命名为真实电视（真人秀或真实秀）；1998 年出版的《电视这门生意：电视行业的标准指南（修改升级第二版）》中，详细描述了美国的 16 种电视节目形态，也无一使用了真实电视作为形态的命名。

直到 2001 年，英国电影协会出版的《电视形态手册》中，在其所划分的 7 个电视形态大类中，真实电视/真人秀（Reality TV）作为一种子形态出现在“纪录片”这一大的形态框架中。在《电视形态手册》一书中，作者指出这一术语最早是在 20 世纪 90 年代开始被用于形容一批以“犯罪、事故和健康故事”为内容的杂志型电视节目，而“真实电视普遍被认为，历史上来说，始于美国全国广播公司电视台 1987 年开始的《未解之谜》这一节目”①，电视台正是美国三大老牌电视网之一。这一历史的认定显然又与本节先前提到的学者们的判断有所出入。值得一提的是，在 2006 年出版的《电视这门生意：电视行业的标准指南（第三版）》里，“真人秀”被放在了引人瞩目的“黄金时段节目”这一归类中，与“戏剧”和“喜剧”一起构成了该时段三足鼎立的节目形态，而并没有被定义在“纪录片”的框架之下②。

笔者认为布鲁门索和古迪纳夫的《电视这门生意》一书，在 1998 年的第二版和 2006 年的第三版中对真人秀这一形态的认同上的变化，呼应的正是这一形态为业界、学界和观众所辨识和接受的实际情况。单个文本的出现不足以让其被认同为一种独立的形态，通常只能被认为是已有形态的一种发展或补充。因此，真实电视/真人秀其形态的某些元素早已有之，作为一个术语也

① Glen Creeber ed., *The Television Genre Book*, London: the British Film Institute, 2001, p. 135.

② Howard Blumenthal, Oliver Goodenough, *This Business of Television: The Standard Guide to the Television Industry*, 3rd ed., New York: Billboard Books, 2006.

在 20 世纪 80 年代末和 90 年代初开始在一些学术著作中出现，但是真人秀逐步成为一个独立的具有文化影响力的形态，却是在 20 世纪末和 21 世纪初。

同样，作为美国电视学术最高奖的艾美奖在奖项设置上的变化也可以佐证这一点。直到 2003 年，艾美奖才在其“黄金时段节目”一个环节中增添了“最佳真实竞技节目”（Reality-Competition Program）这一奖项，用于定义所有的具有真实和竞技这两项特征的无剧本电视节目，但不包括新闻、体育转播和其他特别事件报道等。2008 年，艾美奖增设了“最佳真人秀或真实竞技节目主持人”（The Host of a Reality Show or Reality Competition）这一奖项，真人秀正式出现在节目形态定义中，但它与“真实竞技”是既相似又有区别的关系。2010 年，艾美奖再次为真人秀节目增设奖项，而此次则直接命名为“最佳真实节目”（Reality Program），用以区分带有竞赛成分的“真实竞技”真人秀。在短短几年内，艾美奖为了真人秀对奖项设置进行了数度调整，这证明这一形态在电视景观中已蔚然大观，不可被忽视。其不断变化和逐步独立成形，无法被划归于任何之前已有的节目形态当中。

三、真人秀的形态功能之争

除去学者们对真人秀是否是一种新的节目形态存在分歧，更重要的争议出现在对其归属于“纪录片”的信息类节目形态，还是“戏剧”的娱乐节目形态的定义上。但是，如果我们要深入理解美国电视真人秀的文化价值和功能，这又是一个我们必须进行的判断。

在《理解电视真人秀》中，作者霍姆斯（Su Holmes）和杰明（Deborah Jermyn）指出，从 1999 年到 2001 年间是一个各种以真实为基础的节目类型（Reality-based formats）兴盛的时期，也是学界开始试图规定下来这一形式的各种种类的时期。但是电视节目形态的杂交性和界限模糊性的特点让这种努力非常困难。就电视发展的历史来看，从一开始戏剧和真实之间就没有清晰的界限，很多节目形式都存在寻求准确定义的问题①。

以往媒体将“真实/事实”为主题的节目类型归为信息类，如新闻、纪录片，与“娱乐”相区分，这种划分是具有其特定的历史和现实意义的。因为分类让观众产生预期，也将决定他们处理得到的信息的方式。比如，对于信息的接收者而言，用“我给你讲个笑话”与“我给你讲个消息”来开始一段讲述，意味着他们要动用不同的信息处理机制。前者他们寻求的是笑点，即与现实脱节的点，或是展开联想，需要动用对隐喻的理解的能力等，而且，如果他们没有找到这个笑点，或是认为其不够巧妙，则这个信息被归为垃圾；而对后者，他们会动用的判断机制主要在于对其可信度和有用度的评估上，如果其不可信或是没有用，则这个信息被归为垃圾。介于两者之间的则是“谣言”“我听说了这么一个八卦小道消息”。“谣言”的能量在于其介于“笑话”与“消息”之间，让人可能动用不同的信息处理机制。如果动用了处理“笑话”的机制，谣言往往威力不大；如果动用了处理“消息”的机制，推广传播，则开始有了影响力。

真人秀从节目形态的命名而言就处于模棱两可的状态，它对观众传递的信息因此具有虚构与现实的两重性。但对于观众而言，对这种信息的处理就成为一个挑战。它究竟是娱乐还是信息？或者哪些部分是娱乐哪些是信息？观众们通常只有拿自己的一手和二手经验作为参照，但是对一个形态的预期对于节目信息

① Su Holmes, Deborah Jermyn eds., *Understanding Reality Television*, London and New York: Routledge, 2004, p.10.

的处理又非常关键，这往往让观众陷入不停地做出判断和调整判断的状态之中。问题是，真人秀的观众就是它潜在的未来参与者，这些参与者非常熟悉和精通节目的流程和其中的惯例，因此当他们参与其中的时候，过去建构的真实又被再生产为他们正在建构的真实，其中穿插着他们试图去破译和打破惯例的努力。

就美国电视发展历史而言，以真实为节目的内容、手段或是目的，都不是新鲜的，甚至可以说真实是如影随形必不可少的，但是美国电视的商业性让真实只是达成商业性的途径，而并非目的。因此，本书要着重讨论的是，作为娱乐产业新宠的美国电视真人秀，是如何把现实拉入娱乐的，它选择呈现了什么样的现实，企图传达的又是什么样的真实。

四、真人秀的历史文化定义

既然一个节目的形态带有社会和文化的烙印，那么对电视真人秀的形态特征的分析就不仅要从形式上加以考量，也同样要从内容和精神上进行探讨。所以，在综合考虑了真人秀所涉及的形式、历史和功能上的特征后，本书将所讨论的真人秀形态定义为：

> 20世纪90年代末到21世纪初，美国电视网中出现的以真人（包括普通人和名人）本色出镜，以展示或者竞技才艺、展示或竞技常态和特殊情景中的个人与群体的经历和生活状态等为内容，通常运用全国范围大规模海选或者观众投票等鼓励即时互动的节目手段为特色，在黄金时段播出的以没有剧本地真实呈现冲突与改变为卖点的娱乐节目形态。

这一定义限定了我们要讨论的真人秀节目的性质和内容，但是这一定义还是无法完全涵盖美国电视真人秀形态中所体现的发展特征。这些特征可能是抽象的，但是却是有助于我们真正理解美国电视真人秀所代表的时代精神和文化变化的重要特点。美国电视真人秀的形态集中体现了“变化”、“冲突”、“融合”和“互文性”这四大特征。

首先，无论具体内容是什么，美国电视真人秀总的来说都将“超现实”奇观的营造和对“改变现实”这一梦想相结合。美国电视真人秀最大的形态特征不是记录现实或是真实地还原现实，而是以现实之名超越现实、改变现实。赫勒（Dana Heller）在《改造电视——重塑现实》（*Makeover Television: Realities Remodelled*）一书指出：“‘改头换面’和改造变形是真人秀最本质的定义”，“电视真人秀更多的是对现实的干预，而非代表；更多的是参与现实，而非传达现实”[①]，这是“一场宣告现实是可被编程重造的实验”[②]。

其次，美国电视真人秀的形态中将个性和社会性的冲突推向前台，一方面鼓励和放大个性的张扬，另一方面运用各种规则将社会性置于个性的对立面，从而营造节目内外的冲突。在美国电视真人秀的形态中，对话和对抗是最重要的编辑和制作策略。在业界真人秀节目又被称为没有剧本的电视节目（unscripted TV），美国电视真人秀非常突出的特点是将“对话”和“对抗”作为最重要的文本构成要素。这里的对话，既包括选手之间的对话，也包括选手面对摄像机与观众的自白。面对浩瀚的信息量，制作者有必要，也有权利编辑和选择对话。因此虽然对话的内容制作人不会事先编写好剧本，但对话达到的效果却是可以被编辑出来的。对于电视节目而言，戏剧性的冲突是传统的叙事要素，虽然

① Dana Heller ed., *Makeover Television: Realities Remodelled.*, New York: I. B. Tauris & Co. Ltd., 2007, p.6.

② 同上，第20页。

真人秀是新兴的节目形态，但是这一传统的要素却被坚持用在对话的编辑中。不仅对话当中突出了这种对抗性，对抗这一主题也直接成为文本构成的另一要素。即使制作人不操作对抗的结果，对抗必须胜负分明却早已确定，在竞争者众多的刺激下，在终极大奖的诱惑下，对抗的激烈性也就能够得到保证。

第三，美国电视真人秀通过综合运用多种媒体的优势，将受众直接糅合进节目形态的构成中，在大众传媒历史中，受众的民主权利表面上得到了史无前例的尊重。例如，绝大多数成功的节目都采用了投票决定去留这一节目形式。有的采取的是节目内的投票，如《生存者》《单身汉》，有的则是更直接地让观众对节目选手的去留投票，如《美国偶像》《与星共舞》。对于美国民众而言，投票这种最常见的体现民主的方式并不是新鲜的事物，只是在大众传媒这一现实的表征平台上，这一权利从来没有得到过真正的重视和尊重。而电视真人秀改变了受众习以为常的被动使用电视媒体的习惯，提高了他们互动的权利。真人秀节目之所以能够做到这点，是因为顺应了新媒体时代的技术潮流，顺应了习惯使用网络主动参与媒体活动的年轻受众群体的诉求，符合传统美国文化所宣扬的民主精神。

第四，“互文性”这一新媒体的文本体验方式在美国的电视真人秀形态中得到了充分的发挥。互文性本是文学术语，指不同文本之间的交织和互为解释，从而延伸受众的文本体验，也被认为是后现代主义的重要特征。在新媒体时代的网络中，互文性得到了更明确的诠释，通过超文本链接等技术手段，文本的使用者也是文本的创造者，文本间的互文性是文本的生命力所在。

本书对美国电视真人秀的定义和它的特征所进行的界定，与电视真人秀在美国形成独立形态的历史和现实背景息息相关。当观众对电视的虚构习以为常不假思索之时，真人秀这个节目形态的社会文化价值在于，它的出现重新触动了观众对真实、对电视化的真实的思考，从而演进到对社会真实的反思。而事实上，真实这一元素对电视的各种形态都有不同程度的影响。正如很多学者所指出的，电视真人秀是一个融合各种形态元素为一体的节目形态。但是这种融合究竟是一次基因的突变还是一种形态的演进则值得探究。

本书对真人秀的定义倾向于认为它是一个新的节目形态，但是，这不是否定真人秀仍然具有形态化的历程。恰恰相反，它也是电视节目形态演进到一定的历史阶段，结合当时的社会和技术环境所造就的。在第二章，笔者将对真人秀的形态化历程做简要回顾。

小　结

美国电视真人秀是大众传媒进入 21 世纪后最突出的文化景观，它秉承了美国秀文化的传统，也延续了长久以来围绕着美国电视的性质所产生的争议。

美国的秀文化从历史发展而言，一开始就与大众的娱乐相关。从开疆拓土的殖民地时期，到中产阶级开始崛起的 19 世纪末，再到以电影电视为代表的大众传媒时代，美国的秀文化都格外注重娱乐的大众吸引力，并且以大众性为荣。无论是歌舞剧场杂耍，百老汇还是好莱坞，在这一传统下，大众的娱乐往往意味着需要营造辉煌壮丽的视觉奇观，具有包罗万象的形式，并将重心置于对受众情感的震撼之上。美国秀文化的多元性也包含深刻的歧视和偏见，但它们为美国人的娱乐提供了方便而丰富的素材与资源，也让这些偏见和歧视以某种喜闻乐见的方式渗透于大众娱乐消费的实践当中，愈发根深蒂固。但是，值得指出的是，这些偏见和歧视并不是以某种自上而下或一成不变的方式被消费。历史上，美国秀文化还担负着展示美国精神和统一民族意识的责任。随着处于边缘地位的文化形式和群体更自觉地要求自身的形象在大众文化中得到正面呈现，秀文化所提供的舞台也成为一个流动的充斥着多元冲突和博弈的场所。它虽然仍然持有根深蒂固的歧视和偏见，但又不得不随时顾及不同的文化，调整使用它们的方式和程度。

美国电视则是秀文化进入电子传媒时期的重要传播媒介，它的商业性和娱乐性本质既是它受到欢迎和蓬勃发展的原因，又屡屡让其处于争议的漩涡之中，而其中最大的质疑在于电视的真实性。电视媒体的视觉化特征以及直播等技术手段，都让它成为反映真实的天然载体，也被投射了如此的预期。但是，美国的商业电视的本质又往往倾向于为公众提供逃避现实的途径，或是对事实加以润色渲染以突出戏剧性和冲突性，这些意图不可避免地让真实成为并不重要的“好电视”（good TV）的判断标准。围绕电视真人秀产生的争议也大多与此相关。

尽管学界普遍认同真人秀是作为一种独立形态的存在，但是在定义真人秀时，学界从其命名到历史溯源乃至形态功能都难以达成一致。这凸显了对真人秀进行形态研究的复杂性，同时也展现了这一研究的活力。本书将所讨论的真人秀形态更狭义地定义为：20 世纪 90 年代末到 21 世纪初，美国电视网中出现的以真人（包括普通人和名人）本色出镜，以展示或者竞技才艺、展示或竞技常态和特殊情景中的个人与群体的经历和生活状态等为内容，通常运用全国范围大规模海选或者观众投票等鼓励即时互动的节目手段，在黄金时段播出的以没有剧本地真实呈现冲突与改变为卖点的娱乐节目形态。

这一定义确认了美国电视真人秀的娱乐性质，更明确限制了讨论的对象的历史性，突出了其中真实和真人对于这一形态的关键作用。在第二章中，笔者将更详细地梳理电视真人秀的形态化历程。笔者认为，电视真人秀延续了以往电视节目形态对真实的再现和构建的方式，将电视和真实间的关系推向了新的阶段。

第二章

电视化的真实：电视真人秀的形态化历程

自电视作为一种技术问世以来，无论作为一种传媒技术还是一种象征的组织形式，它一直不断地定义和诠释着真实。在《理解真人秀》一书中，霍姆斯和杰明提出，电视不断在塑造着真实的形象，扩展着大众所流行的对真实的看法①。他们所暗示的是，电视的发展历史实际上是一场电视在更广范围和更深层次上对真实进行表征的演进历史。因此，将任何电视节目类型直接命名为真实电视秀/真人秀就格外让人质疑其合理性和合法性，而这一命名也必然将这一节目形态推入长久以来围绕电视与真实性之间关系进行的学术争议的中心。

在《电视研究导言》（*An Introduction to Television Studies*）一书中，约翰森·比格勒尔（Jonathan Bignell）指出，绝大多数理论学者们都认为限定形态的规则和惯例不仅仅只有理论家们可以

① Su Holmes, Deborah Jermyn eds., *Understanding Reality Television*, London and New York: Routledge, 2004, pp. 1 - 2.

辨认和认同，观众和读者等媒体受众也可一起来约定[①]。但是，学者们无法达成一致的地方在于，形态划分究竟来源于何处：形态是从文本中自然生成的，是由节目制作者内部约定使用的，还是由观众通过观看后赋予的？事实上，学者们在这一问题上的不一致体现了形态研究的必要性和学术合理性。在真人秀形态的起源这一问题上，如第一章前面几节所讨论的，无论在起源时间，或是在代表性的节目上，学者们也都有不同的见解。这种不一致一方面在于学者们对真人秀的定义和范围不同，另一方面是由于他们对形态研究本身采用了不同的研究视角，其中技术经济视角和社会文化视角最为常用，也是最针锋相对的。

布莱恩·罗斯认为影响美国电视节目形态的主要是媒介本身的特征（优势和局限）和广播业的经济学，而不受政治或社会环境的直接影响，很多其他的因素排除了电视形态对社会政治变化做出直接迅速的反应[②]。罗斯并不认同对电视形态做文化分析的有效性，认为引起节目形态变化的不是制作者们对某个新的文化关注的反应，而更多的不过是电视网制作技术和节目编排实践的结果，比如三大电视网的竞争可能是更直接的动力。很多电视业内人士都倾向于赞同这一观点，把形态的演变视为技术和商业利益推动的结果。然而，他们的观点虽然来自于他们从电视产业内部运作中了解到的一手经验，可为我们了解电视产业运作机制提供业内视角，但是我们却并不能因此消解电视形态演变的历史性和社会性，也不能否认对电视形态进行文化研究的可行性和价值。

---

① Janathan Bignell, *An Introduction to Television Studies*, London and New York: Routledge, 2004, pp. 114 - 115.

② Brian Rose ed., “Introduction”, *TV Genres: A Handbook and Reference Guide*, Westport, Connecticut: Greenwood Press, 1985.

詹金斯身为流行文化产业的实践者，同样作为一位流行文化的研究者，提出要从历史的视角看流行形态的变化，而且不应该满足于把它们完全视为受到形式准则或是机构约束的产物。“形态的各种程式也是组织观众的情感和认知体验的各种方式，是利用和化解意识形态矛盾的手段。因此，形态演变应该在更广阔的社会和文化进程中来加以理解，这些进程决定了某种形式上或是叙事上的常规被赋予了怎样的含义和价值。”[①] 詹金斯对流行文化形态演变采用的历史文化视角，也可以在斯蒂芬·尼尔(Stephen Neale)、简·费尔等学者的研究中得到呼应[②]。在真人秀形态的研究中，这样的一种历史文化视角也是必要的。真人秀形态化的历史演进和真人秀最终成为独立形态的当下社会历史背景都同样值得考察。

安妮特·希尔在追溯真人秀的发展历史时跳出了电视业本身的发展，将真人秀兴起的历史背景总结为3条线索：小报新闻业、电视纪录片业和通俗娱乐业。在她的研究中，她认为小报新闻（tabloid journalism）主要提供了私人性和敏感性这两大成分，以及“讲故事”的叙事风格这一元素；电视纪录片(documentary television）则提供了记录和“现实主义”的元素，也提供给真实电视不同的种类（新闻纪录片、现实主义纪录片和观察性纪录片）；而通俗娱乐业（popular entertainment）则主要提供了让普通人出镜、观众互动、游戏、竞技、休闲等元素[③]。

---

① Henry Jenkins, *What Made Pistachio Nuts*? New York: Columbia University Press, 1992, pp. 19 –20.

② 尼尔的《形态》（*Genre*）一书和费尔的《形态研究》（“Genre Studies”）一文都明确提出了建立一种社会文化视角的形态观和形态研究框架的必要性。

③ Annette Hill, *Reality TV: Audiences and Popular Factual Television*. London and New York: Routledge, 2005, pp. 17 –21.

毫无疑问，希尔总结的这三方面的因素，在某种程度上的确提供了构成目前真人秀这一形态的某些元素，然而，三者的这种结合却并不具有唯一性。比如，小报新闻和通俗娱乐业所提供的娱乐性元素可能是相近的，而电视纪录片的记录和现实主义元素在严肃的新闻报道中也同样存在。这样的历史溯源扩展了对真人秀发展历史考察的视野，但是它并没有完全揭示真人秀形态化的历史过程。

在加拿大媒介研究学者马歇尔·麦克卢汉的媒体理论中，媒体内容与媒体性质息息相关，但它们各自在文化转型中扮演了不同的角色，具有不同的影响，因此研究媒体在文化中的作用必须将媒体内容和性质都加以考察①。笔者认为媒体性质不仅包含技术性质，还必然带有其社会文化性质，因此美国电视具有电视媒介通有的特性，又带有其文化自身的历史社会特征，在考察美国电视形态演变时，必须将两方面都纳入考虑。

“现实主义”或“真实主义”对于电视而言是一个相当重要而又定义模糊的概念。它可以指向被表征的东西的真实性，即表征的是真实的场景、地点和人物，而非想象中的或是虚构的；它也可以指向电视对一些具有辨识度的现实体验的表征，比如人物塑造或是情节发展让人信服②。前者往往追求事实上的形式的真实，而后者注重逻辑上的真实。前者的实现依赖技术的发展和对

---

① “媒介即讯息”是麦克卢汉诸多论断中最常被引用，又最受争议的一个。在《媒介即讯息》（“Medium Is the Message”）一文中，他犀利地指出，媒介的性质与其内容一样，具有影响受众思维和生活方式的作用，也即能影响社会和文化的发展，而且媒介的性质比内容更具有欺骗性，让受众在不知不觉中受到其影响。参见马歇尔·麦克卢汉：《理解媒介：论人的延伸》，何道宽译，北京：商务印书馆，2003 年，第 33 – 50 页。

② Janathan Bignell, *An Introduction to Television Studies*, London and New York: Routledge, 2004, p. 184.

技术真实这一特点的强调，后者的实现要依靠一套能够得到媒介从业人员和观众共同认可的表征现实的代码的应用。比格勒尔认为，电视真实主义是一个灵活的范畴概念，它的一端是以新闻报道为代表的宣称客观记录事件的节目形态，而另一端同样是宣称具有真实性的但是为了电视而构造出来的戏剧性的娱乐节目①。比格勒尔这里的后者指的就是真人秀这一形态。

本章将把对真人秀的形态化过程的梳理置于电视形态演变的框架内进行，回溯的重点将放在这些形态是如何组织现实的影像以及观众对真实的预期上。在美国电视形态的划分中，无论从电视特性还是美国电视历史特征来说，真实都是一个重要的参照标准，从“秀真实”到“真实秀”，真实与秀之间关系的变化贯穿在美国真人秀形态化的过程中。简单来说，目前的电视形态中现实与秀的关系大概可以归纳为三种：呈现真实、参与真实、重塑真实。这三种关系在历史上存在某种演进的关系，即三种方式的出现具有一定的前后顺序，但是一种方式的出现并没有取代另一种方式，而始终在并存和竞争中不停地塑造美国电视形态的景观。

第一节　矛盾与冲突：呈现真实的电视

所谓的“呈现真实”是指电视与播出的内容这两者是载体与被呈现的客体的关系。总的来说，体育比赛转播（the sports show）、新闻报道（the news show）以及纪录和文献片（documentary and docudrama）是最有代表性的以“呈现真实”为

① Janathan Bignell, *An Introduction to Television Studies*, London and New York: Routledge, 2004, p. 185.

主要诉求和卖点的电视形态。

一、体育比赛转播

在美国电视的发展历史之初，体育与电视在技术上就结为一对天然的盟友。1947 年在纽约举行的布鲁克林道奇队（Dodge）与纽约扬基队（Yankee）之间的美国职业棒球联盟比赛（Baseball World Series）是第一个吸引了数以百万计的观众的电视事件①。而直到现在，美国每年收视率最高和最能为电视网带来广告收益的单独电视事件仍然是诸如职业棒球比赛“超级碗”（Super Bowl）总决赛等体育赛事的转播②。

对于体育比赛来说，电视这一视觉与听觉结合的媒体，特别适合展示体育赛事的视觉刺激，同时电视的展示还使得本来受到限制的现场观众人数变得无限，让千万人同时观看比赛成为可能。而在美国，对于电视来说，在其发展之初，再没有比体育比赛更好的可以显示其不同于广播或是报纸的巨大优势的素材了。此外，体育比赛在电视诞生前已经聚集了巨大的迷群，他们通过观看电视转播成了第一批电视的忠实观众。加之电视具有同时向全国传播的能力，让体育比赛有可能成为全国性的事件，这又进一步提升了体育比赛的社会重要性，更多的人受到吸引，成为新的体育和电视观众。

除去技术上的良好兼容性，体育本身巧妙地结合了真实性与娱乐性元素，这也是其一开始就成为电视的宠儿和助手的重要原因之一。体育比赛拥有高度对抗性和结局的未知性，容易让视觉

---

① Joshph Straubharr, Robber LaRose, *Media Now: Understanding Media, Culture and Technology*, 4th ed., Beijing: Tsing-hua University Press, 2004, p. 190.

② Howard Blumenthal, Oliver Goodenough, *This Business of Television: The Standard Guide to the Television Industry*, 3rd ed., New York: Billboard Books, 2006, p. 235.

感受更为震撼真实，但是更重要的是，它所展示的真实还包括对运动员和观众这些真人的呈现。体育赛事之所以被认为是真实的，很大程度上在于它将真人置于种种紧张的竞争状态中。竞争是一种矛盾的形式，当人们处于矛盾的情境下其情感和肢体似乎最能表现出真实的一面。罗斯对体育赛事转播的评价很有总结性。他认为，在美国，体育既是高度戏剧性的来源，又展示了从运动员到观众的肉体和情感的最真实的反映，是一种高度的戏剧性和真实性的结合。对于美国文化而言，体育既是意义非凡的象征，却又并非生存的必需品，在其中可以预期的故事发展与不可预期的故事结局相纠结，塑造了从英雄到恶棍的各种形象；运动之美无论是否涉及竞争，都来自于一种挣扎的美，反映了个人或集体的诉求，也展示了人类超越自我的短暂的可能性。“现在回顾来看，运动与电视广播的结合从一开始就非常自然。体育提供了现成的足够的刺激、娱乐、亲密感、自发性和壮观奇景，同时又极少可能违背电视网的原则或是触动观众的敏感的神经。”①

20 世纪四五十年代被称为美国电视的“黄金时代”，那一时期的电视转播的画面质量与现在无法相提并论，但是它已经足够让观众体验到眼见为实的快感。因此，“呈现真实”，无论是出于娱乐还是教育的目的，自然而然成为电视人最初的诉求。由于体育电视转播的巨大成功，它影响了对“呈现真实”的定义，即呈现真实必须与展现矛盾和争议相关，而这几乎可以被认为是好电视的基本原则。比如，那一时期的电视剧基本延续了舞台戏剧的表演和呈现方式，但是其主题也往往与正在进行的时事相关，并且通常是热门有争议的话题。在呈现真实这一理念的指导

① Brian Rose ed., *TV Genres: A Handbook and Reference Guide*. Westport, Connecticut: Greenwood Press, 1985, p. 257.

下，与体育比赛一起成为这一时代电视的标志性节目的，还有新闻及公众事件报道（news and public affairs programs）。与体育比赛一样，新闻及公共事件报道也将呈现真实主要定位于展示矛盾中的真实。

二、新闻及公共事件报道

在现代社会，人们需要依靠大量的消息来了解社会和世界的方方面面，而这些信息又通常无法由人们通过一手经验来收集，因此通过大众媒体渠道获得这些信息成为最便捷最可靠的方法。也因如此，在观众的预期上，新闻报道与真实之间的关系似乎应该是不言而喻的，新闻的宗旨应该是追求展示真实。但是，在美国，无论从新闻业界规则还是新闻实践来看，真实性都不是新闻的天然属性。

首先，自大众新闻业随着报纸的诞生而产生以来，新闻的第一大特点在于“新”，在于“及时”，而及时的新闻在很多情况下会和真实性产生冲突。新闻业界经常采用的是先报道再求证的流程，准确性并不是首先需要考虑的信息发布准则。虽然在英语谚语中，有“没消息就是好消息”（No news is good news.）这样的说法，可是，新闻报道如果没有了消息，自然也就失去了根基，因此新闻往往与“坏消息”之间建立了关联。新闻在报道角度上倾向于选择具有争议性的事件，既然是有争议的事件，那么其真实性也就往往处于模棱两可的状况。

在报纸作为最主要大众传播方式的时代，新闻担负的就不仅仅是一种客观的消息传递的功能。在美国，由于报纸的发行基本依靠《美国宪法第一修正案》[①] 的原则作为指导，从理论上说，报纸的发行约束较少。在竞争之下，不同的报纸是持不同政见的党派或个人发表不同意见的论坛，也是不同报纸争夺不同阅读趣味的空间，更是商业争夺消费者注意力的方式。这种依靠冲突和矛盾事件来调动读者群的兴趣和注意力，从而求得生存空间的报业，就是新闻最初赖以生存的土壤。相对来说，由于广播所依靠的电波频率被视为一种有限的公共资源，美国政府对其施加了更多的监管，这似乎为广播成为新闻的客观载体奠定了某种基础。但是无论是商业性电台还是公共性电台，政府的监管又把新闻的客观性变成一个微妙的任务。

美国的电视新闻延续了报纸和广播新闻的传统，同时，电视新闻业发展了自身的特点。在激烈的市场竞争下，为了树立品牌，与其他电视台或是栏目有所区分，新闻顺理成章也逐渐发展成了“有态度的新闻”。让电视新闻树立形象的报道通常是重大事件报道，除去自然灾难，多数与政治和战争相关，而在这些问题上，真实性往往要让位于争议性和话题性。对同一事件的报道，各个不同的电视台往往会采用不同的视角、力度、剪辑方式以及评论。总体来说，这种多视角的确为新闻向真实性靠拢提供了一个方法，因为它为观众的判断提供了多元的角度和不同的声

① 《美国宪法第一修正案》(the First Amendment of the U. S. Constitution，简称《第一修政案》) 规定：“国会不得制定关于下列事项的法律：确立国教或禁止信仰自由；剥夺言论自由或出版自由；或剥夺人民和平集会和向政府请愿申冤的权利。”这一修正案被认为是保证美国新闻自由的法律根源，它影响着这个国家所有与传播相关的行业与个人，被认为是对新闻传播从业人员的终极保护。但是，这种保护的力量也不是无限的，比如在涉及淫秽暴力等问题时，有些言论被置于非保护之列。通常说来，由于报纸被认为是一种非稀缺的信息资源渠道，所以与广播和电视相比，《第一修正案》对其的保护是最全面的。具体参见 John Zelenzny, *Communications Law: Liberties, Restraints, and the Modern Media*, 4th ed., Beijing: Tsinghua University Press, 2004, pp. 36 - 79.

音，但是这也存在进一步松弛新闻与真实性之间联系的风险。

除内容外，美国电视新闻还在形式上延续了广播新闻的传统，即启用具有可信度的新闻主播这一形式，由一位新闻主播串联起一系列的或是某一事件的报道。新闻主播的信誉和可信度对听众或观众认可新闻的真实性非常重要。但是，对于电视媒体而言，新闻主播的可信度很大程度上来自于形象的可信度，而与其播报的内容相比，新闻画面的真实性，也就是说，视觉的直观的真实也更为可靠。电视新闻对“呈现真实”这一理念最大的影响也在于此，即真实的定义比以往任何时候都更加与视觉的真实相等同。

美国电视新闻报道自20世纪50年代开始对一系列政治、社会事件的“现场直播”式的报道更加深了这一理念。及时的电视图像不仅呈现和记录真实，它在某种程度上成为印证事件真实性的最终标准。坎贝尔指出，从20世纪50年代的麦卡锡听证会、60年代的肯尼迪和马丁·路德·金遇刺、70年代的水门事件、80年代的“挑战者”宇宙飞船的失事直到90年代克林顿弹劾案和21世纪初的“9·11”事件，特别是在危机时刻，电视成为“这个破碎的多元化的社会”最终求助的某种验证真理的标准，并借此来寻求共同的认同①。凭借视觉真实的威力和逐渐积累起来的观众对这种真实的认同，电视新闻报道开始愈加明显地对社会舆论和民意走向施加显著的影响。最著名的例子当是肯尼迪与尼克松竞选总统辩论的首次电视直播。当时听广播的听众感觉尼克松条理清晰、论辩得当，在整个辩论中略胜一筹，而看电

① Richard Campbell, *Media and Culture: An Introduction to Mass Communication*, 3rd ed. , Boston and New York: Bedford/St. Martin's, 2003, p. 153.

视的观众，则几乎都认为肯尼迪在辩论中占据了上风[①]。这一事件之后，美国的政客们愈加认识到自身在电视上所呈现的形象的重要性，电视也成为各行业的公众人物必争之地。除此之外，普通人也开始认识到，要让自己的主张得到实现，或是让社会知道自身的存在，那么上电视是必要的步骤，因为即便自己的所知是事实，如果没有在电视上得到呈现，那么也难以得到他人的认可。

电视新闻与其所呈现的现实的真实性之间存在似是而非的关系，很大程度上不是电视从业人员蓄意歪曲事实的结果，而是受到新闻特性的制约。在这一前提下，电视纪录片（documentary）和文献片（docudrama）成为电视新闻的一个有力补充。

三、电视纪录片与文献片

"'纪录片'就其字面所指和传统而言，都意味着对事实的展露——是虚构或是幻想的反义词。纪录片所采用的题材大多是历史、政治、科学或是经济领域具有某些意义的话题。尽管有个别纪录片对一些琐事过度挖掘，但是大多数的纪录片的话题是为了提供信息，即使这些话题看起来不太有社会意义。"[②] 这一对纪录片的定义指出了纪录片的两个特点：一是与真实的对等关系，二是其题材的信息性。电视纪录片开始引起公众关注，主要是其可以有更长的篇幅对某一时事事件进行更深度客观的报道，不像新闻那样受到时效性的制约，因此在真实性上似乎更为可靠。

---

① Gini Graham Scott, *Can We Talk? The Power and Influence of Talk Shows*, New York and London: Plenum Press, 1996, p. 207.

② Brian Rose ed., *TV Genres: A Handbook and Reference Guide*, Westport, Connecticut: Greenwood Press, 1985, p. 237.

电视纪录片在美国兴起的背景在于，美国的电影和广播纪录片节目在电视发展的冲击下失去了大部分的市场，只能转而将电视作为新的平台，因此电视纪录片延续了电影新闻片的视觉传统和广播纪录片的叙事传统。与新闻的即时性和片段性不一样的是，电视纪录片的时长要求它具有故事性，从故事展开、发展到高潮需要有清晰的脉络，而呈现在电视上时，又必须伴随相应的画面输出，这意味着纪录片同样必须对所收集的素材进行大量编辑甚至重组。只是理论上，这种编辑和重组应该基于实际取得的素材。然而，实际上，编辑和重组由于制作者在主观意愿和理解上以及客观所得素材局限上的原因，仍然容易引起观众对其真实性的质疑。加上其所处理题材的敏感性和争议性，这些让电视纪录片成为新闻之外另一个既体现各大电视网节目制作水准和社会责任的形态，又非常容易引发争议的形态。

电视纪录片规约了真实性与素材的真实性和全面性之间的关系，在美国各大电视网的实践中被视为新闻的补充，也被定义为体现电视网在商业目的之外的社会责任感的重要载体。因此，虽然其题材可能具有戏剧性，却由于形态的局限，不能过于追求细节和戏剧性。但这种严肃性又往往由于设置了信息性与娱乐性间的某种二元对立而被视为曲高和寡。到了20世纪80年代，新闻调查式的电视纪录片的数量减少，而另一种将纪录片与戏剧相结合的文献片则开始出现在美国电视网的黄金时间段。

文献片（docudrama），如果按其英文应该直译为“纪录式的戏剧”，简单说，是一种“对真实人物或是生活中发生事件的准确的再创造”①。相较于纪录片，文献片的独特之处在于它不否

---

① Brian Rose ed., *TV Genres: A Handbook and Reference Guide*, Westport, Connecticut: Greenwood Press, 1985, p.182.

认其所用图像素材的虚构性，而且非常强调故事发展的戏剧性。但更重要的是，文献片从某种意义上又再次否定了图像的真实与事实的真实间的等式。文献片对真实的呈现更多是延续了戏剧艺术的传统，而这种传统是将现实和真实作为创作的源泉，又试图通过创作的艺术性来还原真实或是探索真理。

罗斯在追溯文献片对真实的再创造时认为，对真实的创造性再现是西方艺术（特别是表演艺术）的起源，并伴随着其发展过程：古希腊神话戏剧都声称源于真实历史人物，而古罗马人则崇尚观看真人参与的斗兽和角斗表演，更发展了海上演习剧场（naumachia）来再现海战；19 世纪晚期的法国巴黎出现了使用真实道具的“真实剧院”（Theatre Libre），主要上演以号召展示真实人物的真实挣扎为主旨的新自然主义戏剧。而在美国罗斯福新政下，20 世纪 30 年代出现了“联邦剧场计划”（The Federal Theatre Project），它创造出了“鲜活的报纸”（Living Newspaper）这样一个将新闻搬上剧场的系列作品；第二次世界大战后的德国则发展了“事实剧院”（The Theatre of Fact），上演的艺术形态就被称为“纪录式的戏剧”（docudrama），而到 20 世纪 60 年代，这一形态更是使用真实的新近发生的事件来探讨公共和道德领域对罪恶感和责任感的关注。不过，当这一形式开始在美国电视上扎根之时，它却在德国舞台上消失了[①]。

其实，文学界也有这样的趋势和传统。从 19 世纪中期开始，现代小说通常都将想象的人物置于可信的背景中来描写人物性格和关系。这类小说中的杰出作品都是对当时社会生活非常细致准确的描写，虽然读者知道他们的虚构故事并不是绝对历史的真

① Brian Rose ed. , *TV Genres: A Handbook and Reference Guide*, Westport, Connecticut: Greenwood Press, 1985, p. 183.

实，但是无论是当时的读者还是之后的读者都认为这些作品是对当时时代风貌的真实反映。不过，文学界的这种传统更多被认为是由电视剧来继承和发展的，而文献片还是更接近真实戏剧的传统。值得一提的是，按照电视媒体的划分，电视剧是典型的娱乐节目形态的代表，而文献片则介于娱乐节目和信息节目形态之间。它因将两者结合而受到欢迎，但也由于这种结合而饱受非议。非议的主题正是，这种对真实的再创造究竟还能不能算作“呈现真实”呢?

事实上，无论是纪录片还是文献片，尽管其镜头中呈现的景观图像的真实性有程度上的差别，但是要成为具有传播力和消费价值的电视秀，对真实进行加工和再生产都是无法逃避的。从历史上看，1898 年的美西战争爆发时，由于电影记录师的镜头跟不上实际战事发生情况，所以只能通过后来的再创造来重现战斗场景。而在 19 世纪与 20 世纪之交电影诞生之时，它是对现实的简单再生产。这种对真实的呈现被认为是便宜的娱乐新方式，并不被认为是一种新的可以被称为“纪录片”的艺术形态。美国纪录片始于对加拿大北极熊的刻画，但是这一纪录片之所以塑造了一种新的电影形态，正是因为它不是简单地记录而是加入了大量浪漫元素，因此将“镜头记录的都是事实”这一观念动摇了，赋予了真实艺术表现力①。

电影和电视镜头可以记录真实发生的事件，这是其技术本身的特点，但是要成为有价值的作品，需要有叙事、有思想、有重点，而这些都要求后期加工。任何的后期加工或是前期策划，或是拍摄时的反复性和非原始性都应该被称为是一种虚构或是现实

① Brian Rose ed., *TV Genres: A Handbook and Reference Guide*, Westport, Connecticut: Greenwood Press, 1985, p. 184.

的再创造。从实践和观众的认同来看，电影中的这种虚构即便对于纪录片来说，也没有削减其价值，反而增加了价值。而某些虚构的电影常常被认为更接近真实，更能揭示真相真理。人们在判断其价值时，重点并不在于镜头记录了什么，而是在于镜头表现了什么，即镜头如何表现了真实和现实。

以体育转播、新闻和纪录文献片为代表的电视节目形态，赋予了电视与真实之间在实际上和在观众想象中的紧密联系。电视和真实之间具有这种实际上的联系，是因为电视技术的视觉化和即时转播的优势，这让电视式的"呈现真实"格外符合人们对"眼见为实"的认知，它巩固并强化了图像的直观的真实对于人们认同真实性的重要性。只有当事件或事件中的人物被展示在电视当中，其真实性才有可能得到公众承认和认可。但是以这三种节目形态为代表的电视式的"呈现真实"又对真实进行了进一步的定义，即值得展示的真实是处于矛盾或是争议当中的事件和人，或者是，真实显现在对同一事件的争议当中，真实也显露在真人处于矛盾以及争议的压力之下的反应和表现里。在这种对真实的理解和预期下，电视式的"呈现真实"也就愈发强调戏剧性、冲突性和特殊性，而虚构和加工也成为电视从业者和观众都可以接受的或是默认的规则。

第二节　普通人与真实性：参与真实的电视

如果说以体育转播、新闻和纪录文献片为代表的节目形态是电视与真实之间"呈现"关系的代表，那么综艺秀（the variety show）、游戏/竞猜秀（the game/quiz show）以及脱口秀（the talk show）则是电视形态发展到"参与真实"这一阶段的主要代表。所谓的“参与真实”有两层意思：一是指电视参与到现实的发生当中，而且这种参与不是被动地等待事实发生的“呈现”式参与，而是主动地建构和推动事实的发生；二是指电视成为一个可以被参与的真实平台，成为普通人可以参与其中的现实生活的一部分。

一、综艺秀

在美国，综艺节目是集喜剧、音乐剧、杂耍以及特殊的主持方式为一体的节目形态，也是最直接延续了美国秀文化现场表演传统的节目形态。和过去的歌舞杂耍戏剧表演一样，它“借助电视技术的优势，让观众跟上变化的时代，是一种既颂扬人类的各种才能，又再次肯定传统的价值的娱乐形式”①。所谓的对“传统的价值”的肯定，主要是指综艺节目对中产阶级行为方式和趣味的迎合。综艺节目对美国式娱乐精神的继承是无疑的，它的包罗万象和平易近人可以被认为是“大熔炉”式的美国文化和美国梦的现实代表。之所以说它是美国梦的现实代表，是因为它制造了一代又一代真正的家喻户晓的娱乐明星和传奇，比如“猫王”。它让观众亲眼看到一个个本来一文不名的普通人通过在综艺节目中表演自身的才艺成为名人的案例。这种家喻户晓也让电视成为比以往其他的媒介方式更具有影响力和权威性的媒体，从而具有更大的影响真实的能力。

凭借以往的大众基础和文化底蕴，也利用已有的人才和表演模式，综艺节目自电视发展初期的20世纪50年代，就成了非常流行的节目形态。在其最火爆的时代，几乎一半的电视节目都是

① Brian Rose ed., *TV Genres: A Handbook and Reference Guide*, Westport, Connecticut: Greenwood Press, 1985, p. 307.

以这一节目形态出现，它成为美国人日常生活的一部分。综艺节目是早期电视观众能够迅速接受这一新媒体的重要原因，因为其通过结合各种艺术形式将观众以往的经验与新电子时代联系起来，而电视传媒特有的普遍性和私密性，让不同阶层观众都感觉可以没有压力地投入节目当中。电视综艺节目对传统歌舞杂耍剧场表演或百老汇的发展在于，它打开了普通人渴望通过才艺成为明星的想象力的大门，这种想象力是电视实现“参与真实”功能的重要的一步。综艺也是艺术的一种，然而就其价值而言，与经典艺术相比，它是快速变化的，更时髦也更容易过时，不过这也正好降低了门槛，更容易让普通人接近，将自身投射其中加以想象。

除此之外，电视综艺节目对真实的参与还体现在它的中心人物处于正在发生的事件的中心，与正在发生的真实间没有距离。以主持人为例：新闻节目的主播是电视新闻的核心，一条条新闻由他们串联，但是他们的角色是站在似乎客观的立场，将发生的事件呈现出来，为了这种客观真实性，他们需要与所播报的内容拉开一定距离。即便是身处直播现场，新闻节目的主播或是记者仍然是事件之外的旁观者。而与新闻节目的主播相比，电视综艺节目的主持人虽然同样是节目的核心，但是他们的角色却不是客观地引导观众去观看呈现的真实，相反，他们就是正在发生的事实中的人，他们的主持推动着整个事件的发展。新闻主播的形象的可信度从某种程度上决定了观众对新闻内容真实性的认同度，但是这种认同度并不是绝对的，因为主播和其播放的内容仍然是主体与客体的关系。但是，观众对综艺节目的主持人的认可度则几乎可以等同于对节目内容的认可度。由于借助的是电视这种深入观众私密空间的媒介，对于电视综艺节目的主持人来说，个性成了比才能更重要的考量人的标准。如果说才能代表了某种独立性，个性却展示了社会性。

电视综艺节目通过一种符合美国中产阶级审美趣味的方式，参与到美国梦实现的真实当中，在其平易近人的氛围下，通过观众的想象，缩短了观众的现实世界与电视的现实世界的距离。然而，早期的综艺节目总的来说还是看重具有特殊才能的人。因此，观众虽然见证了诸多美国梦的实现，但对大多数没有歌舞表演才艺的人来说，要真正投身到电视的迷人现实中去，似乎仍然是一个不易实现的梦。而另一种节目形态——游戏/竞猜秀，则把观众跨入电视现实亲身参与的门槛再次降低，进一步拉近了距离。

二、游戏秀

在美国电视中，电视游戏竞猜类节目的本意是通过知识问答等形式来提高民众的教育意识，而当电视台发现降低游戏参与门槛的同时提高趣味性就能吸引更多的观众并带来丰厚利润时，这一初衷就改变了，游戏秀这一形态转变为娱乐节目的典型。20世纪50年代此类节目在美国风行，其特点就在于让普通观众得以参与其中，通过与他人的竞争获得高额奖金。游戏/竞猜秀其实在本质上与运动类节目很相似，但是它们最重要的形态区别是在现实生活中，即电视之外的日常生活中的存在度。体育竞赛作为一种娱乐方式在非电视时代就具有较大范围的影响力，参与者众多，大多数已经形成了较完整的游戏/比赛规则。无论是在正式的比赛场合还是私人的娱乐场合，这些规则都常常被使用和自觉遵守。而被纳入游戏/竞猜的活动，虽然也是常见的娱乐方式，却通常在小范围进行，参与人数有限，而且其规则灵活，变化快。但是电视的介入，则让后者的性质发生了变化。

竞争固然是激烈的，但是实际上其所要求的知识积累却并不是只适用于具有高等学历或是智商超群的人，而是适用于绝大多数的普通人，或者说即便是有某方面专长的人，在回答这些包罗万象的问题时也并不存在绝对优势。因而，观众在观看时非常容易得到替代性快感，即看着与自己差不多的人参与游戏时，想象自己在参与，并且真实地设想自己有朝一日实际参与的情景。

对于参与和观看游戏/竞猜秀的人们来说，也许都不是“为了参与到电视现实中而去参与”，这一形态最主要的魅力来源于高额奖金的刺激。这种高额奖金刺激是电视游戏/竞猜秀区别于广播中类似的知识问答节目的主要特点，也是能够制造更大戏剧性的根源。这样高额的奖金对于普通人而言，通过正常的工作，难以企及。如果能够在无须做出巨大牺牲和投入的情况下，在相对短期的时间内，为自身的现实处境提供新的机会，大多数人对此自然是乐意的。从这种意义上而言，游戏/竞猜秀从其发展之初，就是最为深刻地参与到真实和现实中的节目形态中的一种。通过电视镜头的捕捉，参与者的得意与遗憾、紧张与懊悔、狂喜与失落乃至不同性格的呈现，都具有很强的情感的真实性。特别是当这种真实性被认为是真人在自发情况下的真情流露时，对于普通观众，这种真实性也具有更强的替代感和感染力。这些是广播这一载体所无法表现的。

正是由于电视台看到了这种情感真实性所带来的收视的利益和广告商的青睐，为了制造更强烈的戏剧性，在这一节目形态的黄金时期发生了著名的游戏秀丑闻，即制作方对游戏结果进行干预和设计。这一丑闻之所以影响巨大，首先正是因为观众为这类节目投入了真情，参与感强烈，因此，它对观众真实参与的预期的破坏，暴露了电视实际无法承担的真实性之重。米特回顾游戏秀的历史时，指出游戏秀的快感很大的原因来自于“没有彩排，没有剧本的结局”以及参与选手竞争时的即兴反应，“它力邀观众相信一切皆有可能"[①]。米特认为虽然观众也知道游戏秀存在一定操纵成分，但是在没有证据的情况下，他们更愿意相信它的即兴的真实性以获得快感。其次，这一丑闻的另一主角范多伦（Von Doren）的身份和他的所为之间存在的巨大反差让这一节目形态的真实性受到了巨大质疑。范多伦是《21》（*21*）这一当时最受欢迎的节目中最受欢迎的参赛者。他出生于文学世家，哥伦比亚大学英语系教授，却最终被披露在这一比赛中与主办方一起作弊[②]。范多伦"为了名利而出卖灵魂"的丑闻之所以格外具有冲击力，正是因为他在现实中来自高雅文化。当他出现在节目中时，他的才能和品行在观众的预期中具有特定的模式，而且来自高雅文化的才子投入电视游戏/竞猜秀这样的节目中"与民同乐"也是他受欢迎的原因之一。因此，当他被披露参与作假这样的事件当中时，他的真实身份与他的所为之间在观众的预期中产生了巨大的反差，他在观众心目中建立起来的电视上的君子形象与他真实的所为对比强烈，而这种真实却恰恰是观众不愿意见到的。

但是，有意思的是，最让观众和批评界诟病的却不是参与游戏/竞猜秀个体的利欲熏心，而是游戏/竞猜秀这一节目形态和商业电视的机制。也就是说，观众和批评界认为是这一节目形态让个人迷失了真实自我。当个人参与到电视当中，当电视参与到了真实当中时，个人的真实性和电视的真实性都受到了影响。时任美国联邦通讯委员会委员的牛顿·马诺（Newton Minow）就公开指出，以游戏/竞猜秀为代表的商业电视是一片"巨大的荒野"

---

① Jason Mittell, *Genre and Television: From Cop Shows to Cartoons in American Culture*, New York and London: Routledge, 2004, p. 44.

② Brian Rose ed., *TV Genres: A Handbook and Reference Guide*, Westport, Connecticut: Greenwood Press, 1985, p. 292.

(vast wasteland)，而这一说法也成为之后的批评家对电视行业及其节目未能达到公众所期待的道德高度时最爱使用的比喻①。耐人寻味的是，新闻节目中出现的对一些事件的不实或是歪曲报道并没有让新闻这一节目形态消失，受到抨击的往往是个人。但是游戏/竞猜秀这一形态却由于丑闻事件不得不在其鼎盛时期从主要的三大电视网的黄金时间节目安排中长时间消失了。不过，由于游戏竞猜节目的参与性本质非常符合电视实现参与真实的功能，它在40年后回归和在电视媒体上作为一种长期形态保存下来也是必然的。

无论是因为综艺秀可以为有特殊演艺才能的人打开成为名人的星光大道，还是因为游戏/竞猜秀能够让希望通过知识和运气一夜之间获得巨额奖金的人的梦想成为现实，能够同时让参与者和观众都体验到参与的快感是这两个节目形态流行的重要原因，它们也借此实现了电视参与真实的部分功能。但是，在进一步降低参与者的门槛以及让节目与其现实生活发生更切实的关联上，从20世纪80年代开始流行于美国电视中的日间脱口秀则表现得更为显著。

三、脱口秀

脱口秀，也被称为谈话节目，延续了广播脱口秀的传统，即由一位主持人围绕一个或几个相关话题，邀请一个或多个嘉宾参与讨论。脱口秀与一般新闻播报的区别在于，主持人和嘉宾的讨论原则上应该是随意和即兴的，虽然有规定的议题，但是并不是按稿子背诵或朗诵。这既是脱口秀的特点，也是增强其可信度的

① Richard Campbell, *Media and Culture: An Introduction to Mass Communication*, 3rd ed., Boston and New York: Bedford/St. Martin's, 2003, p.161.

方式。与广播的区别是，观众观看脱口秀，除了“听”讨论，也希望“看”到讨论，真实的脱口秀应该是“脱口而秀”。针对热点问题的脱稿即兴的谈话，让观众产生期待，可能会出现不可预知的观点上的冲突，而这种冲突还会体现在参与者的表情和肢体的反应上。这些反应正是体现脱口秀真实性的重要指标。但是，在不同的脱口秀的子形态中，这些冲突出现的强度和频率是不一样的，这与这些节目参与者的背景以及电视台对传统的收视群的预测相关。

美国电视业界一般根据播放时间，将脱口秀分为清晨、日间、晚间黄金时段和深夜脱口秀。从形式上说，源于新闻广播类的围绕时事话题的新闻类脱口秀，源于轻松娱乐的混合喜剧表演、音乐的以明星名人加盟的脱口秀，以及强调观众参与性的日间脱口秀是脱口秀的三种基本样式。

清晨脱口秀通常隶属于早间新闻节目，也被称为电视新闻杂志，其内容既有对时事的点评也有生活资讯等，可以被归为以提供信息为目的的节目，如《今日秀》（*The Today Show*）和《早安美国秀》（*Good Morning America*）；而晚间黄金时段脱口秀也多源于新闻广播的严肃话题，但大多是社会和国际时事的讨论，邀请嘉宾也多为名人专家，可以采用一对一的模式，也可以是多个嘉宾讨论的模式，可以被归为社会类节目，比如爱德华·默罗（Edward R. Murrow）的访谈节目和《拉里·金直播秀》（*Larry King Live*）等。由于这两类脱口秀都是以信息或是社会问题为主，因此很多情况下被认为是一种新闻类的谈话节目，重在资讯和“公众问题”。相比之下，深夜脱口秀则更多地被认为是以娱乐为主要目的的脱口秀形态。以《今夜秀》（*The Tonight Show*）为代表的深夜脱口秀自电视发展初期就已经成型。与前两者不同，它主要延续了混合喜剧和音乐的元素的娱乐秀的形态，名人和明星的加盟是其一个重要卖点。虽然它也常常涉及正在发生中的社会事件，但是往往把它们作为一种调侃的对象，以娱乐为目的，并不做深入的探究式的讨论。

以上三大类脱口秀的子形态，虽然在话题上各有侧重，在风格上也不尽相同，但是就普通观众的参与性来说，与综艺类或是游戏类节目相比并无大的突破。但是在进入 20 世纪 80 年代后，另一种被放在非传统的黄金时段的日间脱口秀却开始在社会上产生越来越大的反响，这种脱口秀也是让脱口秀这一节目形态成为一种独特文化景观的原因。它在 80 年代后期兴起，在 90 年代达到鼎盛，在美国引发了所谓的“脱口秀旋风”的文化现象。通过在话题选择和脱口秀模式编排上的改变，它对观众参与性进行了极大的调用。这类日间脱口秀最早是由菲尔·唐纳修（Phil Donahue）在 20 世纪 60 年代末所创立的，其目的就是让现场观众能够与专家和名人这类嘉宾直接对话，从而提升观众对节目的参与度，而主持人则是让这种交流尽可能鲜活热烈的组织者。日间脱口秀希望针对的群体自然是在日间有闲暇观看电视的观众，而这类群体中最多的则是美国社会传统意义上的家庭主妇①。因此，就话题而言，这类脱口秀也必然有所侧重，情感类和生活方式等私人话题成为重点，而这也是与唐纳修在 80 年代末和 90 年代初展开激烈竞争的《奥普拉·温普瑞秀》（*The Oprah Winfrey Show*）崛起的原因。

《奥普拉·温普瑞秀》的主持人奥普拉·温普瑞（Oprah Winfrey）是一位身世坎坷的黑人女性，她的形象和她对自己隐秘往事的公开述说既给予了节目劲爆的卖点，又让观众感受到了

① Bernard M Timberg, *Television Talk: A History of the TV Talk Show*, Austin: University of Texas Press, 2002, p. 7.

一种平易近人的清风。更重要的是，它可以让更多的观众增强对主持人所代表的脱口秀节目及其所谈论话题的信任感。她的节目一大特点是既邀请普通人又邀请明星政要参与节目。然而明星政要的参与是在她的节目取得社会的广泛认可后，并且明星政要往往也期望通过参与这一节目展现他们普通人的一面。因此从一开始，奥普拉的节目谈论的也多是与普通人日常生活相关的话题，与生活方式紧密联系，倡导社会的多元性和包容性，甚至她自己的不幸遭遇也是她与来宾取得共鸣的重要因素。后来，有报道称奥普拉的不幸遭遇是杜撰的或是夸张的，也有报道称其本人的品性并没有其表现得那么无私高尚等。但是，她的社会形象与她节目的形象却已经深入人心，而这种真实、亲切的风格也成了其他日间脱口秀主持人都希望拥有的。

日间脱口秀针对其女性收视群的特点，将所议论的话题侧重于普通人的“私人性的”事件。所谓的私人性的事件是与“公共性”或“社会性”事件相对的。然而，值得注意的是，所谓“社会性话题”并不一定关乎公众普遍利益，但必须是公众已经知道背景的话题，比如某个公众人物的个人隐私也可以被作为社会性话题；同样，“私人话题”也不尽然没有社会价值，但肯定是大众陌生的关于某个普通人的话题。日间脱口秀之所以能够得到收视上的认可，首先就在于这种私人话题容易得到普通观众，特别是可以在日间收看节目的观众的共鸣。这种共鸣不见得是观众认为这些话题多么重要，而在于他们感觉到可以参与到这些话题中，对这些话题有发言权。

从话题上看，社会性话题，无论是国家大政方针还是社会事实，都更适合由传统意义上高雅文化的代表，即精英和专家来讨论。他们的专业知识以及更广获悉社会性话题的内幕信息或背景资料的渠道，都让他们拥有对社会事务发表专业评论的权威。即便是一些公众人物的隐私话题，一旦他们将之置于社会这个大的框架中谈论，也可以给予其社会价值。更重要的是，他们通常不是当众谈论自己的个人问题，而是客观冷静地分析他人的问题。美国前总统克林顿与莱温斯基的性丑闻是个绝好的例子。这个本应是私人问题的事件最后成了全民乃至全球的话题，甚至其最隐私的细节也被公之于众。相比之下，日间脱口秀的话题是普通人的个人生活，通常是感情和人际问题，参与者和观众根据自己的常识而非专业知识或内幕信息就可以参与讨论。虽然有时精神科的医生或者社会学专家也被邀参加节目，但他们既非主角，在节目中也仅有很少的时间发表专业意见，且他们的专业意见在嘉宾或观众充满感情的表现前很容易因过于客观冷静而显得冷漠无力。

其实，无论是唐纳修还是奥普拉，即便他们脱口秀所谈论的话题是私人性的，其节目还是倾向于标榜具有“社会性”意义，以“为公众服务”为目的。但是脱口秀的电视秀的本质决定它必然要让话题具有娱乐的价值，因此，日间脱口秀的普通人话题又往往不那么普通。日间脱口秀的商业价值在于话题的争议性和参与者（现场观众和普通人嘉宾）表现的戏剧性，在其发展中，它愈发不可避免地指向了过去游离在主流话语和关注点之外的，通常被认为是不登大雅之堂的“光怪陆离”的种种社会文化现象。相较于新闻类和深夜娱乐类脱口秀的话题的社会影响力或是嘉宾的名人明星效应，对日间脱口秀来说，谈论普通人和私人话题却是把“双刃剑”，这些话题容易过于平凡而失去吸引力。在这种情况下，只有隐私是最具有戏剧性的普通人所拥有的资源。然而，在大庭广众下谈论隐私却是以往大多数美国人不愿意做的事情，此时，边缘人群成了节目最佳的资源。在20世纪80年代末至90年代，边缘的亚文化群体在经过长期的抗争后意识到，藏在暗处并不会改善自己的处境，因此对利用媒体改变自己的形象更加自觉，比一般人更愿意主动参加节目，而且他们的经历也往往具有更强的戏剧性。对这些普通人的隐私的关注也让日间脱口秀得到“异类奇观秀”的诨名。

自20世纪90年代起，日间脱口秀的人员组成基本固定为主持人、嘉宾和现场观众。主持人是当然的明星，脱口秀几乎都以他们的名字命名，现场观众代表普通电视观众的民意，但真正的节目主角却是话题嘉宾，他们不同寻常的故事是节目的中心话题。然而，这些故事绝大多数都是关于骇人听闻的个人灾难或者离经叛道的经历，而非个人成功。他们由于经济、职业、种族、性别、政治观点或性取向等原因与众不同，但都被认为“非正常”或“异类”。这其中包括家庭暴力或乱伦受害者、未婚妈妈、无家可归者、艾滋病病毒携带者、同性恋、妓女、吸毒者、杀人犯、种族歧视主义者乃至法西斯主义者等。因此，嘉宾与主持人及现场观众之间的冲突不可避免。而且，为了让节目刺激好看，日间脱口秀鼓励这种冲突。唇枪舌剑、针锋相对自不必说，有时口头冲突更升级为身体冲突，抛话筒、扔椅子乃至拳脚相加。这些节目中真人们的表现的确有很强的视觉刺激性，具有娱乐性。在90年代末期，以《瑞奇·雷克秀》（*Riki Lake*）和《杰里·斯宾格尔秀》（*Jerry Springer*）为代表的日间脱口秀将这些肢体冲突和话题争议性推向了极致，节目对个人话题的深度讨论让位于个体间冲突的戏剧性表现，从而又让日间脱口秀被冠上了“垃圾脱口秀”的骂名。而一般以新闻类、社会大事类或名人访谈类“社会性话题”为主的脱口秀则被称为“高格调脱口秀”的节目。

这种将日间脱口秀进行价值判断的命名方式，显示了精英阶层面对电视这种公共电子平台对普通人开放的新趋势的怀疑。例如，前美国教育秘书威廉·本内特（William Bennett）、民主党参议员约瑟夫·莱伯曼（Joseph Lieberman）和民权运动家笛洛斯·塔克（Delores Tucker）就联合发起了一场针对“垃圾脱口秀”广告商的全国性抵制运动，而本内特自己正是“高格调脱口秀”中的常客。

诚然，日间脱口秀由于不同制作人团队诉求的不同而呈现出了不同的风格。但是，日间脱口秀并不是贸然地挑战主流文化和传统观点，相反，它们通过将争议话题引向“辩论”而非“结论”来试探公众对这些话题的接受底线。一方面，它们给予这些既普通又另类的日间脱口秀嘉宾以节目主角的地位，让他们在聚光灯下受到明星主持人和节目制作团队的殷勤接待，尽量不让他们感觉明显的歧视，从而认为可以安全地在公众面前讲述自己隐秘的一面。比如，奥普拉之所以能够让如此多嘉宾自愿参与其中，她自身的经历正是她的节目嘉宾愿意参与其中的重要原因，同时她的“不评价”的平等对话态度对于营造这样的谈话氛围至关重要。但是，另一方面，这些嘉宾却不可避免地处于与现场观众以及观看的大众不平等的地位，他们是被后者评判的靶子，要公开承受质疑乃至谩骂的风险。主持人和现场观众的优越感源于他们对自己主流身份的认同，或是源于他们处于没有被暴露隐私的无名的大多数当中。如同美国法庭上的陪审员一样，他们被节目授权用常识决定这些嘉宾得到的是同情、赞赏还是批判、憎恶。凯瑟琳·路内（Kathleen Lowney）在《束缚我们的灵魂：电视脱口秀与宗教赎罪》（*Baring Our Souls: TV Talk Shows and the Religion of Recovery*）中认为，这些脱口秀仿佛是种宗教赎罪仪式，嘉宾的陈述如同忏悔，而主持人和现场观众则努力帮助他们皈依主流社会[①]。但是，这些边缘人群，无论是受害者、控诉方，还是被告、辩护者，都不会轻易接受皈依，至少不是为此而上节目。相反，他们的陈述更像是战斗的檄文，是对边缘身份的公开认同。与被曝光和遭受质疑的风险相比，这也是他们在更广阔的平台上展示真实形象、用自己的声音表达观点、与大众直面交流并且得到大众认可的机会。帕特里西娅·普瑞斯特（Patricia Priest）在对这些参与者做了深入调查后写道："大多数的被调查者，特别是那些被严重边缘化的群体的代表，表示他们强烈希望纠正那些陈词滥调，教育观众什么是歧视和不一样的生活方式。参与者希望不仅仅可以教育主流观众，同样重要的是，他们可以与那些跟他们一样正努力抗争期望摆脱类似困境和烙印的人群进行交流。"[②]

虽然日间脱口秀在20世纪90年代被推上了舆论的顶峰，但是它激发了荧幕上下的观众参与到电视现实当中的热情，以及让电视参与到自身现实中的欲望。奥普拉是将日间脱口秀节目形式带入真正的繁荣期的标志性主持人，以她的节目为代表的脱口秀节目的黄金期始于20世纪80年代末到90年代。客观上讲，无论某些日间脱口秀的品质如何，日间脱口秀让各种亚文化、边缘人群和平民得到更多的地区性乃至全国性媒体的关注，并增强了主流社会的容纳度，这些为电视节目形态与真实关系发展的下一个阶段奠定了基础。

可以说，日间脱口秀为真人秀的全面出现和繁荣打下了观众的审美基础。这主要体现在两个方面：日间脱口秀节目为众多普

---

① Kathleen Lowney, *Baring Our Souls: TV Talk Shows and the Religion of Recovery*, New York: Aldine de Gruyter, 1999.

② Patricia Priest, *Public Intimacies: Talk Show Participants and Tell-all TV*, Cresskill, New Jersey: Hampton Press, Inc., 1995, p. 46.

通人走上电视提供了平台，以真实的个人倾诉为主题。脱口秀与真人秀之间的紧密联系和过渡也可以体现在日间脱口秀当中已经开始出现了对于真人秀而言至关重要的主题：反思和改变自我。当自我成为需要通过电视来进行反思和改变的客体时，电视对真实的关系也进入了“重塑”的阶段。

第三节　从普通到非凡：重塑真实

在“呈现”与“参与”的双重影响下，电视真人秀的出现是电视发展到“重塑真实”这一阶段的标志。如第一章所定义的那样，真人秀作为一种形态，不能被视为对某种单一的节目形式的命名，而是对在一定历史时期大量出现的一批具有相似的形态要素的多样化节目样式的通称。在这一大的形态之下，我们可以看到之前讨论过的其他节目形态的影子，而不同形态的融合杂交也开创了现在真人秀各种子形态在电视平台上争鸣的繁荣局面。

从历史回溯来看，电视真人秀的确与以现实为基础的节目（Reality-based Programming）或是所谓的事实类节目（Factual Programming）非常相关。但是事实类节目在美国电视的归类上并不等同于信息类节目，因为体育秀、游戏秀、综艺秀、脱口秀都是传统上被归于事实类节目的。换句话说，事实类节目并不是与娱乐节目相对应的形态归类标准。在组织观众预期上，与事实类节目相对的应该是虚构类节目（Fictional Programming）。我们可以说，把电视节目形态按信息与娱乐来划分，重在区分节目所实现的公众目的，而事实类与虚构类的区分则是依照制作节目的素材来划定的。

从这个意义上看，于20世纪80年代出现的所谓的信息娱乐类节目（Info-tainment）逐步发展到90年代末的真人秀也就并不突兀，只是以真人秀来命名突出了这一形态对之前所有的以现实为基础的节目形态的融合。

一、重塑真实与真人的构建

无论电视是呈现还是参与真实，都是对真实的一种“电视化”过程。在此基础上，电视真人秀某个单个文本的出现也许是偶然的，但是它作为一种形态的出现则是一种电视发展的必然。

首先，对于观众来说，他们经历了从“观看电视”到“参与电视”的过程，对电视和真实之间的关系也开始有不同的理解和期待。一方面，在电视对真实的电视化过程当中，他们逐渐习惯将电视现实作为一种判断真实的标准，也开始习惯看到普通人参与到电视节目当中，并将最终期望实现“活在电视里”的改变。但是，另一方面，他们也感受到了电视真实作为值得看的娱乐秀所特有的戏剧性和冲突性，这也让他们不再轻易给电视和真实之间画上等号。有学者乐观地认为，现在的观众已经学会了如何分辨电视真实和现实间的差距，因为观众对于虚构的电视节目已经非常熟悉，具有鉴别力。根据是为了娱乐还是信息而收看节目，他们会选择相应的节目形态。比如，脱口秀节目形态要素中的“脱口而秀”是一种看似无计划的精心设计，为主持人和嘉宾在一定程度上营造了宽松的氛围，因此在某些时刻完全可能放下伪装展示片刻的真实。观众对此心知肚明，而这种时刻对于观众而言其实非常具有娱乐性①。

当真人秀这一新形态的文本出现时，观众会首先调用已有的

① Brian Rose ed., *TV Genres: A Handbook and Reference Guide*, Westport, Connecticut: Greenwood Press, 1985, p. 343.

对电视形态进行划分的标准来判断，试图将其纳入已有的形态划分当中，区分它是提供娱乐还是提供信息的节目形态。但是，从不同学者的专著提供的观众调查来看，无论是学者还是观众，在一开始判断这一形态究竟应该是属于信息类还是娱乐类时就遇到了新的困惑。最主要的原因是，虽然我们可以在电视真人秀中找到或明显或隐蔽的对既有节目形态融合杂交的痕迹，但是电视真人秀对电视和真实的关系有了进一步的发展，它的确提供了有别于以往的观看和参与体验。在《真人秀：重塑电视文化》中，赫勒指出，与传统的以提供公众服务为目的的新闻等不同，真人秀对真实的切入方式是靠戏剧性的不确定性、窥淫主义和流行快感，虽然它从其所传播的意识形态和神话等来看，也可以被认为在本质上是“教育性的”，但是它的流行性和营利性，让它有别于传统对严肃的真实类节目形态的期望[①]。

当观众接触了越来越多的真人秀文本后，他们的这种困惑逐渐消退，开始建立对真人秀这一形态的新的定位。通过对真人秀观众的调查显示，许多观众都认识到真人秀并不是全然真实，但是另一方面，他们也并不特别在乎真人秀是否是完全真实的[②]。观众感兴趣的恰恰是真人秀所提供的介于真实与虚构之间的空间，是否可以给他们足够的参与和思考的乐趣。对某个真人秀节目的褒奖或批评更多的是由他们对真人秀的这种新的期待所决定的，而这种期待是否得到满足对现实的影响却是实在的。

莎士比亚（William Shakespeare）在《皆大欢喜》（*As You Like It*）中做出了著名的关于人生如戏的评价，在真人秀这个舞

① Dana Heller ed., *Makeover Television: Realities Remodelled*, New York: I. B. Tauris & Co. Ltd., 2007, p.4.

② Annette Hill, *Reality TV: Audiences and Popular Factual Television*, London and New York: Routledge, 2005.

台上，这句话又再次得到应验。不同的是，当莎士比亚点出人生如戏时，他想表达的是人生和戏剧之间巧妙的应和，人生也如戏剧一样分成了不同的几幕，每一幕当中每个人都有自己的角色，如同在人生中每个人在不同人际交往中都要承担不同的社会角色，这些角色既因人而异又具有共通性[①]。戏剧之所以受到大家的喜爱，正是因为戏剧模仿、反映了人生，人们在戏剧中看到了人生。人们乐于判断戏剧对真实模仿的程度和巧妙度，但通常不会混淆戏剧世界和自己的生活世界。然而，大众传媒对受众生活世界的渗透则达到了另一种程度，那就是“人生为戏，戏为人生”，而真人秀只是这样的渗透到达一定程度后必然的结果。

这种现实对媒体虚拟世界的模仿被认为是典型的后现代文化的特征之一。在所谓的后现代文化中，媒体已经成为人们对生活世界进行认知的重要信息来源，也是个体之间进行交流的情感共鸣点，因此虚构的媒体影像也成为真实的现实体验的一部分。受众的媒体体验让他们乐于并且惯于在电视中寻求真实的存在，看到自己的影像或自身身份认同的影像代表被折射到虚拟的电子媒体上，成为人们所渴求的真实的一种重要体现。所以不仅电视上的影像在模仿人生现实，现实也开始模仿虚拟的影像，两者之间的交融已经难分彼此。电视真人秀这一形态正是回应了这样的期待和渴求。

在电视真人秀中，真实被具体地肉身化为真人（real people）。真人秀的真实取决于真人的真实，这种真实需要从两个维度来建构：一是真人身体的真实性，即是真实的身体的行为和反应；二是真人身份的真实性，也就是他们不是作为演员来呈现他人，而是带着来自“真实人生”的社会背景在镜头前表现

① 莎士比亚：《皆大欢喜》，朱生豪译，昆明：云南人民出版社，2009年。

自己。

真人的真实所特有的多元性和不可预测性是真人秀节目创作的源泉。对于真人秀的制作方而言，电视真人秀虽然以“无剧本”为卖点，但作为一种需要赢得受众认可的娱乐节目形态，最终得以呈现在荧屏之上的真人必然经过了多重的建构。对真人的真实的两个维度的建构需要调用大量的符号和象征，因而社会结构也不可避免地印刻在真人之上，让真人成了社会结构的载体和意识形态起作用的场所。

除受众期待与真人秀节目形态所能提供的满足间的契合之外，真人秀在美国迅速成为一种广为接受的节目形态还有其特定的社会经济背景。资深的电视人和真人秀制作人埃斯利指出：“真人秀的流行标志着一种电视网和观众之间方便与满足的可行的联姻。对于广大的渴望无须费脑的虚华的娱乐的观众而言，真人秀回应了他们的需求。同样地，对于习惯性地在一落千丈的收视率和步步攀升的制作费用间挣扎的节目制作者们，真人秀开出了一种让电视网摆脱节目困境的有效而廉价的良方。”① 大受欢迎的真人秀不需要高薪水的编剧和演员团队——单集的戏剧或喜剧，通常需要花费300万美元以上的制作费，而真人秀则通常低于100万。真人秀中的编剧往往被称为“故事制作者”，他们的权益因此往往不受保护，因为真人秀的卖点就在于“无剧本”。美国编剧工会因此甚至将真人秀称为“21世纪传媒业的血汗工厂”②。

然而，将真人秀简单地视为“无须费脑的虚华的娱乐”，则可能让我们忽略它所深刻反映的社会现实，也会低估它对社会产

---

① Michael Essany, “Introduction”, *Reality Check: The Business and Art of Producing Reality TV*, Burlington, MA: 2008.

② 同上。

生的影响力。最直接的来说，真人秀进一步发展了电视和真实间的关系。真人秀的魅力一部分来自于它的真实性，但是更重要的则是来自于它对真实性的颠覆和重塑。这种颠覆和重塑遵从美国电视审美的传统，即突出戏剧性、冲突性和奇观化。在真人秀中，真实需要被呈现，也召唤着参与，但是在这一形态中，真实更经常地作为需要被体验和被实验的对象，它还明显地带有问题性。它要么是需要被克服的困难，要么是引起问题的原因，对它的呈现和参与的目的都在于去改造它、重塑它。而改造和重塑的过程都体现在真人参与者的身上，真人的身体与感情、真人间的关系和真人的生活方式由此成了整个叙事的重心。电视则成了这种改造和重塑的推动力、中介和行动者，电视以更主动积极的态度深入介入现实中，并试图通过介入现实来改变乃至引导现实的发展。

二、美国电视真人秀的主要子形态

我们在第一章中给美国电视真人秀进行了初步的历史文化的定义，对其出现的时间、领域、节目手段和目的等做了限定。但是，这一定义并不代表美国电视真人秀是一种形式单一的形态，恰恰相反，定义的难点正是在于这一形态的丰富性和多元化。为了制作或是讨论和研究的方便，电视真人秀又往往以不同的标准被进一步划分为不同的基本类型或子形态。

《娱乐旋风——认识电视真人秀》将真人秀分为如下 9 个类型：生存挑战型、人际考验型、表演选秀型、职业应试型、身份置换型、益智闯关型、游戏比赛型、异性约会型和生活技艺型。作者尹鸿等指出他们所依据的主要是节目内容上的差异，这些类型都有相似的真人秀元素，但是组合方式或表现形式有区别[1]。而在《真人秀节目：理论、形态与创新》一书中，虽然在真人秀的定义以及真人秀基本元素上与《娱乐旋风》一书的侧重不同，但是在对真人秀的子形态进行具体分类时，却非常一致。除了将“益智闯关”与“游戏比赛”合为“益智游戏型”，其余的子形态都基本一致，但在命名上略有出入。比如，将“生存挑战型”称为“野外生存型”，“人际考验型”被命名为“室内体验型”，“异性约会型”则更广泛地被称为“婚恋约会型”等[2]。这两本中国学者的著作所依据的分类标准有一个共同点，那就是强调将节目内容上的差异作为主要的参考。实质上，所谓的内容上的差异主要是指节目参与者需要在节目中完成的任务上的区别。

埃斯利则从行业制作的角度将真人秀细分为 12 类：纪录类、竞争类、名人类、个人提升和改造类（personal improvement and makeover reality）、创意设计类、职业类、强迫环境类（forced environment reality）、浪漫类、抱负类（aspiration reality）、恐惧类（fear-based reality）、体育类以及曝光卧底类（undercover reality）。然而，即便已经细分至此，埃斯利坦言仍然无法概括花样繁多、不断出新的真人秀文本[3]。

相较之下，西方的学者在对真人秀节目进行形态定义时，并不是特别看重具体节目所需要完成的任务，而强调的是电视真人秀节目形态上的“杂交性”，即对过往电视节目形态的继承、发展和改变。他们对真人秀子形态的划分和归类更为笼统，因为他

---

① 尹鸿、冉儒学、陆虹：《娱乐旋风——认识电视真人秀》，北京：中国广播电视出版社，2006 年。

② 谢耕耘、陈虹：《真人秀节目：理论、形态与创新》，上海：复旦大学出版社，2007 年。

③ Michael Essany, *Reality Check: The Business and Art of Producing Reality TV*, Burlington, MA: 2008.

们认为这种杂交仍然处于一种进行时态当中，持续地发展和繁衍着新的子形态。《真实电视：重塑电视文化》的作者赫勒首先指出，目前所流行的真人秀节目形态大多都可以追溯到美国电视已有的节目形态或是曾经出现过的节目上，只是这些节目在当时没有被大规模复制流行。而在现在，最显著受到欢迎的类型主要是游戏纪录片类（game-doc）、改造类/生活方式类（makeover/lifestyle program）、约会类（dating program）和纪录型肥皂剧（docu-soap），而另一些流行的子形态还包括才能竞赛类（talent contests）、法庭类（court program）、真实情景喜剧（reality sitcoms）和名人真人秀（celebrity variations）等①。在《上演真实：老大哥时代的事实电视节目》（*Staging the Real: Factual TV Programming in the Age of Big Brother*）中，作者基尔伯恩（Richard Kilborn）犀利地指出，种类繁多的节目都归为真人秀这一大的形态之下，但是这样做却有可能让这一形态术语失去其评判的有用性。因此，他建议将学术重点更集中于真人秀这一大形态下的各种子形态或样式。他认为这些子形态是对以往形态的进一步商业性包装和营销策略发展的结果。作者主要提出了三种基础上的真人秀子形态：事故和紧急事件类（the Accident and Emergency format，简称为 the A & E format）、纪录型肥皂剧类（Docu-soaps）以及真实游戏纪录类（Reality game-docs），他认为它们在吸收借鉴了以往电视节目类型的基础上，为现在流行的真人秀节目样式又提供了进一步变形和杂交利用的原型②。

无论是以内容为分类依据，还是聚焦在形态的演变上，我们

---

① Dana Heller ed., *Makeover Television: Realities Remodelled*, New York: I. B. Tauris & Co. Ltd., 2007, pp. 3 - 4.

② Richard Kilborn, *Staging the Real: Factual TV Programming in the Age of Big Brother*, Manchester and New York: Manchester University Press, 2003, pp. 55 - 60.

都无法忽视美国电视真人秀这一形态的复杂性和流动性。美国电视处于激烈的商业竞争的环境中，每年推出的新节目能够成功保留到第二季的，只有为数不多的一部分。美国商业电视内部有两个让新节目推出的力量，一方是商业力量，另一方是创意力量，因此某种子形态的形成也是两种力量博弈的结果。

一方面，电视业内的商业一方对待节目的创新都小心翼翼，更乐于复制成功的经验，从而让一些节目从形式到内容都相近，为子形态的形成打下量的基础；另一方面，为了争夺观众，在众多节目中脱颖而出，它们又必须区别于其他节目，因此即便在同一种子形态之下，其具体的内容和形式必然要有所变化。为了在各种新节目提议中得到商业一方的认可，美国电视业内创意的一方往往需要通过混合其他形态或子形态的要素来实现创新，也就是提出一些似曾相识又不雷同的概念。而这种实践让一些子形态的边界变得更加模糊不清。

真人秀成为一种主流的被大众接受认可的独立形态也是这一实践的结果。从实际意义上引发了美国电视真人秀浪潮的《生存者》这一节目，在最终被哥伦比亚广播公司电视台接受之前，其创意者将这一节目的创作概念提供给了包括美国广播公司在内的多家无线电视网，但是遭遇了多年的冷遇，原因都是它不像是可以在无线电视台播出的节目形态，而似乎更适合在有线电视中播出。

在美国，有线电视节目和无线电视节目的传统区别体现在观众群是否细分上，前者的观众群较窄，对某一类型节目忠实度较高，后者则是针对范围更广的观众群。《生存者》这样的形态新鲜的节目之所以被认为不适合在无线电视网播出，就是因为电视台的执行制作人觉得无法把握其是否符合“普罗大众”的口味，因此很难预期其收视率，自然也很难将这样的预期卖给广告商，风险过大。实际上,《生存者》这一节目概念在欧洲其他国家的电视台中出现过,但是美国的电视业内人士却担心它不适合美国商业电视的生态环境。《生存者》最终得以生存下来,安排在夏季播出,很大程度上是因为夏季在美国的商业电视系统中是传统的淡季,再加上《生存者》的制作人最后通过跟哥伦比亚广播公司电视台合作成立一个“生存者公司”,通过购买哥伦比亚广播公司电视台 13 小时的播出时间,为电视台几乎免去了一切风险,这才为其试播创造了条件①。

但是,《生存者》一经播出便受到巨大的欢迎,哥伦比亚广播公司电视台以及其他电视台立刻蜂起而效仿,推出了各种与《生存者》类似的节目,将“真人秀”这一曾经边缘模糊的形态推到了中心。而内容与《生存者》完全一样的“野外生存”或“生存挑战”型的真人秀节目实际上并不多,也无法说构成了一种子形态。从形态演进的角度说,“游戏纪录片”可能是更合适的子形态划分,但是《生存者》所强调的对选手间人际关系的考验和人性冲突的刻画,又带有鲜明的肥皂剧的痕迹。

实际上,无论以内容或是形态演进对美国电视真人秀子形态进行划分,都有其重要意义:或是方便学者们对不同的电视节目做具体的文本分析,或是有助于我们理解真人秀节目形态乃至电视节目形态演变的过程。而本书则将从另一个视角,即聚焦电视与真实这一象征的关系上,对真人秀的主要子形态进行梳理。

电视真人秀作为一种将现实与虚构相交织的电视节目形态,

---

① Bill Carter, *Desperate Networks*, New York: Broadway Books, 2006. 在这本著作里作者卡特以行内人的视角记录了四大无线电视网的管理层和制片人等在 21 世纪初为挽救收视率所做出的努力,特别是从个体角度以讲故事的手法揭示了美国电视业内幕生态。卡特将《生存者》如何最终得以登录哥伦比亚广播公司这一无线电视网的前因后果进行了详细解密,认为这一节目的成功造成的连锁反应改变了美国电视业内的生态环境。

将现实与幻想间的对立进行各种组合和应用，而这种对立又主要体现在一种普通（ordinary）与非凡（extraordinary）的二元组合上，构成了一种戏剧的张力。在普通与非凡的对立中，通常前者代表真实或现实，后者代表超现实。人们对真实的渴望和对超现实的渴望并存，但是在判定两者的价值时，后者往往超越前者，具有更强烈的吸引力。

普通和非凡的转换与对比既体现在真人秀的场景设置中，也体现在参与者的经历和身份上。就参与者的身份而言，普通人和名人可以作为一种区分的标准，但是对于所有的参与者来说，他们的共通之处在于，电视真人秀要求他们作为真人出镜，即所有的参与者回归平凡和普通人的状态，通过真人秀的中介来实现非凡的转换。因此，可以说普通人是电视真人秀最重要的参与者，也是电视真人秀着重吸引的对象。

我们可以将美国电视真人秀大致分为以下 4 种子形态：第一种是以《生存者》为代表的为真人搭建的体验非凡经历的平台，场景设置要么是远离美国当下社会，要么远离普通生活节奏或步骤，可以简单说成是“脱离现实”的非凡真实；第二种是以《学徒》（*The Apprentice*）为代表的，为具有某种职业才能和潜力的真人，尤其是普通人，提供实现职业上或事业上非凡提升的机会，场景就设在美国当下的社会当中，但是它许诺的是一种非凡的真实人生，可以说是“源于现实，高于现实”的真实人生；第三种是以《美国偶像》（*American Idol*）为代表的，为渴望出名的普通人或是期望为自身名气增值的名人搭建真正的非凡舞台，成就非比寻常的通往名望的道路，在这一过程中，他们渴望体验到“超越现实”的真实；第四种通常是将真人，普通人或名人，置于日常生活中，但是，其结果却是让“日常生活非凡化”，其代表有《老大哥》（*Big Bother*）、《极致改造之家庭版》

(*Extreme Makeover: Home Edition*)、《超级保姆》(*Supernanny*)、《单身汉/单身女》(*The Bachelor/Bachelorrett*) 等。

值得一提的是，将普通人置于普通生活场景当中，通过节目来捕捉其非凡的瞬间或非凡的故事，并不是真人秀特有的节目构成方式，而是新闻或是纪录片惯常的题材，也是游戏秀和脱口秀期望达到的效果。但是真人秀与之前的节目形态在这方面的微妙区别是，真人秀往往带有更明显的“实验性”或“实践性”的痕迹，纪录或是真实都不是最终目的，而只是手段，它更期望通过介入真实来制造戏剧点，引起反响，最终重塑真实。因此，当我们评价某些新闻或是纪录片是否受到了真人秀的影响，正是看它们是否采用了实验形式而非单纯的报道形式的真实记录。

真人秀相较之前形态，所发生的最突出的演变主要有两点：一点是它强化了电视节目的社会实验性的功能；另一点在于它利用电视媒体和新媒体的各种手段，进行了广泛的全民动员，而这凸显了真人秀所引导的民主性和国民性倾向。这两点演变都指向对社会的集体经历和个人经历的融合与变革，通过改变个人来引发群体乃至社会的变革。尽管很多学者指出美国电视正在进入“娱乐至死”的发展轨道，在提供新闻、信息或是教育的外衣下实际包藏的是娱乐的本质，但是真人秀娱乐的外衣下是否又暗藏着整合集体意识和认同的本质呢？而这种本质实际上与其他类型的电视节目的本质是一致的，只是它实现的方式更巧妙隐蔽，介入得更深、更广。

小　结

随着技术的革新、行业的成熟以及受众体验的积累，美国电视不断发展和重新定义着它与真实间的关系，而在这个过程中，真实本身也经历了多重诠释。电视与真实之间的关系经历了从呈现、参与到重塑的发展，这些又体现在美国电视节目的形态的演变之中。

以呈现真实为主要诉求的节目形态代表是体育比赛转播、新闻及公共事件报道以及电视纪录片和文献片。它们对于电视真实的影响在于，它们将被电视展示的真实定义为“矛盾和争议中的真实”，而且让真实因得到电视呈现而获得价值。视觉化的真实成为判断真实的最重要标准，虚构和艺术加工也成为某种受众和行业之间默认的为了更好地展现真实所必要的手段。综艺秀、游戏秀和脱口秀则进一步发展和满足了受众参与电视真实的要求。它们缩短了受众与电视真实间的距离，激发了他们加入电视节目中的愿望，并将最终为受众接受并渴望电视真人秀对现实的直接介入和改造创造条件。

当下美国电视通过真人秀对现实的介入、引导和改变，侧重在对真人个体化的生活的干预上，它们通常试图改变的也是个体化的真人的生活现实。笔者认为，在美国受到欢迎的、反响强烈的电视真人秀，都取决于对真人的成功构建。对真人的构建是整个真人秀戏剧性和真实性的中心，真人既是其个体的具身体现，又代表着一种社会化的形象。这些节目中的真人个体既要有普通人的真实性，又要有超越普通人日常生活的戏剧性潜力，但是最终，他们又被类型化和社会化，成为一种符号和象征。真人秀之所以值得我们关注，是因为我们既可以将这一形态整体视为一个隐喻，又能够通过它一窥美国的社会风潮和民众心理。娱乐节目的价值绝不仅仅是商业性的，也是政治性的，广义来说即为文化性的。政治性与文化性之间既有紧密的联系，又有深度、广度上的区别。如本书之前所提到的，对真人秀的真实与否的讨论反映了学者们对另一个真实的共识，那就是真人秀在社会象征意义上的真实存在能够对社会的象征体系产生实在的影响。

本书将电视与真实间的关系作为划分真人秀子形态的主要依据，因此在选择将要分析的真人秀节目案例时，也充分考虑了节目的代表性。当然，另一个不可忽视的选择标准在于节目的社会影响力，这主要取决于它是否位于收视的前列或是否是社会话语的焦点，引发了强烈的社会反响。《生存者》《学徒》《美国偶像》《极致改造之家庭版》《单身汉》等是美国四大无线电视网的收视王牌，在21世纪的第一个十年里频繁创造出美国电视收视的惊喜和奇迹，也将是本书主要分析的案例的来源；而《超级保姆》《老大哥》等虽然在收视率上不及前者，但是它们所引起的社会反响和它们所涉及的社会领域和问题仍然值得关注，代表了相当重要的一类真人秀子形态，也将为本书提供可观的案例资源。

在接下来的第三章到第六章当中，我们将挑选这些具有代表性的美国电视真人秀作为案例，进行文本细读，同时聚焦真人秀中的真人和他们的身体如何成为节目叙事的焦点和创意的源泉，成为社会结构刻画其上的场所，又如何让具身性主体们通过这个中介定位于社会当中。通过剖析真人秀对真人这一具体的象征的建构方式，笔者将分析它如何实现了特定的意识形态功能，巩固了大众对美国文化和美国精神的认同。

第三章

真人秀中的身体与文明和社会化：以美国哥伦比亚广播公司电视台《生存者》为例

> 这将不仅是对生存技巧的考验，也是对社会交往技巧的考验。这里你给其他漂流者留下的印象将决定你的命运，根据游戏规则，每三天都会有一个部落必须参加部落大会，而目的只有一个，那就是通过投票将他们中的一员淘汰离岛。胜利者不仅必须从海岛生还，从小船生还，最终还必须在彼此竞争中生还。
>
> ——《生存者》第一季，第一集（2000 年）

美国哥伦比亚广播公司的真人秀节目《生存者》（*Survivor*，也译作《幸存者》）是本章的分析重点。它是美国电视真人秀中第一种子形态的典型代表，即将场景设置在远离美国的当下社会，通过为普通人搭建体验非凡经历的平台，实现一种“脱离现实”的非凡的真实。美国哥伦比亚广播公司电视台的真人秀节目《生存者》的创意由英国电视制作人查理·帕克森（Charlie Parkson）提出，在美国制片人马克·伯内特（Mark Burnett）的共同创作监制下完成。它采用“荒岛/荒野求生”这一叙事主题，将16位来自美国各地区和行业的普通人“流放”到某个远离美国本土的“蛮荒之地”，用纪录片方式对他们的生活进行24小时跟踪拍摄，让这些普通人本色出镜，呈现他们为了夺取终极百万美元大奖在海岛上生活39天的经历。虽然在世界范围内，它并非真人秀节目形态的鼻祖，甚至在节目内容上也非独树一帜，但是《生存者》第一季于2000年夏季在美国一经播出便得到了之前的真人秀无法比拟的社会反响，并将这种影响力持续贯穿了新世纪的头十年。因此，它被认为是美国电视真人秀之父，可以说它开启了美国电视真人秀乃至世界范围的真人秀的全盛时期。

由于《生存者》自开播以来已经贯穿了新世纪的头十年，这十年中播出了超过二十季的节目，文本众多。本章将着重分析讨论播出时间间隔将近十年的第一季和第十九季。第一节将讨论在这两季真人秀节目中始终贯穿的多元化和戏剧化的选角理念，分析选手间戏剧性冲突重点的改变；第二节将着重关注这两季在重点人物的塑造方式以及他们在象征意义上的异同；第三节将扩展研究两季《生存者》所担负的意识形态功能上的演进，以及它们所揭示的这一期间美国社会文化上的变化。

第一节　生存者的多元化身体展示

《生存者》的主旨是要完成“荒岛求生”这一叙事，但是，秀如其名，它期望构建的是“生存”这一更宏大的叙事，涉及的是当下美国社会对生存的本质和价值的理解，以及对生存现状的刻画。而对“生存”的呈现，最重要的是通过对“生存者们”的刻画以及对最终的“生存者”的塑造。生存者的身体因而成为建构一个美国社会缩影的场所。

一、真人秀的选角与叙事

由于节目的制作方拥有“制定规则”这一最重要的建构叙事手段，《生存者》通过制定每三天通过参与者投票淘汰一人的机制，建构了一个从“生存者们”到“生存者”的转变过程。在这个转变过程当中，生存者们被要求经受两重考验。首先，当来自现代文明社会中的生存者被置于文明产物匮乏的蛮荒之境时，他们将如何实现肉身/身体的生存这一基本目的，这是节目首要的叙事脉络；而当他们在文明世界中的物质附属被暂时剥夺后，他们将如何利用从文明社会所带来的身份和思维方式来应付眼前的困境，组成何种临时的小社会，彼此之间将如何交际互动，如何在节目规则的淘汰机制下生存下来，则是节目的另一条更重要的叙事线路。要实现这两条叙事线路，并让其充满戏剧性潜力达到娱乐的效果，则首先必须依靠准确的选角（casting）。

无论是新闻还是电视剧，选角是为了挑选最能代表节目的精神气质和最大化实现制片人和导演意图的表演主体。而选角的成功，不仅能为节目的成功奠定基础，也能制造出明星和名人，为整个电视产业提供新的资源。明星或名人是美国电视节目保证收视率和赢得广告商的关键，也是美国流行文化的符号和首要象征。从制片厂时代的好莱坞黄金时代开始，电影的领衔主演便是赢得票房的重要保证，而同时好莱坞也是著名的造星工场，明星体制让默默无闻的演员走上了星光大道。无论是在以电影为主的好莱坞黄金时代还是在电影、电视并重的新好莱坞时代，选角对于其媒体商品而言都是至关重要的。

对于美国电视真人秀而言，选角更是整个节目的灵魂。真人秀的选角与其他节目形态的选角既有相似之处又有其鲜明的特征。由于真人秀是一种“无剧本”的叙事，它需要依靠真人们的互动和即兴表现来完成叙事，因此，选角对于最终的叙事是否具有吸引力起着决定性的作用。除此之外，电视真人秀的特点还在于它往往将选角这一幕后过程推向前台，以半公开或公开的方式，把普通人转变为名人乃至明星的过程进行更细致完整的表现。不同的电视真人秀节目由于商业模式和节目意图的不同，对这一过程表现的方式乃至深度和广度都有所区别，而这种区别也将反映不同的意识形态的功能。在本章以及之后几章的案例当中，笔者将多次对这一问题进行分析和讨论。总的来说，《生存者》的选角遵循的是多元化与模式化并存的原则。

安东尼·吉登斯（Anthony Giddens）指出：“奴隶制、殖民主义、战争、移民和当代全球化这些过程，引发了人口的跨界流动和在新地区的定居。这导致了文化交融社会的出现，意思就是说，人口总体是由不同文化、种族和语言背景的许多群体组成的。”① 美国社会由于历史原因和总体上开放的移民政策变成这样一个文化交融社会的典型。除了移民带来的不同区域和种族的文化，自20世纪60年代的民权运动和反文化运动开始，越来越多的亚文化团体也要求更多的社会话语权和可见度。不同的生活方式或价值观信仰者聚合成强大的内部变化的动力，文化本身的多样性已经成了事实。对于电视制作者而言，既然观众的构成是多元的，那么为了吸引尽可能多的观众从参与者的身上得到替代的快感，这种多元文化的现实是他们在选角时必须考虑的一个因

---

① 安东尼·吉登斯：《社会学》（第4版），赵旭东等译，北京：北京大学出版社，2003年，第23页。

素。但是如何表现这种多元化，谁是不同文化的肉体化身，什么方式能最有效地象征多元文化，则是更具体且微妙的问题。

《生存者》强调他们的16名选手是万里挑一的结果，但是《生存者》未对海选过程和选择标准进行详细的叙述，而是直接展现了海选后的16名参与节目的选手。对节目制作方而言，这些选手的构成决定了节目的成败，这样的选角方式可以最大限度地实现节目制作方的意图。从百万名申请者中挑选出来的选手因此具有高度的象征意义。如果比较《生存者》第一季的16名选手和第十九季的20名选手的组成情况，我们就能发现，《生存者》的节目选角遵循在男女比例、种族代表、职业背景等方面多元化的原则。

二、多元化的真人与身体展示：真实与虚构

如在本书第二章所讨论的，在《生存者》第一季开播的2000年，真人秀并非无线电视网黄金季节黄金时段上演的节目形态，甚至被认为不属于主流无线电视网的节目形态。“这一理念是一个完全新颖的，美国人从未见过的节目形式”[①]，“一个没有演员、没有剧本、没有编剧的黄金时段的节目，但是仍然具有戏剧性，是一个由真实生活中的人们所‘演绎’的故事”[②]。对于这样难得的试播机会，《生存者》的制作团队必然从一开始就要对选角进行慎重的考虑：既然并非演员，又要“演绎”出故事的戏剧性，那么这些真人们必须具有发生冲突、表现冲突的潜力，而这些潜力来源于他们作为真人必然带有的文化身份的

① Bill Carter, *Desperate Networks*, New York: Broadway Books, 2006, p. 67.

② 同上，第76页。《生存者》的节目理念在美国广播公司等无线电视台遭受了多年的冷遇，而哥伦比亚广播公司的首席执行官听到它时，一开始也将其定位于只是“有线电视”的节目，几乎将其否定。

烙印。

《生存者》第一季①第一集开始不久主持人便通过画外音用简洁的语言勾勒选手的资料，这一介绍中信息的出席和缺失是制作方象征调用的结果。主持人主要提到了选手的姓名、从事的职业/身份以及来自的地区；配合画面，我们能够得到其他不需要语言介绍的性别、年龄、种族等特征。这些个人信息被认为是最客观的也是最普遍的对一个主体的描述，但是，其他的生活方式的倾向诸如个性爱好、婚姻状况、性取向以及可能引起争议的政治观点、宗教信仰等都没有在主持人的描述信息中出现。保持信息的客观性在于强调参与的真人们的普通性和代表性，而容易引起争议的其他信息在主持人介绍中的暂时缺席不仅有助于建立一种客观的表象，还有利于为之后的戏剧性冲突预留空间。此外，在主持人对选手的介绍中也没有提及这些选手是如何被挑选出来的，仅仅提及他们是“志愿参加”的。

如表3-1：“《生存者》第一季选手基本情况”② 所示，这一精心挑选后的阵容从表面上看兼顾男女老少、三教九流各色人等，是多元文化的呈现。我们可以看到，《生存者》的选手构成首先兼顾了性别的平衡，男女选手各占一半；职业构成则包括从医生、律师、房地产商人到学生或是卡车司机等，收入和教育背景不一；而从地区来看，则覆盖了从东部的纽约、新泽西，西部的加州，南部的田纳西、佛罗里达到中部的科罗拉多、阿肯色

① 《生存者》每一季都有一个子标题，大多数情况下以真人秀展开地来命名。第一季的全称为《生存者：婆罗洲》（*Survivor: Borneo*），第十九季为《生存者：萨摩亚》（*Suvivor: Samoa*）。两个小岛都位于南太平洋。而有时也以主题命名，如第八季为《生存者：全明星》（*Survivor: All-stars*）或是如第二十季的《生存者：英雄与恶棍》（*Survivor: Heroes Vs. Villains*）。

② 本书中涉及的真人秀参与选手基本情况表均为笔者根据真人秀节目内容整理设计而成。后文不再另作说明。

等，可以说是来自"全美国"的代表。然而，从视觉信息上我们却可以看到《生存者》的种族构成上明显以白人为主，除了两位黑人选手，还没有其他族裔参加，总的来说，有色人种占据了参与者人数的1/8；在年龄构成上，有3位40岁以上的参与者，年轻人占绝大多数。

在主持人的介绍中，只在两名选手的介绍中出现了"特殊经历"的提示：一位被提示为从癌症中康复的幸存者，而另一位是单身母亲。值得关注的是，前者的职业信息是缺失的，而后者是唯一被提及婚姻状况和子女状况的选手。这两条在主持人介绍中被特别提示的个人信息无疑丰富了选手的基本情况的多元化，但是这两条信息的共同点在于它们将这些信息的主体推向了关注的中心，表明这两个主体在某一方面的弱势地位：一是身体健康上的（癌症康复者），一是社会身份上的（未婚的学生妈妈），而且两位都为女性。

表3-1 《生存者》第一季选手基本情况

姓名	种族	性别	年龄（是否40岁以下）	职业、身份	住地	特别经历
肖恩（Sean）	白人	男	是	神经科医生	长岛（纽约市）	无
凯莉（Kelly）	白人	女	是	河流导游	拉斯维加斯（内华达州）	无
鲁迪（Rudy）	白人	男	否	前海军海豹突击队队员	弗吉尼亚州	无
索尼娅（Sonja）	白人	女	否	无	旧金山（加利福尼亚州）	癌症康复者

续表3－1

姓名	种族	性别	年龄（是否40岁以下）	职业、身份	住地	特别经历
理查德（Richard）	白人	男	是	企业公关咨询	罗得岛州	无
苏珊（Susan）	白人	女	是	卡车司机	威斯康星州	无
德克（Dirk）	白人	男	是	奶场农场主	威斯康星州	无
斯泰西（Stacey）	白人	女	是	律师	旧金山（加利福尼亚州）	无
杰维斯（Gervase）	黑人	男	是	篮球教练	费城（新泽西州）	无
柯林（Colleeen）	白人	女	是	广告专业学生	迈阿密（佛罗里达州）	无
B. B.	白人	男	否	房地产开发商	堪萨斯城（堪萨斯州）	无
罗曼娜（Romana）	黑人	女	是	生物化学家	新泽西州	无
格雷琴（Gretchen）	白人	女	是	幼儿园教师	田纳西州	无
格雷（Grey）	白人	男	是	常春藤名校毕业生	科罗拉多州	无
珍娜（Jenna）	白人	女	是	全职学生	新罕布什尔州	单身母亲
乔尔（Joel）	白人	男	是	健康顾问	小石城（阿肯色州）	无

我们再比较第十九季的参加者情况，如表3－2所示，同样

可以看到其中的性别、年龄、种族和职业上的多元化倾向。从性别上来看，第十九季的选手构成仍然保持了男女各一半；在种族代表上，则出现了第一季所没有的亚裔和拉美裔，总的来说，有色人种占了整个参与者人数的1/4，比第一季的1/8有所提高；年龄构成上，40岁以上的中年和老年选手有4位，占参与者的1/5，而20多岁的年轻人的人数仍然明显占据大多数；最后，在职业构成上，同样包罗从石油商人、科学家、医生到酒吧招待等不同收入以及不同教育程度的代表。

表3-2 《生存者》第十九季选手基本情况

姓名	种族	性别	年龄（是否40岁以下）	职业、身份	住地（未在节目介绍中出现）	特别经历
莫妮卡（Monica）	拉美裔	女	是	法学院学生	圣迭戈（加利福尼亚州）	无
莎侬（Shannon）	白人	女	否	前海军陆战队队员	伦顿（华盛顿州）	无
拉瑟尔（Russel S.）	黑人	男	否	律师	格伦赛（宾夕法尼亚州）	无
埃里克（Erick）	白人	男	是	酒吧招待	钻石吧（加利福尼亚州）	无
亚斯米妮（Yasmin）	黑人	女	是	发型设计师	洛杉矶（加利福尼亚州）	无
戴夫（Dave）	白人	男	是	健康顾问	洛杉矶（加利福尼亚州）	无

续表3-2

姓名	种族	性别	年龄（是否40岁以下）	职业、身份	住地（未在节目介绍中出现）	特别经历
凯莉（Kelly）	白人	女	是	发型设计师	西好莱坞（加利福尼亚州）	无
劳拉（Laura）	白人	女	是	办公室经理	塞勒姆（俄勒冈州）	无
约翰（John）	白人	男	是	火箭科学家	洛杉矶（加利福尼亚州）	无
布雷特（Brett）	白人	男	是	T恤设计师	洛杉矶（加利福尼亚州）	无
米克（Mick）	白人	男	是	医生	洛杉矶（加利福尼亚州）	无
玛丽莎（Marisa）	白人	女	是	学生	辛辛那提（俄亥俄州）	无
吉桑（Jaison）	黑人	男	是	法学院学生	芝加哥（伊利诺伊州）	无
利兹（Liz）	亚裔	女	是	城市规划师	纽约（纽约州）	无
罗素（Russell H.）	白人	男	是	石油公司老板	戴顿（得克萨斯州）	无
本（Ben）	白人	男	是	酒吧经理	洛杉矶（加利福尼亚州）	无
迈克（Mike）	白人	男	否	私人厨师	圣迭戈（加利福尼亚州）	无

续表3－2

姓名	种族	性别	年龄（是否40岁以下）	职业、身份	住地（未在节目介绍中出现）	特别经历
贝斯蒂（Besty）	白人	女	否	警察	坎普顿（新罕布什尔州）	无
阿斯利（Ashley）	白人	女	是	水疗按摩（SPA）销售员	枫叶林市（明尼苏达州）	无
娜塔莉（Natalie）	白人	女	是	医药销售	凡布伦（阿肯色州）	无

但是，与第一季相比，在第十九季的第一集中，参加者的基本情况出现的方式和组成也有非常鲜明的变化。

首先，与第一季不同，选手的姓名和职业等客观的基本信息并不是由主持人来交代，姓名和职业这两项基本信息以文字方式出现在选手自白时图像的下方；同时，节目组也没有让参与选手利用自白的方式来进行自我介绍，甚至到第一集结束之时，也不是所有选手的基本信息都得到了展示。也就是说，这些客观的基本信息在第十九季只是作为一种背景和陪衬。但是，选手们对他人和自己的主观评价则被提前呈现。

主持人在第十九季第一集一开始即强调："这20个陌生人彼此间虽然没有交流，但是第一印象已经形成，他们要与天斗、与人斗。"① 与之同时，画面中则出现了20位选手搭乘4条小船在汹涌的波涛中劈波斩浪奋力划行的图像。接着，在观众还不知道选手们各项基本信息的情况下，选手们对着镜头开始评价他们的

① 本书所摘录引用的电视真人秀中的画外音、旁白以及人物对话、自述等，均为笔者根据电视内容记录并翻译，以下不再一一说明。

部落成员。比如，一名年轻男选手评论道："一团散发的那位女士，一定是一个野外高手，理所当然应该成为我们的领袖。"另一年轻女选手说道："那个男的看起来就是个硬汉，像比特犬一样，让人不寒而栗，我可不想招惹他。"而编辑则让被评价的人用自白的方式回应着这些猜测，比如一团散发的女士说"我就是个'人来疯'，大家都被我吸引，觉得我很酷"；而像比特犬的选手则自白说"我来这里就是要让其他选手的生活惨到像在地狱一样"等。这些第一印象以及他们对评价者的回应构成了一种对话。身体特征和肢体语言给予他人对主体的能力或是身份的猜测，而主观的意见通常与"偏见"相连，也更容易产生矛盾和冲突；但是通过节目精心编辑的被评价者的回应，却似乎在暗示，第一印象是相当可靠的。

其次，与第一季非常不同的是，选手来自何地这一基本信息没有在第十九季第一集中被提到，根据之后的调查显示①，与第一季所强调的在地域代表性上的多元化不同，第十九季的 20 位选手中有 10 位来自加利福尼亚州。真人秀中的真人在地域上的代表性可以唤起观众的共鸣，无论是非凡的人还是普通的人，它需要观众感觉到这些参与者是来自他们认知的真实世界的范围之内，这种真实是可以触摸，可以参与，因此也可以改变的。第一季的《生存者》作为一个新出现的节目形态要在激烈的市场竞争中"生存"下去，必须成功建立这一真人秀和观众之间的真实联系，因此，对地域性上的多元化也进行了细致的安排和考虑，并突出显示这一点，让《生存者》的真人具有更完整的代表性。而到第十九季时，经过了近十年的发展，《生存者》已经

① 选手在电视真人秀中未出现的信息来自哥伦比亚广播公司的官方网站的选手档案 http://www.cbs.com，以及官方微博 survivor. wikia. com。

成了家喻户晓的真人秀节目，具有全国性的广泛的观众群，观众已经形成了对其真实性的共识。对于美国社会而言，虽然不同地域的当地文化可能存在明显的区别，但是因为来自美国不同地区而引起的冲突却并不突出。加上人口长期的流动性，特别是年轻人的流动性，这使得地域的代表性对于《生存者》表达“多元化”这一概念而言不再十分重要。

加州作为这一真人秀的制作地和美国最大的娱乐“人才库”，从参与者的热情和参与者的便利性来说，的确是得天独厚的，真人秀节目也更容易在这一区域招募到合适的参与者。然而，同样值得注意的是，尽管作为美国娱乐业中心的加州长久以来吸引着来自全国的年轻人到此追逐梦想，但是，在10位来自加州的选手中，却没有一人的职业与“娱乐业”直接关联。无论其间是否存在故意隐瞒的成分，这种不对称性显示的是，虽然《生存者》的第十九季没有强化选手地域性上的代表性，但是仍然希望通过利用普通人的身份来延续真人的真实性。

从《生存者》对选手信息的展示与隐藏，我们可以看到它对普通人的定义。娱乐业的一般从业人员，或是怀揣明星梦的尚未达到其事业巅峰的年轻人，无论从生活境况还是背景而言，也都只能算是普通人，并没有特殊的名望或是财富背景。但是在社会认识当中，娱乐业是将普通人引向非凡的重要途径，而其从业人员在处于镜头之下时，通常的状态都与表演相关。表演更多的是与虚构而不是真实相联系，因此在真人秀当中它们成了对立的元素，而娱乐业也成为某种需要避讳的“反真实”的关联。

特里·帕特金（Terrie Patkin）在对《生存者》第一季进行分析时认为，观众收看真人秀节目是因为媒体所提供的虚拟集体感和身份认同，“我们通过观看这些挑选出的极少数人的竞争来象征性地构建我们的身份认同，即作为一个个体，也作为一种文化"[①]，而这种构建的虚假性首先就反映在选手组成在人口统计学上的不真实性。帕特金认为，举例来说，如果这是一个真实的沉船或飞机失事，剩下的这16人在身份背景上不可能呈现如此大的差异。笔者则认为对于《生存者》的制片而言，毫无疑问，多元化的选角是营造多元化文化"幻觉"的最直接的方式，这一方式又具有极大的难度并容易受到争议，因为无论是16人或是20人，这个阵容数量对于它所想要反映的美国社会的多元性而言都是极其受限的，其结果绝对不可能是人口普查所得到的数据的准确反映。《生存者》在刻意追求真实性和身份上的代表性之时，也是它干预和构建真实的过程。

但我们所不能忽视的是《生存者》所期望实现的某种虚拟的真实和它实际上实现的效果。选手们在性别、种族、教育背景、社会阶层或是生活方式上的多元化增加了冲突的潜力和戏剧性的要素，同时，也的确具有某种代表性。这是一种虚拟的代表性，不能等同于准确地反映现实社会，但是这种虚拟的代表性却可以反映媒体中的现实，也是大众文化观念中的现实。

第二节　对抗中的身体与身份

《生存者》选角的多元化并非随机的，而是受制于或是受到诸多历史文化定式的影响，《生存者》节目组在选角时的多元化也为节目充满足够多的戏剧性冲突打下了基础。不同生存者的身

① Terri Toles Patkin, "Individual and Cultural Identity in the World of Reality Television", Matthew Smith and Andrew Wood eds., *Survivors Lessons: Essays on Communication and Reality Television*, Jefferson, North Carolina, and London: McFarland & Company, Inc., Publishers, 2003, p. 14.

体和身份所代表的文化定式是可以最直接有效地导致观念和行为冲突的导火线，但是选角的多元化只是提供了戏剧性的潜力，《生存者》的制作方还必须利用规则和叙事来激化、凸显这样的戏剧性张力。

首先，《生存者》的节目规则中一是强调了生存者的唯一性和排他性，即在 39 天的角逐后仅有一人可以赢得百万美元和“生存者”的头衔；二是通过投票淘汰的方式强调生存者们要“从彼此竞争中生还”，凸显人际关系对于生存的重要性。仅这两条总规则就将可能导致矛盾和紧张关系的潜在要素深刻地植入了节目中，并直接影响着选手们人际交往的方式。“钩心斗角”“拉帮结派”“各怀鬼胎”等成了观众和学者在评论《生存者》所反映的社会交往的真实状况时最常见的词汇。

除去规则，《生存者》对美国社会中的某些文化定式也进行了利用，通过大量的模式化的“二元对立”的情节，凸显各种矛盾和它们被激发以及处理的过程和结果。参加节目的真人们在这里被化约为各种身体特征和身份的象征，他们的身体和身份被置于种种对抗的状态之下。男性与女性、年轻人与年长者、城里人与乡下人、白人与黑人、异性恋与同性恋间的对立都成了叙事的推动力。在这里，我们将通过第一季和第十九季中有代表性的案例来分析这种加之于真人身体和身份上的二元对立的运作方式。

一、性别的对抗与妥协

同样是考验真人的身体能力，与一般的体育竞技相比，《生存者》最引人注意的区别在于，它将男性和女性的身体置于更明显的直接对抗的地位。这种对抗在一般的体育竞技中则往往是不存在的。

现代竞技体育建立在对人的身体的“科学”划分之上，男性与女性，成人与儿童，健全人与残疾人被严格划分在不同的领域中竞技。在这种划分之下，男性的身体与女性的身体相比，具有自然而然的优势，不可相提并论。长久以来，女性被普遍隔离在男性运动之外，而女子运动与男子运动差异的标准还在于对空间的使用。女性更多是在私人的空间或是封闭的空间中运动，往往将运动作为一种塑造社会认同的身体的手段，而男性则会使用更多的公共和开放空间，运动不仅可以强身健体，也具有社交或自娱自乐的功能。克里斯·希林认为，体育运动和健身锻炼依然被当作一种维护社会不平等的手段，将女性和男性分归不同的范畴[①]。而《生存者》中的身体考验游戏却颠覆了这样的模式，这种颠覆创造了更多的戏剧性情节，也具有现实意义，它让预设的男女身体的差异受到片刻的质疑和挑战。

在更多的身体考验游戏中，女性展示了不输给男性的身体耐力和体力。例如，第一季的最后三强对决旨在考验选手的体力和毅力：3 人站在梅花桩上用一只手扶着中间的长木桩，坚持最久的人获得豁免。结果在烈日下，坚持到最后的是 3 人中的女性选手。

而女性选手对这种与男性直接的身体对抗展现出了更强的求胜欲望，更为自觉。例如，在第五集当中，挑战赛的内容是利用吹箭、弹弓和投矛 3 种方式来赢取食物，两个部落自选队员参加。在总共 3 轮的挑战赛中，前两个环节都是非竞争性的，即两个部落各自赢取能够射中或击倒的食物，并不存在明显的竞争，而到了最后的一轮投矛环节，规则就变成“胜者全赢”，即谁能

① 克里斯·希林：《文化、技术与社会中的身体》，李康译，北京：北京大学出版社，2011 年，第 129 页。

将长矛投掷得离靶心越近，谁就可以拿走所有的食物，而另一方则一无所获。塔基部落（Tagi Tribe）选出了一位女性选手作为挑战赛的最后一环的人选，编辑马上切入这位女选手的自白："另一部落很可能选一位男性选手参与这一环节的竞赛，那么我就有可能在全国电视上让一个男人丢脸了。就算我们队最后输了，只要我这个环节能击败一个男人，我就开心了。"与此对应的是，帕贡部落（Pagong Tribe）的确选出了一位男选手，而这位男选手显得并不自信，认为自己在这一环节上的表现还不如本队的另两位女选手在其他环节上的表现。

《生存者》在剪辑中，突出呈现了这位女选手的言论，除了表现这位女选手的自信，还凸显了她的态度中很重要的两点：一是选手们对自己的行为举止话语都将在全国电视上播出的清楚意识；二是作为女性，她所感觉的与男性在同等条件下竞争的兴奋和难度。

但是，《生存者》对现实观念的颠覆并不是贯彻始终的，它更多时候还是选择性地展现了某些根深蒂固的文化事实，而这也被认为是一种真实性的显现。

在第一季中，男性和女性之间的区别在很多地方得到了刻画，而且这种刻画与传统所认为的男性与女性的社会形象和社会责任非常相符。例如，在女选手对男选手的评价中，多数的负面评价都在于男选手表现出的态度和行为，诸如男选手在营地日常劳作上的懒惰和自以为是。对于一个部落而言，营地的日常劳作相当于一个家庭的家务劳动，男选手在这方面的懒惰应和着男性在家庭中对家务劳动的传统性的回避；而自以为是则暗示着男选手所表现出的对女性的男性沙文主义的倾向，习惯于发号施令和掌握事态发展。但是，男选手对女选手的评价，却多数以怀疑她们的智慧为主，比如，她们没有谋略，主意易变，不用脑子等等。这种负面评价延续的是长久以来对女性智商和理性上的歧视。

选手间的社交方式在《生存者》中也具有明显的性别区分。当几个年轻的女性选手试图要结成联盟时，她们的表现方式是外显的，以“姐妹淘”的感性方式进行情感联络。比如，改造着装，穿上同一款式的搞怪的服饰，互相按摩，帮助涂抹防晒护理油等；而男选手则通过交谈或是打扑克以及统一策略等方式来进行秘密的结盟，显得隐蔽而理性。“男性＝理性/内敛 vs 女性＝感性/外显”的二元对立是一种典型的文化定式，在这里得到了巩固。

在第一季中，虽然种种文化定式被用来制造戏剧性冲突，但这些冲突却都显得较温和，并不激烈。例如，在第一季的第六集中，性别歧视再次成为一个可能改变比赛结果的因素。塔基部落的黑人男性选手杰维斯做出了“女人是除母牛之外最愚蠢的动物”的评价，这一评价显然带有相当明显的性别歧视的意味。女性成员显然对此评价也非常反感。有女选手在自白中说，杰维斯干吗不干脆在投票时嘲笑女孩们呢，再对着镜头发出“哞哞”声，他现在这样说可不是一个聪明的举动，因为这些女孩有很大的权力把他的名字写到淘汰票上去。而有的则觉得他这样表现实在可笑，太不实际了，直接将自己置于被淘汰的聚光灯下。接下来，杰维斯又在自白中坦承自己在营地里什么都没干，其他队友划船捕鱼劳作时，他只是悠闲地陪着而已。他非常自信地认为，他将用自己的个性而非劳动来征服队友。他的自信与其他队友的负面评价形成了对比，凸显了他的无知和懒惰，进一步将他置于这一集的焦点当中，引导观众去猜测他的言论很可能让他在部落投票中出局。

在本集最后的部落会议中，主持人特别提到杰维斯是否有过类似于“女性如同奶牛般愚蠢”的言论。但是，出人意料的是，一方面，后者这时模棱两可地试图否认他说过这样的话，而另一方面，更令人意外的是，其他女选手听到主持人提及这一事件时均报以大笑，却没有任何人站出来与之正面对抗。最终，这一事件并没有引发任何的剑拔弩张的行为，杰维斯也没有因此被淘汰。这里揭示了这样一个事实，那就是在面对性别歧视时，部落中的大多数女性采用的是隐忍而非正面抵抗的策略。她们企图通过报以轻蔑的大笑来化解其中的尴尬，表达隐藏的不满，而不将之升级为性别间正面的冲突。既然女性自身已经放弃了对性别歧视的直接对抗，那么节目组对之进行淡化处理也就无可非议，既保留了节目对现实的反映，又回避了激起观众反感的风险。

二、暴露的身体与隐晦的身份

在第一季中，异性恋与同性恋之间的矛盾也被利用来制造戏剧性，但是，在节目中，这一矛盾也没有被推到格外醒目的位置，而是点到为止，只是整个叙事中的插曲，而非主线。选手中的理查德是一位男性同性恋者，节目制作方没有放过这样的噱头，他们用含蓄的方式将这一事实呈现出来。《生存者》分别在第六集和第九集中，通过展现理查德的一个另类的嗜好：喜欢裸体，从而对理查德的同性恋身份所引起的争议进行了刻画。

在第六集中，理查德的裸体成了一个议题。理查德认为队友们说他经常裸体是不客观的，他绝大部分的时间并没有这样，虽然他认为在这样炎热的环境下，裸体是最明智的选择。而被问及此事时，有的队友报以大笑，有的则认为太过不雅观，“在全国电视上这样表现，实在不得体”。值得注意的是，女队员们对之没有觉得任何尴尬，倒是指出男队员们可能被他的行为弄得不舒服。这种“反常”暗示了理查德的某种与众不同。接下来，理查德认为他的行为与他人无关，但有的选手认为他这样做太不考虑他人的感受；有人认为这是他性饥渴的表现，而做出这些评论的都是男性选手。接着，理查德进一步解释自己的行为与性毫无关系，他并没有这样去想，所以自己很坦然。这时，部落中最年长的鲁迪的评价进一步暗示了理查德的性取向，他说“我不赞同他的生活方式，他估计也不认同我的。但我们得一起合作直到部落合并”。这留给了观众想象的空间。理查德和其他选手的解释或是评论实际上都是对着电视镜头、对着观众所言，但是节目制作方将之编辑后成了一种对话的效果，形成一种含蓄的观念的对立和冲突。

而在第九集中，理查德再次因为裸体问题引发争议：他决定通过裸体一天来庆祝他的生日，并且说出了自己这样做的人生哲理：“如果我一辈子都要顾及别人是否对我的生活方式感到舒服的话，那我就没法过我的人生了。”这句话进一步暗示了他对自己同性恋身份的认同。女选手多是对此行为感到好笑，并不反感；而非同性恋的其他男选手却感到十分尴尬和不快。裸体的理查德和身为同性恋的理查德在这里达到了身体和身份的统一。穿上衣服就如同隐藏身份，而裸体则象征着他对自己这一身份的坦然接受和公开认可。

但是“同性恋者”在这一季中却没有成为贴在理查德身份上的标签。《生存者》第一季对这一事实所采用的含蓄处理可能是出于对于在全国性无线电视网上播出节目的“政治正确性”的考虑。然而，在第一季播出取得巨大成功后，电视台举行了“重聚”主题的庆祝会，再次邀请16位选手进行一场脱口秀，而此时，主持人不再需要对此问题进行避讳，直接明了地提出了同性恋这一话题。

主持人首先对年长的前海军陆战队员鲁迪提问：“你之前对

同性恋持否定意见，但是最后你却和身为同性恋者的理查德成了同盟，并最后将票投给了他，这是否意味着你改变了对不同性取向者的意见?”而鲁迪则干脆回答：“没有，只是我一开始结盟就立下了承诺，而我这个人说话算话而已。”观众和选手马上对鲁迪的回答报以掌声和笑声。同性恋作为一贯的弱势群体，在当下美国流行文化中，特别在影视剧当中开始受到认同，接受同性恋者的人们也被认为是具有开放思想的值得肯定的人。但是在节目现场，观众给予鲁迪对同性恋者直截了当的否定的言论以肯定的掌声和笑声则显示了与官方的“政治正确”并不一致的反映：大众并不反感鲁迪的回答和态度，甚至对之表示鼓励和认同。

有意思的是，身为同性恋者的理查德对于这一话题的反应也是相当敏锐的，但是同样的，他非但没有对鲁迪以及观众的反应提起抗议或是表示不满，相反，他还主动为后者的言论进行辩解：“鲁迪来自不同的年代，但他是一个非常善良的好心人，我感到和他很亲近……”但鲁迪马上回应道：“没有那么亲近吧!”这再次引发观众大笑。理查德不加理会继续为鲁迪辩解：“鲁迪的某些话听起来可能不是那么的 P. C. （即政治正确），但是他没有恶意。”

理查德为鲁迪所做之辩护反映了同性恋者在社会中无法避免的弱势地位。表面上看，理查德的辩护帮助解释了鲁迪的言论，缓解了可能产生的负面影响，但是事实上，他是对自己不与鲁迪针锋相对进行了合理化解释。如果不回应鲁迪的言论，理查德可能无法面对自己的同性恋身份；但是，如果给予强硬的回应则有可能引发更大的反弹，导致观念上公开的激烈冲突，而这是理查德无法掌控和不愿面对的。

鲁迪对同性恋的坚决反对的后面，是他所代表的美国海军陆战队的退伍军人这一特殊身份和群体，也就代表着主流文化长期所刻画的美国军人的保守和正派的正面形象。更重要的是，对军人的尊重代表着对国家的忠诚和热爱。最后，连主持人也得再次表示对鲁迪的敬意：“他是个真正的英雄，为国效力了 45 年。”这样的评论显然与其在《生存者》中的表现和刚才的言论无关，而是与鲁迪作为一个真人的身份相关。通过这一插曲，我们可以看到，对于美国社会的“政治正确”而言，“爱国”显然是一个比“接受多元化”更重要的指标，对前者的尊重足以消解掉其在后者上的偏差。

三、种族偏见与文化区隔

如果说第一季在构建这些二元对立模式时还比较隐晦和含蓄的话，在第十九季时，对于这些二元对立模式节目组运用得更加主动。其中，第十九季中对种族间矛盾的反映尤为直接，将这一问题推向了前台，推动了叙事的发展。

在第十九季的第一集中，节目组一开始即将“凭着观察外貌和肢体语言挑选出各自部落的领袖”作为刚刚登岛的 20 位选手需要完成的第一项任务。选出的领袖的第一项挑战则是要根据第一印象分别挑选出他们认为“最会游泳的”“最强壮的”“最敏捷的”“最聪明的”的 4 位选手来进行第一次比赛。这里，种族偏见占据了上风，成为检验领袖能力的标准。其中，缶阿缶阿部落（Foa Foa Tribe）的领袖米克首先挑选了身材高大的黑人选手吉桑作为“最会游泳的”成员。而吉桑表示“大家都认为高个子的黑人不会游泳，我根本没想到尼克会挑选我。但我在大学就打水球，所以我可以说我是个游泳健将”。比赛结果吉桑以绝对优势战胜了伽鲁部落（Galu Tribe）的选手，显然这里的偏见和尼克独到的打破偏见的眼光都得到了表现。但在挑选“最聪明的”人的时候，尼克则将亚裔的利兹挑选出来，利兹坦言“我觉得他挑我是因为我是亚裔，作为亚裔，我被认为有些优良的品质，他们聪明又好学，我倒不觉得这个偏见是一种冒犯；但是他们也被认为有些缺点，比如做事情鬼鬼祟祟、工于心计等，我可不想他们把这些成见加在我头上”。值得注意的是，利兹始终用“他们”而非“我们”来指代“亚裔”，暗示了她对这一身份认同上的疏离和矛盾。而在这项比赛的最后，利兹提前完成了拼图任务似乎又印证了对亚裔偏见的正确性。

在第十九季中，印刻在种族上的文化偏见以及由此引发的冲突成了第二集到第三集叙事的推力和脉络。我们将对其作为《生存者》如何利用投射于参与者身上的模式化的文化偏见进行戏剧性叙事的典型案例加以详细分析。

矛盾的起源在于在第二集中来自伽鲁部落的黑人女性选手亚斯米妮和来自缶阿缶阿部落的白人男性选手本之间的口舌之争，之后演变为本与同属缶阿缶阿部落的黑人男性选手吉桑之间关于种族主义和文化区隔的冲突。

伽鲁部落在第二集的挑战赛中获胜，作为获胜方的观察员，亚斯米妮得到机会去对方部落小访直到第二天晚上该部落的淘汰大会。在小访时她对落败的缶阿缶阿部落的表现进行了一番“不合时宜”的评价，她认为她有责任帮助这一部落更好地参与游戏，否则自己的部落就会一直打败缶阿缶阿部落，如同从小孩手里抢糖一样无趣。这样的评论引起了缶阿缶阿部落选手的不满，但这些不满多是被镜头捕捉到的选手的表情所反映的。这时只有一位缶阿缶阿部落的成员本对她的言论进行了直接猛烈的言语上的还击。亚斯米妮认为本对自己的说话方式无礼、粗暴、非常无知，这不应该是对一位“女士”说话的方式，而后者则加以否认，认为自己只是维护本部落的利益。

两人不欢而散，本对着镜头用更恶毒的语言评价亚斯米妮，

“她大嘴臭嘴，几乎是个老鸨”“完全是从贫民窟来的垃圾，应该尽早回去吃她的番茄酱和冷冻速食”。然而，矛盾激化的高潮在于次日晚上的部落大会。主持人专门提问本，让他谈谈他与亚斯米妮的争论，这时，本再次当着其他部落成员以及亚斯米妮的面，直言“她的语法完全不对，跟她对话就像跟个白痴对话。她完全是个贫民窟来的垃圾，我对她没有一点尊重”。但是面对这样的言论，此时旁听的亚斯米妮受困于节目规则中观察员的身份，只能默默接受这样的攻击，没有机会做出任何反驳。

在亚斯米妮与本的冲突中，虽然本的整个言论中并没有直接说出任何有关种族的评论，但是“贫民窟的垃圾”这一比喻已经将种族问题提上了日程。亚斯米妮并没有机会对这一比喻提出正面的反驳和对抗，但这一评论在部落会议的当场，马上被该部落唯一的黑人选手吉桑反驳。他没有直接地与本对抗，而是激动地指出：“虽然亚斯米妮说我们的队伍太弱，打败我们就像从孩子嘴里抢糖一样容易，我也不乐意听到这样的话。但是我们不要光用吼叫的方式来证明自己队伍的强大，应该是在挑战中去战胜另一个队伍，就是这样。”这里吉桑的评论只是对接下来第三集中本与吉桑之间在这一问题上的冲突做出铺垫。两人的矛盾在第三集愈加激烈，推动着游戏的走向，也制造了戏剧性的结果。

《生存者》的编辑将吉桑在这一问题上的表态分成了几个片段，从一开始仅仅指出本的言行过于粗鲁到渐渐的直接将其定义为“种族主义的”言论，每个片段都暗示着吉桑内心对这一问题越来越明显的定义和越来越强烈的在这一问题上有所作为的渴望。在第三集一开始，吉桑与其他部落男成员私下交流时，再次对本头一天的言论进行了评论。他认为本将亚斯米妮说成是贫民窟的垃圾，完全是人身攻击，他想上去揍他一顿。而在之后，与几位女性选手交流时，吉桑又更明确表示，本的言论就是赤裸裸的种族歧视，他已经无法忍受，在下次部落会议上，如果本不离开，他则要选择退出。观众在其中慢慢地察觉到，让吉桑产生强烈反应的其实不是本是否对一个女性表达了尊重，或是本的礼貌用语问题，而是本的言论中所带有的种族主义的倾向。

这一案例的价值在于，它反映了一种暗藏在和谐表面下种族主义的暗流，以及不同种族的选手对待这一问题上的分歧。本的言论在其他选手看来，可能只是有点种族主义的嫌疑，特别在其他白人男选手看来，吉桑的反应过于固执。而其他女性选手虽然对吉桑的反应表示理解，但是对吉桑的坚持和他对本种族主义的判断并不置可否。然而，作为这一部落中的唯一一位非洲裔选手，吉桑在这一问题上显然比其他白人选手的反应更为迅速和强烈，他对“种族歧视”的敏感反映了作为少数族裔在主流社会中必须保有的敏锐体察，他首先在“我们”vs“他者”的判断上表达了自己的立场。

亚斯米妮是来自另一部落的观察员，在这一游戏中，吉桑和本属于同一联盟，亚斯米妮本应该是“他者”。而本也认为自己的言论是在维护本部落的尊严，而且他的言论在部落会议上当场得到了另一白人男性选手罗素的赞同，两人甚至击掌互为支持。在第三集的部落会议中罗素也只是很含糊地指出，本和吉桑之间的问题可能是本的有些言论在吉桑听来“也许可能”（might be）有那么点种族主义意味（racial），而没有直接用到种族主义者（racist）这样严重的词语。但是，吉桑则对罗素使用了“也许可能”这种模棱两可的评价感到不满。面对谁是“他者”的问题，吉桑的判断显然已经超越了“游戏”中的“我们”vs“他者”的范围，在他看来，本的言论中的种族主义倾向把自己置于“他者”的位置，也就是说吉桑非常自然地选择了与亚斯米妮在真实的黑人身份上的认同，而不是与本在游戏中的队友身份的认同。

但是，吉桑在对抗这种种族主义的言论时采取的策略却值得玩味。首先，他没有选择正面与本就这一问题进行对抗和质询，而是通过私下向其他选手表达不满，显示了在实际生活中处理种族主义的种种言行时的压力和阻力以及谨慎。他在部落中开始为淘汰本做出游说。

但是他对本的种族主义评价并没有得到其他选手的强烈共鸣，面对其他选手希望淘汰“体力最弱”的另一位女选手的决定，吉桑只能选择用威胁“退赛”的方式来争取部落其他选手对他反抗种族主义言论的认同。“我根本不想退赛，但现在的情况下，我只能这么做，面对这样的种族主义言论，我不能无动于衷，毫不还击，我就是做不到。”吉桑之所以选择这样的方式，是把希望寄托在其他选手能够认识到在他和本之间他是目前更有价值的选手，但是这一策略的有效性完全取决于其他选手对种族主义的认识和对他能力的预计上。在一个以淘汰他人为目的的游戏中，将自己置于主动退赛的境况下无疑是相当被动和危险的。其他选手对他的表态表示不理解，认为吉桑在此事上过于固执，他们对于本的言行并没有到忍无可忍的程度，显然还并没有触到他们身份上的痛处。他们试图说服吉桑先淘汰阿斯利，他们的理由是如果本被淘汰，那么仅剩下的三个女孩可能结成同盟，联手对付男性选手。选手们都要在种族和性别间的冲突中做出选择，吉桑究竟是否会妥协，或是其他选手最终是否会满足吉桑的愿望，这样的分歧让第三集的部落会议变得悬念迭起。

在部落会议上，主持人再次将这一问题推上前台，他直接询问吉桑究竟与本发生了怎样的冲突。主持人作为节目制作方的代表，他在部落会议中的提问实际上推动并试图引导部落会议的议程，是一种切实的介入。吉桑表达了他对本的种族主义言论的不满，但是本也获得机会为自己辩解。两人在种族主义上的针锋相对可以说是整个部落会议的焦点，最具有戏剧性，而这种戏剧性在主持人貌似劝和的引导中逐步实现。最后，在主持人的引导和鼓励下，本与吉桑终于进行了正面交锋：

主持人：本，他对你的反应可真够强烈啊！

本：我一直都说，我在这里的表现一直都是始终如一的，我没有挑起过任何争吵，一次也没有……

吉桑：这不是我在说的事儿。我说的是你对亚斯米妮的评论，你叫她贫民窟垃圾的事情！

本：好啊，她就是来自贫民窟，她又是一副垃圾模样，她可不就是贫民窟垃圾，对不起，这绝不是什么种族歧视，这是你从哪里来和你如何行为的问题！

吉桑：如果你真这么想，本，那我就再提一点吧，你自以为是来自南方的谦谦君子，你真认为自己应该和女士那样说话吗？这么和一个年轻的女士说话么？

本：她可不是什么“女士”！“女士”是端庄典雅的，像我身旁这位，行为端正，会说“是的先生，是的女士，请和谢谢”，亚斯米妮完全是个婊子样，怎么能算女士呢？这个不难看出吧，我说的哪里是种族歧视呢？这完全就是我所看到的她对我的反应。如果你非要整出什么种族歧视这套，你就请便吧！

吉桑：你应该有些许历史敏感度吧！从历史来说，当某些评论被用来指向某些人群时，那就是因为种族的关系。如果你想说你的言论中没有丁点牵涉到种族主义，那可能亚斯米妮是正确的，你的确太无知了！①

① 文字稿由笔者根据节目内容记录整理而成。

如果仔细审视整个交锋过程，两人的矛盾点主要集中在对“贫民窟的垃圾”这一比喻的定位之上。本对这个评论的问心无愧和吉桑对这一用法的深恶痛绝的确是社会性和历史性的观念的碰撞。“贫民窟”（Getto）这一词语本来是指在城市当中由某一特殊的种群，而且往往是由于各种原因受到歧视的族群所聚居的一部分；而在现代语境下，这部分地区大多由处于贫困线以下的某些族群所占据，与拥挤混乱、高犯罪率的形象相连。无论是从历史上来说，还是在美国当下社会中，黑人作为一个种族，整体而言仍然处于美国社会经济的底层。在美国的口语当中，“贫民窟”也往往被用来指城市中心大多由黑人聚居的区域，比如纽约的哈勒姆区等。

美国北方大城市中的贫民窟的形成有着深刻的历史背景。20世纪上半叶的美国南方的黑人为了躲避在南方乡村所蔓延的种族主义迫害和糟糕的经济状况，大规模地迁徙到北方城市以谋求更好的生活机会，北方城市中众多的黑人贫民窟就是在大迁徙时期形成的①。这一南方黑人农民的大迁徙给北方的白人带来了恐慌，白人纷纷从城市中心“逃离”到郊区，而种族隔离制度则日益在北方占据了社会的上风。在种族隔离制度下，黑人被迫在限定的城市区域中生活和工作，而这些区域往往由于诸如医疗、教育、安全等公共设施和工作机会等社会资源的匮乏而处于混乱和贫困当中。在大迁徙时期之前较早在北方落户的黑人群体，往往由于拥有一技之长，并且在文化上早已经适应了城市生活在经济上处于黑人中的中上层，但是他们对南方黑人农民大规模迁移

① 托马斯·索威尔：《美国种族简史》，沈宗美译，北京：中信出版社，2011年，第220页。

到北方城市也十分不满，特别是他们因此被迫居住在完全由黑人组成的聚居地，从而失去了他们已经习惯的生活和居住方式。这些黑人中的精英因此成为反抗种族隔离制度的热情参与者。20世纪60年代的“民权运动”中，1968年的《公平住房法》（Fair Housing Act）规定了以种族、宗教、国籍等理由在房屋租赁和售卖上进行歧视为违法行为，这一法律让黑人中的中上层收入者搬到有更好的公共服务和社会资源的白人社区生活。但是，这同时也让城市中的黑人聚居区在经济上总体来说更加贫困，从而逐渐成为真正的“贫民”聚集区，贫民窟中由于缺乏足够的教育、医疗、公共安全、工作机会等社会资源，往往陷入恶性循环，负面的社会形象进一步加深，进一步影响到整个社会对黑人这一种族的印象。因此，无论本如何辩称自己对“贫民窟”或“垃圾”的用法属于中性，对于吉桑而言，本的毫无歉意的辩解都只能增加其种族主义的嫌疑，从而让吉桑更为愤怒。

有意思的是，在本在对他的“贫民窟的垃圾”这一用法进行辩驳之时，制作方马上插入了身为亚裔的利兹斜眼撇嘴摇头的画面，这一安排可以突出编辑的用意，即利兹对本的论调的不认同。在这之前的叙事中，利兹对于整件事情并没有表现出特别的敏感，反而她一直与其他白人选手站在同一阵线上，即认为吉桑的反应过于强烈。但是，这里利兹的面部表情似乎透露了她心中的情绪，即她对种族主义言论具有同样的敏感度，而这正是制作方希望捕捉和呈现的。从历史上来说，亚裔虽然没有经历过黑人的被奴役的历史，但是所受到的歧视和不公平对待也是长期性的和制度性的，比如1882—1943年的《排华法案》（“Chinese Exclusion Act”）是第一个也是唯一一个针对某个族裔的移民排斥法案①。虽然在现代，亚裔族群普遍重视教育，工作勤奋，从而取得了较好的经济地位，但是在社会和政治生活中的边缘地位仍然没有得到明显的改善。

本与吉桑的冲突最后以吉桑的胜利收场，本在部落投票中获得了7票中的4票，被淘汰出局。这一象征性的胜利符合当前美国社会主流的"政治正确性"的主张，但是这一胜利又并非压倒性的，即不是每个选手都认同吉桑对本的评判，这又具有一定的社会现实性。《生存者》对这一冲突的整个过程的呈现具有一定的代表性和现实意义。

第三节　"恶人"与"英雄"：生存者的定义

虽然《生存者》在选角上注意了多元性和代表性，但是，由于规则的原因，不是每一个参与者都能得到同等的被呈现和展示的机会。《生存者》最重要的叙事在于对获得百万美元大奖的那个唯一的"终极生存者"诞生过程的记录和见证。《生存者》的竞赛规则沿用了传统的竞技游戏中的金字塔形结构，即通过层层淘汰后仅有一位最后的赢家，在这一真人秀中，这一赢家除了得到百万美元大奖，还将被冠以"终极生存者"的头衔。百万美元是给予最后胜利者的物质奖励，也是其参与真人秀的最直接动力，而"终极生存者"的头衔则是通过一种命名的方式，给予胜利者身份上的认可，从而为这一真人秀的奖励增添精神和象征价值。这一头衔虽然不会为胜利者即刻带来利益，却将其置于具有代表性的象征地位，实现其从普通的真人生活到非凡人生的

---

① John F. Kenneday, *A Nation of Immigrants*, New York and Evanston: Harper & Row, 1964, p. 91.

跨越。

《生存者》采用了纪录片的技术特征，但是跟纪录片不一样的是，与其说它在见证或记录一个“终极生存者”的诞生，不如说它将普通的真人步步构建为“终极生存者”。在这一过程中，真人的身体和身份成为社会结构铭刻其上的场所，但是，真人也试图在这一过程中确定自己的社会定位。在本节中，我们将比较第一季中的“终极生存者”理查德与第十九季中的第二名，即与当季的“终极生存者”只有一步之遥的罗素这两位真人参与者。通过比较两人在节目中被呈现和构建的身体与身份，考察真人与真人秀间的多维关系。

一、理查德与罗素：《生存者》式的恶人/英雄

理查德和罗素在身体上有很多相似之处：两人 30 多岁接近 40 岁，白人男性，体格强壮，一脸络腮胡须显得粗犷不羁。他们的身体条件树立了他们在部落其他选手中的第一印象：强有力的竞争者。同样，在身份上，理查德和罗素两人都与大公司和大企业相关，前者是公司的策略顾问，后者是一个石油公司的老板。然而，两人最大的相似之处在于，他们分别在各自的那一季节目中被构建为“恶人”（villain），但实际上却都成为当季节目中最大的主角/英雄（hero）。

理查德和罗素之所以被构建为“恶人”，与他们在节目中的表现自然有密切的关系。其中他们所采取的“结盟”战术成为最重要的判断标准。理查德作为第一季的选手，他在没有任何以往媒体经验可以参考的情况下，凭借自己的社会经验，一开始就将“结盟”作为自己在这一游戏中最重要的策略，并贯彻到底。他认为其他选手都像是来度假一样，没有目的，而他则精心策划着每次投票前的战术，积极拉拢或是排挤某些选手。理查德的

"恶"在整个节目秀中主要体现为不诚实，即当被问及他是否结成了一个投票淘汰的小团体或是否制定了一个策略性的游戏方式时，他数度否认。与其他选手"单纯"的游戏目的或是在是否结盟的问题上进行良心挣扎相比，理查德的确显得心机更重，城府颇深。

但是到了罗素所在的第十九季，所有的选手都具有媒体经验，认识到了这是一个需要认真谋划的游戏，这时选手们并不再如第一季的选手一样挣扎于"是否应该谋划"这样的问题当中，而是对于"结盟"这一策略都积极参与。理查德在第一季中的"恶"在这时已经成为普遍的行为准则，而这次，罗素的"恶"则体现为他在镜头面前更加肆无忌惮地将"结盟"这一策略发挥到极致。比如，他在本部落选手睡着后故意做了一些破坏性的小动作，如倒掉饮用水、烧掉他人的袜子等，他直言他的目的在于"让这些人的生活再惨一点"，"通过控制他们的感觉，我能控制他们的思想"，"淘汰掉那些软弱的人"，并直白地说"我是最不值得信任的人"，"我觉得自己就是'傀儡'的主人，可以指使他们按我的想法行事，事成之后他们没有价值了，他们就会被像垃圾一样淘汰掉"。而更凸显他的"恶人"特性的是，他跟每个女选手结盟，编造了自己住在奥尔良，是消防员，在飓风中营救牧羊犬等故事来博取女选手的同情，但私下却称呼她们"傻妞们"。而实际上，他是一个有百万身价的富翁。他所利用的奥尔良飓风碰触了美国人在情感和道德上的一个底线。奥尔良所遭遇的飓风是近年来美国所经历过的破坏最严重的自然灾害之一，而这一飓风所暴露的社会弊端和造成的大量悲剧性故事多年来成为很多影视作品的主题，这些作品对待这一事件都采用了相当严肃的角度。因此，当其他选手听到这样的故事，他们很难直接地否认这一故事的真实性，尽管他们可能心存疑惑。而任何利用这样的悲剧来达到个人目的的行为显然是可鄙的。

仅从节目最终所呈现的结果来看，将理查德和罗素定位为节目中的“恶人”似乎合情合理，但是，如果我们仔细分析两人的言行如何被选择性地组合和呈现，则能看到节目制作方在其中所起到的积极的引导作用。

首先，理查德和罗素表里不一的行为，根据社会学理论，是典型的社会生活中个人的前台和后台表现上的差别。“前台是指个人扮演正式角色的社会场合或接触活动；他们正在进行‘舞台表演’。……后台则是人们积蓄支持力量并为更正式场合的互动做好准备的地方。后台类似于剧院的后台或者摄制电影时镜头之外的活动。当安全地躲在场景之外时，人们才得以放松，并可以宣泄一下感情，充分表现自己的行为风格，这与他们在台前一直拘谨的行为完全不同。”[①] 理查德和罗素的相同之处在于，他们在参与《生存者》节目时，都非常清醒地认识到他们在参与“游戏”，并自然地将其与自己的“真实生活”区分开来。但是，当他们被要求面对镜头独自做自我陈述时，他们忽略了自己仍然处于“前台”当中，放松警惕袒露了“后台”情绪。《生存者》一方面要求参与者信任摄影机镜头，尽情抒发自己的想法和感受；另一方面，在最终的节目中，却将后台的行为推向前台。在这样的设计中，理查德和罗素对自身策略的合理隐藏不可避免地成了“狡猾”和“不诚实”的行为。

此外，除去将后台行为推向前台，《生存者》还通过画面的编辑组合以及主持人的诱导性提问步步构建和巩固两人的恶人形象。比如，为了显示海岛条件的恶劣，各种危险的野生动物的画

① 安东尼·吉登斯：《社会学》（第4版），赵旭东等译，北京：北京大学出版社，2003年，第89页。

面，如毒蛇、豹子等，常常穿插其中，但是，它们通常仅仅是被呈现，而没有真正出现在选手们的身边，和他们发生直接的接触。然而，唯一的例外出现在理查德和毒蛇嬉戏的一幕当中。在本季的第五集当中，突然出现了理查德在海滩上拿着树枝挑逗毒蛇的画面。面对毒蛇，理查德显得非常镇定，他与之嬉戏，并面对镜头宣称他知道它很致命，但是他知道如何判断它的行动和应对它。而他认为，比起毒蛇，马蝇更让人厌烦，这让他回归到了普通人的状态。

毒蛇和马蝇在这里成为塑造理查德个性的道具，而不是塑造海岛的严酷性。也正是在这一集中，“结盟”问题也在部落会议上被主持人第一次正面提出，没有防备的理查德对这一提问采取了回避和否认策略。这一环节一方面显示了理查德过人的勇气和理智，另一方面也让毒蛇的形象与理查德的形象产生了关联。接下来，在第十三集的终极表决之前，“毒蛇”再次被正面提出。理查德和另一女选手凯莉成为最后的两位生存者，所有被淘汰选手在投票选出终极生存者之前，都要对他们进行提问或评论。其中，最后出场的苏珊进行了最为犀利的评论，她直截了当，将理查德比喻为毒蛇，把凯莉比喻为硕鼠，因为前者一直狡猾地玩着整个游戏，而后者则背叛了自己。她明确表示将支持理查德，并呼吁其他选手应该遵从“大自然”的召唤，“让毒蛇吃掉硕鼠”。在第十九季当中，如我们在上一节中所分析的，罗素的形象则从第一集当中就与好斗凶恶的“比特犬”相关联。《生存者》对罗素具有攻击性的刻薄自述的集中使用，让其傲慢自大、阴险狡猾的形象得到了进一步的巩固。

更有意思的对比在于，第一季中，节目方在大结局之后的重聚派对（Reunion）这一集中，公布了针对《生存者》所做的调查，结果显示，大多数观众认为理查德不应该是节目最后的获胜者；相反，在第十九季中，节目方增加了观众心目中的获胜者这一奖项，而根据观众投票，罗素是最应该获得“生存者”头衔的选手。理查德不应该成为胜利者的原因是，观众觉得他的游戏方式不太公平；而罗素应该成为胜利者的原因在于他的游戏方式是最具有“游戏”精神的。实际上，我们可以看到理查德和罗素相比，理查德的策略更简单含蓄，既没有包括太多的“阴谋诡计”，也没有针对某一其他选手有太过分的评论；而罗素则是夸张、张扬的，洋洋得意地使用了种种“下三烂”的手段激化矛盾，并且在评论其他选手时也更为尖酸刻薄，毫不留情。但是，经过十年的收视渲染，罗素式的夸张已被接受为一种合理的，甚至让人有好感的“表演”式的游戏方式。他“玩”得很尽兴，如同电视剧中的一些反派角色受到追捧一样，观众也不再对此有太多的道德评价。《生存者》式的“恶人”形象已经被接受为游戏中的英雄。

罗素在《生存者》中的行为正是他所理解的从一个真人秀外的普通人到真人秀中的普通人身份上的转换，而他的理解正是基于他的媒体经验，可以说他自觉地将真人秀的行为标准内化为自身的行为方式。第一季中的理查德以“恶人”的形象赢得了百万大奖，并成为第一个“终极生存者”的得主，他实际上成为《生存者》第一季造就的英雄。这体现在之后的节目当中其他参与者对理查德策略的认同和模仿。罗素对“结盟”的极端使用正是这一恶人/英雄形象在大众接受中持续巩固的结果。

在本季之后的第二十季，《生存者》为了纪念这一真人秀节目所走过的路程，将主题定为“英雄 vs 恶人”，即邀请过往节目中出现的人物中，被公众认为是“英雄”形象和“恶人”形象的参与者再次进行对决。这一主题再次印证了《生存者》根深蒂固的“二元对立”的逻辑方式和叙事模式，真人们实际上的丰富性、多元性和复杂性被选择性地呈现为模式化的冲突和对立。真人秀的真人个性和表现的真实性在这十年中被渐渐稀释，观众接受并认可了《生存者》的媒体呈现的真实性和现实的虚构性并存的事实。

二、真实人生与游戏人生：生存者的自我定位

然而，面对《生存者》对自身的塑造，理查德和罗素无论是在节目当中，还是在节目之外，都在与之进行博弈。这种博弈也都是通过其自身的肉身呈现来实现的，是个体定位于社会的手段。但是，理查德和罗素的种种进行自我塑造的努力在面对更强大的媒体刻画和社会舆论时，不得不采用更迂回的甚至是以退为进的战术。

在第一季节目中，理查德利用一切机会，无论是自我陈述还是在部落会议的自我辩护中，坚持认为自己不过是策略性地进行了一场游戏而已，并且自己的言行在游戏当中是极为一致的。第一季中的理查德并无意成为“恶人”，他始终强调自身行为的合理性和道德性。以理查德为首的联盟中的成员都对“真实人生”和“游戏”进行了严格的区分。理查德联盟的成员在自白中不断强调“这是一场游戏，如果你是来交好朋友的，那你应该去夏令营”。他们认为，将“游戏”与“人生”严格分割开来是成熟者的标志，人要在不同的情境下做出不同的举动，采取不同的策略。

然而，其中的悖论却是，“游戏”通常的娱乐性和超现实性在理查德联盟中被“严肃性”、“残酷性”和“真实性”所取代。他们的目的性更为明确，也就是说，这场游戏及其结果对于他们而言是非常严肃的、值得付出精力和脑力去精心策划的，因为其结果是真实的，毫无疑问获胜者的人生轨迹会因为百万美元和

“终极生存者”的头衔而发生改变。事实上，对所有参与到《生存者》这一游戏当中的选手而言，游戏的结果和进程都可能给他们的真实人生带来切实的变化，这也就是他们在这一过程当中产生内心挣扎和行为波动的原因。

在第一季的重聚派对上，当有选手认为这个“秀”有很大的人为制造的成分，他们都是和电视上看到的人不一样的性格和人物时，理查德却又第一个站出来维护这一真人秀的真实性。他认为，“人为制造”（manufactured）的这一说法不应该被误解，这个“秀”只是有选择性地呈现了一些东西，从而让整个过程得到了全面和准确的呈现，整个制作团队的工作做得很出色。理查德的评价似乎与他自身之前的否认自相矛盾。选手们对于《生存者》对自身的呈现的不同评价，是对真人秀的真实性的预期和定位的不同造成的。我们可以说，《生存者》对整个游戏过程的展示体现了准确性，但是对人物的呈现却存在片面性。这是因为前者是叙事性的，客观性强，而后者却是评判性的，主观性强。理查德不能否认《生存者》当中关于他的叙事的客观性，其中展示的所有内容都是他作为主体做出的，并没有虚构和捏造的成分。而且，作为《生存者》第一季的“终极生存者”的获得者，要让这一头衔在真实世界持续具有价值，他不得不维护这一节目秀的合法性，从而让自身增值。

与理查德不一样的是，罗素在第十九季节目中，无论其行为还是语言都显示他乐于成为节目中的“恶人”，他以此为豪，对此丝毫不否定，而节目组也极力配合渲染这样的效果。第一季中的理查德认为来比赛就是为了钱，所以大家为了这一目的所使用的手段都得到了合理化解释；而罗素则直言，他不缺钱，他比赛的目的不是为了钱，而是为了证明要赢得这一游戏是多么的轻而易举。其实罗素的自信也来自于他对《生存者》多年观看的结果，他为了印证自己已经掌握了《生存者》的秘密而来参赛，他在节目中的行为可能是卑鄙的，却显示了一个人企图打破强加于他身上的规则来进行自我认识和身份认同的过程。他坦言，他的种种放肆的言行都是为了证明自己有能力打破《生存者》以往的规律，成为凌驾于节目之上的真正的“生存者”。

然而，与理查德一样，罗素在离开了节目所设置的场景，即离开游戏的空间回到重聚的现实场景时，他开始否认节目中所塑造的形象和人格是他日常生活真实的面貌，真实生活中自己不是“恶人”。而且他不再对自己节目中的行为处事方式肆无忌惮地宣扬，而是低调地辩解道，自己之所以这样，正是因为他觉得既然参与了这样一个娱乐大众的游戏，就要有娱乐精神，这样的行为处事才是有理的。他甚至对被认为是“恶人”感到委屈，因为他完全遵守了游戏的规则和精神。

罗素对自身行为方式态度上的转变深刻地反映出了具身性主体面对社会结构时的反抗与妥协，为了更好地“生存”下去，他的行为处事显得并不统一。他提到自己的女儿在学校被同学问道，有这样的父亲是一种什么样的感受，而他女儿则发现，父亲的“恶人”形象反而让她们成为校园里他人不敢招惹的对象。罗素完全可以体会到自己在媒体中的形象已经影响到了现实生活。矛盾的是，观众们一方面理解和认同罗素在游戏当中的行为方式，认为其非常真实地体现了游戏精神，但是另一方面，却又没有把两者决然地区分开来。

《生存者》这一真人秀在制作和播出间有很长的时间间隔。为了在播出时保持悬念并产生即时感，所有的选手都与节目方签订了保密协定，在播出结束前，不能透露任何相关内容。但是，在播出完成后，让选手们再次重聚成为它的特点，其目的是让观众看到“真实生活中的选手们”，并询问他们在经历了真人秀历程后的改变和感悟。重聚秀在场景的设置上，与脱口秀相似，选手们是嘉宾，面对现场的观众。重聚秀成了将游戏中的生存者与真实人生中的生存者进行过渡的必要仪式。

在这里选手们第一次切实体会到了成为名人的感觉，素不相识的观众成了他们的拥护者。这时，选手们衣冠楚楚，回归文明的会客厅，大家彬彬有礼，气氛和谐热烈。主持人强调，这也是一个全新的部落会议，我们召集了选手们的家人朋友和粉丝们，今天没有联盟、豁免和投票，只有你关心的想问的问题，和其他悬而未决的谜底的揭晓。选手重聚如同一次集体的心理干预，让选手们通过回忆、再次叙述、交流，来完成他们蜕变的最后一程。

在第一季中，理查德的外表变化最为明显：在海岛上满脸络腮胡的他，看上去更像哲学家或谋划者，与蛮荒的海岛也很契合，倒是与固定思维中的同性恋的形象相去甚远，而现在，则以清爽的无须造型露面。主持人评价说："几乎让我们认不出来了，现在的你是否也不一样了呢？"理查德则回应："我还是那个我，没有改变，在岛上大家可能觉得我是邪恶的代表，但是这不是事实，我只是按我的方式玩儿这个游戏。"

最早被淘汰的索尼娅在《生存者》中的头衔是"癌症康复者"，而在重聚派对当中，则是"音乐家"。显然，回归文明后，真人们的职业成了他们身份最重要的标识，而在蛮荒之中，他们的身体成了他们身份的标识。索尼娅坦言，自己在海岛上时，被淘汰了也没有什么感觉，但是回来后，当发现这是一个四千万人收看的节目时，就不免感到有些羞愧，真不是个光荣的事情。第二个被淘汰的 B. B.，作为房地产商人，也坦言这个经历对自己而言不成功，参加这个节目可能是自己做过的最糟糕的决定，有些后悔。两人的遗憾在于，这个节目没有展示出真实的自己，观众们只看到了失败的一面，并将用这种媒体经验来判断现实中的自己。

“生存者们”离开了《生存者》的游戏人生后，仍然必须在真实人生中继续生存，然而，《生存者》已经不可避免地介入了他们的生活，这两者无法截然区分开来。这种介入不仅是象征性的，而且是实质性的。德伯拉·哈尔伯特（Debora Halbert）深刻地指出，以《生存者》为代表的这一类型节目让参与者所缔结的保密等合约，对美国现在通行的公众权的原则提出了挑战。在他们与电视制作方所签订的条约中明确规定，制作方拥有对摄像胶片的所有权，有权决定如何使用、剪辑，按照对一般电视电影的规定，这些胶片也是属于制作方的财产。因此在法律上，生存者们已经失去了对自我媒体形象的维护权。而参与者被要求签订保密协定，即在电视节目播出完成前，不得跟任何人泄漏自己在参与中的任何细节，而这些细节正是他们的生活，这又让他们失去了对自己真实生活的叙事权。最后，参与者的合同中还包括对他们参与后的自由的约束：他们在节目完成后的至少三年内，接受任何商业活动都要接受制片方的审查。这些参与者在这种由各种法律条款所制成的社会网络中，失去了自己讲述故事的声音和能力，他们失去了主体性，成为客体和最无力的人①。

然而，面对如此苛刻的条件，生存者们仍然年复一年地参与

① Debora Halbert, “Who Owns Your Personality: Reality Television and Publicity Rights”, Matthew Smith and Andrew Wood eds., *Survivors Lessons: Essays on Communication and Reality Television*, Jefferson, North Carolina, and London: McFarland & Company, Inc., Publishers, 2003, pp. 35 – 55.

其中。正如波德里亚关于拟像社会超真实的理论所分析的一样[1]，这是因为真实在拟像社会已经是被媒体约束的真实，呈现在媒体上的才为真实，因此参与者虽然出让了自己的真实人生，但是得到了进入超现实的机会、实现拟像的真实，《生存者》因此赋予了生存者们媒体化生存的意义。呈现在荧幕上的生存者现象以及参与者和观众的心态与行为，都显示了媒体如何将人的身体作为社会化的场所，而具身性主体又是如何将自己的身体作为定位于社会的手段。

第四节 《生存者》的生存规则：自然态的身体与文明化的身体

以“生存者”命名是节目制作方对文化现状的第一个预期，它迎合现代美国人对生存状况的隐忧和期待。需要谨记的是，节目制作方拍摄了大量的原始电影胶片，而最终出现在节目中的是经过了反复剪辑、最符合制片方的叙事线路和显示制片方的叙事目的的部分，因此从最后播出的成品节目可以看出制片方的叙事所倾向的或引导的价值观。《生存者》中各种象征形式的调用试图构建一个群体在孤岛上求生所应有的状态，是制作方所理解的生存的本质，也就是这一节目所具有的或者说想构建的最重要的文本上的社会象征意义；而当这一象征进入流行文化的话语当中

① 波德里亚在1976年出版的《象征性交换与死亡》（*Symbolic Exchange and Death*）中首次提出“拟像”概念，又在1981年出版的《拟像》（*Simulation*）一书中对其进行了具体阐释。拟像是一种真实和想象进行混合的审美幻境，是代码的表演，它既有虚幻性，又有真实性。具体参见汪民安主编《文化研究关键词》（江苏人民出版社，2007年，第215－217页），以及 Jean Baudrillard，*Simulations*，（Columbia University，1983）。

流通时，受众对这些象征的解读、接受和利用又赋予了这一象征多重的文化象征意义。

在《生存者》中人的身体是推动叙事和将选手行为合理化的中介。《生存者》将身体置于自然中进行考验，身体承受的痛苦越多越久，则越能获得奖励。海岛恶劣的自然环境得到极大的渲染。比如，风雨交加的夜晚，选手们在简陋的草棚下忍受寒冷和潮湿；食物的匮乏，让选手们饥肠辘辘，不得不食用老鼠、蜥蜴等已经退出了西方文明社会餐桌的食物。当选手们食用这些“异常”的食物时，他们采用的却是文明化身体的术语。比如，“我只想得到足够的蛋白质来维持体力，这样才能为之后的竞赛储蓄能量”，来为自己自然态身体的需求做出合理性解释。

除去自然条件的考验，《生存者》中多个竞赛环节的设置，乃至最后三强的终极对决都体现出对身体的看重。选手们的体力和耐力成为大多数游戏着重考验之处，而同样，具身性主体的身体承受越多的痛苦和考验，对奖励的渴望也越发强烈，失败后的痛苦也更加深刻。《生存者》的竞赛奖励无论是食物还是毯子或是床，都主要是满足身体的需求，而获胜一方得到奖励后的喜悦，不仅在于身体得到了安抚，还在于得到安抚后的身体能为之后的竞赛积蓄力量。在《生存者》中受到磨砺的身体，在回顾文明社会的生活时，会表示出对文明社会所能提供的身体上的舒适和安全的向往和依恋。种种在美国现代生活中习以为常的物质条件，如床垫、干净衣服、热水澡，或是最普通的日常食物，如咖啡、黄油或是比萨，都让选手们欣喜若狂。

然而，《生存者》虽然将身体置于自然态之下，但调用的游戏规则却是文明化的，这又将自然态的身体框定在文明的制度下，也让自然态的身体必须接受文明化的洗礼。《生存者》在其节目秀的宣传图标上采用了“以智胜出、以技胜出、坚持到底”

（“Outwit，Outplay，Outlast”）的标识语，明确将竞争作为节目的理念。但值得注意的是，其采用的竞争机制并不同于任何竞技体育的规则，更多的是借鉴了政治体制的组成方式。

《生存者》的游戏进程运用投票作为淘汰机制，每个被淘汰的人都是由幸存的参与者投票产生的，而最后的两位幸存者则又要依靠之前被淘汰的参加者的投票产生。诚然，这种金字塔形的生存者产生机制是在体育竞技中普遍采用的方式，但是，通过赋予过往的失败者投票权以确定终极幸存者，也即百万美元赢家的地位，却是《生存者》区别于一般体育性竞技的重要之处。它由此期望观众关注整个竞争过程的公平性，它非常符合社会等级的金字塔形的现状。这种过程的公平性并不等同于结果的公平性。它想要传达的是虽然共同的成功是不被金字塔形的游戏结构规则所允许的，但是建立坚实的支撑金字塔尖顶的基础是必需的，而这显然是每个参与者想要最终成功必须接受的挑战，也是节目想要最终实现的叙事神话。

这种竞争规则采用的是你死我活的淘汰制，最终只有一个胜利者，没有双赢，也没有共存，但是《生存者》的胜利者之所以能够胜出却并不是依靠某两个具身性主体之间直接的身体或精神对抗，而是依靠他们对其他主体的影响力。“结盟”由此成为非常重要的游戏策略。但是，比较《生存者》的第一季和第十九季，我们可以看到这一理念并不是一开始即得到了普遍的社会接受。在第一季中，作为一个从未有过的节目秀的参与者，“什么是道德的游戏方式？什么是‘公平的竞争’？”成了参与者思考得最多的问题。

《生存者》制作方表面上为生存者们营造了一个公平的竞争环境，他们只负责制定游戏规则并确保规则得到遵守。无论是精神上或体力上的，参与者只能从制作方得到最基本的支援，除此之外，其余的都要靠他们自己利用已有的资源去争取。这种安排似乎迎合了当时美国布什政府的执政方向和期望民众自力更生、不等不靠政府福利的理念。但是，这样的规则却给参与者施加了巨大的求生压力和强迫性的规则认同：参与者只有权在规则下"平等"竞争，而没有权力对规则做出任何修改和抗议，比赛过程中鲜有出现过质疑、抗议或者要求更改规则的例子。

除去淘汰规则的制定，对冲突的呈现突出展示了《生存者》的叙事倾向，冲突的真实是一种感性的真实。如戈达德就认为尽管真人秀制作上有大量的编辑剪辑，并非原始拍摄素材的简单呈现，然而让真人秀真实的原因是真人秀节目实际上产生并呈现的社会交往的自然性，包括常见的冲突模式。这些没有背诵台词的参与者在节目所表现出来的交往模式可以用来描述任何情景下的社会生活的同样的理论来加以描述。因此，尽管真人秀参与者所置身的场景是非真实的和非典型的，但是其中反映的社会生活理论上是正常的、真实的。这种社会交际意义上的真实体现在参与者在节目上的行为，也体现在制片方在剪辑时所作出的对这些行为的阐释，因为这些阐释让他们最终决定在节目最后的成品上展示哪些部分达到哪些效果，进入社会交际的范畴。无论制作方是否意识到，这种决定是非常真实的能够被社会学所解释的行为①。

发生在《生存者》中的冲突的确是真实的，但它是一种特定"规则下"的真实。这种特定规则下的真实并非在现实中没有依托，而恰恰是回应了观众对现实某些方面的观察和思考。很

---

① Ellis Godard, "Reel Life: The Social Geometry of Reality Shows", Matthew Smith and Andrew Wood eds., *Survivors Lessons: Essays on Communication and Reality Television*, Jefferson, North Carolina, and London: McFarland & Company, Inc., Publishers, 2003, p. 73.

多观众表示难以接受却又不得不接受“不公平的结局”，即最有心机、长于算计他人的人得到了最后的大奖，而这却正是日复一日在身边上演的现实[①]。萨科博雷（Jennifer Thackaberry）对《生存者》中的“办公室政治”的隐喻做了深刻的分析，她指出《生存者》播出前期，为了让遥远背景下的荒岛竞赛能够吸引置身城市中的观众，制作方和播出方反复使用“办公室政治”这样一个隐喻。而随着节目日渐流行，“生存者”又成了“办公室政治”的隐喻，它给予人们一个可以在办公室空间内谈论原本禁忌的“办公室政治”的机会，而《生存者》实现的这种社会功能正是其流行的原因。她同样认为虽然两者具有某些相似点，但是两者之所以在文化话语中和认识中成为互为暗喻的双方，并不是两者在本质上的等同，主要原因是制作方一开始的特意暗示和引导，加上媒介参与各方的合力，加深了两者间的联系[②]。同样对《生存者》的结果不满的舆论认为，《生存者》狭隘地表现了现代工作场所的竞争，他们认为在真实的环境下，竞争不见得也不可能是这样赤裸裸的背信弃义，因为“小岛”和“游戏”的前提设定让《生存者》无须顾及名誉和美德对于长远的利益的影响，所以选手们所表现出的只能是急功近利的丑陋[③]。

但笔者认为，选手所表现出的尔虞我诈并不仅仅是由于选手无须考虑长远利益，更重要也是更值得关注的是，他们表现出了对游戏规则的严格遵守：为了达到规则的要求，成为团队中唯一的幸存者，他们不得不竭尽全力，运用体力、智力、毅力和策

① Matthew Smith and Andrew Wood eds., *Survivors Lessons: Essays on Communication and Reality Television*, Jefferson, North Carolina, and London: McFarland & Company, Inc., Publishers, 2003, p. 166.

② 同上，第 174 - 175 页。

③ 同上，第 167 页。

略。而那些被认为是“不道德”的作为却完全符合游戏者的道德，因为作为游戏的模范参与者，他们顺从规则，而不违背、创造或是挑战规则。《生存者》所蕴含的这一生存状态的象征，比其所刻画的“冲突”和“竞争”的生存状态更为深刻，却没有成为观众和批评者的关注点，也更为清楚地反映了表征所能实现的巧妙的意识形态的功能。

小　结

以《生存者》第一季与第十九季为例，本章着重分析了贯穿《生存者》这一真人秀发展中的“多元化”理念，真人的身体和身份成为《生存者》塑造多元化社会的手段，真人们化身为性别、种族或是生活方式等不同文化群体的代表，而真人们观念间的碰撞左右着他们的行为和反应，成为《生存者》真实性和戏剧性的来源。

虽然这一真人秀展现的是多元，倡导的是多元，但是规则的象征导致最后产生的效果却恰恰是排斥多元，冲突和竞争成了比共存更明确的讯息。按照汤普森的分类方式，象征元素可以分为“展示性象征”和“功能型象征”。笔者认为，种族、年龄以及性别在《生存者》这样的真人秀节目中属于展示性象征，而节目当中所呈现的真人们所采取的策略以及其晋级方式等则是功能性象征，后者在象征的社会效应方面是压倒前者的。“恶人”与“英雄”的二元对立在《生存者》中被频繁使用，但是“恶人”又往往成为实际上的英雄。他们要么通过获得百万大奖和“终极生存者”的头衔来证明其价值，要么通过其炫耀性的表现赢得公众的认可。最终，恶人与英雄变得无法分割。所以，虽然展示性象征倡导表征的是对多元化的容忍包容，功能性象征强调暗示的却是排斥异类求得生存，而这种排斥得到了游戏规则的肯定和回报。

同样，受众所处的社会现实也将影响他们对这些象征形式的接受和理解。在美国所实行的民主制度中，政治领导的选举是至关重要的一环，而投票选举尤其强调参与者必须遵照规则，选择一边，才能参与其中。在多元文化并存的社会中，个体同样必须通过不断地甄别和排斥他者，拉拢各种暂时性或长期性的具有相似利益诉求的盟友，从而在社会中取得身份上的认同感，并获得生存。虽然《生存者》对多元文化的包容进行了呈现，但是，功能性象征对这一展示却具有破坏性的作用。受众同时接收到文本传递的两种象征，但后者却更具有说服力和影响力。

在《生存者》这一真人秀中，最大的对比在于人的身体所处之境况，它织就了整个节目秀的象征之网。生存者的身体被置于极不文明的条件之中，在这一条件之下，身体必须调整熟悉的文明化的生存方式。在这一调整中，他们需要重新建构自己的身份和定位。然而，文明社会的结构已经深刻地烙在了他们身上，他们的社会化体验让他们在荒岛上自觉地重建了一个微缩的社会。在这里，他们的社会化身份和思维方式的冲突如同在文明社会中一样激烈。为了身体的生存，他们需要互相扶持，但是为了社会化的生存，为了在社会中占据金字塔的顶端，他们又必须相互竞争。竞争的方式和策略则可能因人而异，但是在规则的指引下，却印证了受众对于自身个体和社会定位的想象。

一方面，《生存者》为真人参与者们提供了一个超脱文明社会的非凡经历，身体既缺乏物质文明的支撑，却又得以暂时摆脱文明社会物质上的限制，回归本真的状态，最大限度地激发身体的潜力。但是另一方面，这一经历的最终目的是为了回归文明社会，并且得到更大的物质享受。在这一经历之中，真人们始终无法真正逃离文明社会的诱惑与束缚。《生存者》的观众们在消费着带有异域情调的脱离现实的生存者游戏时，又借此来重新审视现实中自我与社会的关系。

如果说《生存者》更多的是用一种隐喻的方式构建了一个现代美国社会的微缩景观，并以此来与受众产生共鸣与互动的话，本书在下一章中讨论的真人秀《学徒》，则将真人们还原到现实的社会场景当中。《学徒》将真人们置身于纽约所代表的美国文明社会最炫目的繁华当中，却依然让他们面对生存竞争的考验。它因此提供给我们另一个视角来考察真人秀所构建的真人与社会的关系，并以此阐释真人秀如何通过真人为中介，消解因制度性的不平等可能带来的对社会公正的质疑。

第四章

真人秀中的身体与资本：以美国全国广播公司电视台《学徒》为例

“要是你能拥有这一切会如何？”

——《学徒》第一季片头（2004 年）

《学徒》（*The Apprentice*，又译为《飞黄腾达》）是一档在美国全国广播公司播出的真人秀节目。自 2004 年初首播取得轰动效果以来，这一真人秀节目已经连续播出超过十年，一直保持着较高的收视率和广泛的社会效应。在《学徒》中，来自不同背景的对商业具有热情和才能的 16 位到 18 位候选人，通过 13 周至 15 周步步淘汰的面试，角逐成为纽约房产大亨唐纳德·特朗普（Donald Trump）唯一的“学徒”的资格。这一资格承诺将带给获胜者一份起始年薪 25 万美元的工作合同，为特朗普打理其集团旗下的一个子公司或项目，从而能够有机会步步高升，飞黄腾达。

《学徒》的创作者马克·伯内特（Mark Burnett）也是《生存者》的创作者之一，但是，与《生存者》不同，《学徒》是美国原创的，贴上了更加鲜明的美国标志的真人秀。在这里，“非凡”的元素不是场景或是经历的奇异，学徒们需要完成的任务都发生在贴近美国人日常生活的场景中，所涉及的商业活动都与美国人所熟悉的品牌相关。《学徒》非常切实地展示了美国人日常生活与商业消费之间真实的密切关系，并把这种关系巩固和提升到了国家命运的高度：美国的繁荣和强大就在于商业的繁荣和强大。

从表面来看，《学徒》只是一档商业类的真人秀节目，有学者认为正是其中所包含的求职和职场要素为它赢得了广泛的观众群，并激起了强烈的社会反响。实际上，笔者认为《学徒》最大的影响力不在于它能够提供多少关于如何求职或是做生意的信息，更重要的是它构建了一种普通人普遍向往的“非凡的真实”，即坐拥亿万财富、极高的社会地位和响亮的名誉。真人出镜的特朗普和学徒们将这种真实肉身化，它以普通人都会经历的“求职”这种方式让这种真实似乎触手可及，因此对《学徒》的消费满足了受众对名流生活和美国梦实现的渴望。

本章将集中分析《学徒》的前三季，第一节将考察《学徒》如何持续地通过构建模式化的真人们的多元性来建立一个丰富多元、具有冲突性的社会现实以及其中发生的微妙的变化；第二节中，笔者将分析这一真人秀中最重要的真人参与者特朗普，他的身体和身份是如何被媒体利用，符号化为美国式成功的象征，而他又如何利用这一平台塑造现实中的自我；最后一节将关注和探究《学徒》中的各种象征形式如何互相呼应、支撑和巩固占统治地位的意识形态。

第一节 《学徒》中的多元冲突模式

《学徒》作为一档以求职为目的，以商业竞争为考验方式的真人秀，在挑选参与者时，面对的是比《生存者》要窄的选择面，即具有商业背景的年轻人。但是，从《学徒》第一季到第三季的选手构成来看，《学徒》也试图从参与者的性别、种族、籍贯、职业和学历上体现多元性，而这种多元性为《学徒》之后叙事中的戏剧化冲突进行了铺垫。

在性别构成上，这三季真人秀中，无一例外地，男女选手均各占一半。而从种族构成上看，每一季中都有 1 至 2 名非洲裔选手和 1 名亚洲裔选手。但是，《学徒》最主要的是试图从职业和学历构成上来体现多元性。比如，《学徒》第一季一开始就强调了选手们在这方面的多元化构成："他们来自各行各业，有的有博士学位，或是毕业于哈佛，也有的是自学成才的企业家，有自己的餐馆，或是就职于世界知名房地产公司，也有的是高中毕业生，或是只有在小城市经营的经验，生平第一次来到纽约。"随后的选手自我介绍中，选手们简要地提供如下信息：姓名、籍贯、学历和职业背景，伴随着他们的自我介绍，出现的画面或是农场，或是建筑工地，或是繁华的都市，暗示他们的社会背景。

社会学家往往将主体的社会角色构成进行"先赋地位"和"自致地位"的区分。"先赋地位是根据你的种族、性别或年龄等生物属性'指定'给你的……自致地位是通过个人努力获致的。"然而，"在任何社会中，都有一些地位比其他一切地位优越，通常决定着一个人在社会中的总体地位。社会学家称这类地位为主要地位。最常见的主要地位是基于性别和种族的。社会学家已经发现，在接触中彼此的性别和种族是人们首先注意到的事情之一”①。

与《生存者》明确地提出要对生存者们的身体和头脑/智慧进行双重考验不同，在《学徒》中，学徒们的主体价值似乎仅仅聚集在头脑/智慧之上。但是，无论是《学徒》的选手构成还是节目过程中的规则设计，以及其叙事中所强调的戏剧性冲突，都仍然来源于真人的身体和身份的模式化的多元性。《学徒》通过对选手各种自致地位属性的强调，试图强化这一真人秀的公平性和包容性。但是，种族、年龄和性别等先赋地位属性却是它在进行戏剧化冲突时的首要选择。

《学徒》沿用了《生存者》的竞争模式，即首先将16名选手分为两组，每周完成一项任务，淘汰落败一方中的一人。然而，与《生存者》不同的是，《学徒》的分组更加刻意地将一些根深蒂固的二元对立模式植入当中，试图引发戏剧性和冲突。在第一季和第二季当中，分组都首先以性别进行；而在第三季中，则将选手的教育背景，即是否接受过高等教育作为分组原则。以下，我们将主要针对分组原则所引发的戏剧性的多元冲突和其中的资本竞争的模式化进行分析。

一、女性/身体/性感与男性/头脑/理性的对立

《学徒》在第一季即采用将男性和女性分为两组进行对抗的分组模式。与教育背景、工作经历、出身、地区、种族相比，最容易实现的数据平衡即男女比例的平衡。这种性别平衡体现在《学徒》选角的各个细节，包括特朗普的助手也刻意选择了一男一女。但是这种数字上的平衡更多是遵循自然选择的分类，并不

① 安东尼·吉登斯：《社会学》（第4版），赵旭东等译，北京：北京大学出版社，2003年，第88页。

代表男性和女性在这一真人秀当中以及在现实的商业世界中地位上的平等。就性别而言，将男性和女性置于对抗的位置，似乎表现了一种日常生活的真实常态，并且易于让观众产生关联感：也许他们一开始无法与节目中的其他方面产生共鸣，但是男性和女性的斗智斗勇却是一个经久不衰的主题。《学徒》对这一事实的呈现一方面体现了真实性，另一方面，在象征形式的运用上却又巧妙地巩固了男性/女性二分的某些固定模式。

第一季中，当特朗普宣布分组原则后，16 位选手都表示认同这一分组方式。剪辑之下，男性选手对自己的优势尤其显得自信满满。除了有男选手们聚在一起表现出自信的画面，还加入了其中一位男选手的个人陈述。他表示“女人们在商界可以很强悍，但是和我们比，我不得不说她们还是差一些”。这样的预想符合传统对男性和女性的二分模式。但是，当第一轮任务结束，这种二分模式受到了质疑。第一轮任务，女性组被宣布获胜，女选手表现得极其兴奋，欢呼雀跃，互相击掌拥抱，而男选手则表露出不敢置信的极为沮丧的表情。接下来，女选手们又取得了三连胜，剪辑人员特别插入了对男选手的单独采访，其中一位男选手对此的评价是“我们不能再输了，否则将非常难堪，没有面子”。男性选手的“尴尬”是一种极其自然的反应，也容易得到观众的认同。接下来的事实却是女选手再下一城。作为真人秀的《学徒》，让男性和女性进行的这场对抗，其客观结果毫无疑问动摇了男性的权威，颠覆了传统印象中男性在商战中的优势地位，在真实性上具有高度的戏剧性吸引力。

但是，除去这些客观的剪辑人员无法控制的事实，《学徒》在使用男性/女性这一二元对立矛盾时，大多遵循着固定模式。比如，在第二季取名这一环节开始，男性和女性问题就成为激化矛盾、推动叙事发展的要素。男子组决定将本组取名为“拼贴画”（Mosaic），而其中的选手罗吉（Raj）则倾向于“帝国”（Empire）这一选择，因为他认为前者听起来“娘娘腔”，“不过是个政治正确但是一无是处的东西罢了”，对其显示了强烈的失望和反感。剪辑人员将这一细节呈现，勾起的联想是：娘娘腔＝政治正确，显示了他对男子气概在当下社会的主流话语中缺失的不满，而这一话语的主人罗吉则成了男子气概的象征，他之后的行为方式和态度被呈现为实现了男子气概。而随后的女子组选择的“顶峰”（Apex）这一名称则被公认为很有气势，有大将之风，女子组的名称选择因此得到了男子组的羡慕。

“拼贴画”作为一个代表多元文化间和谐包容、差异性共处的理念的象征，虽然在事实上得到了大多数男子组成员的认可，但是在剪辑效果下，却成了负面的“娘娘腔”的选择。它似乎既不适合男子组，也不吸引女子组，甚至还遭到了女子组的奚落。在接下来的任务中，男子组屡次居于下风的事实让这一联想更为深刻：他们在命名上的软弱似乎预示了他们在商场上的失败。在真人秀中，面对海量的原始素材，剪辑人员的选择最终决定了效果，那么这一剪辑所传达的正是制作方对男性气质和女性气质的判断，即女人的男子气概在商业世界在现代社会是一个令人赞赏的特点，而男人的女性气质如果不是令人厌恶的话，至少也是奇怪的、滑稽的。在这样的对照中，《学徒》成功地兜售了男性和男子气概所代表的攻击性文化的优越地位。

在《学徒》中，女性的身体则一再被置于被凝视和被消费的一方。重要的是，真人秀以揭露真实为名，非但无须隐藏这种不平等，反而将其聚焦放大，通过将女性身体定位为一种资本，从而让包括女性在内的选手和受众对印刻在性别之上的不平等欣然接受。

在第一季中，当第一个女选手出场时，电视镜头首先从她的红色高跟鞋开始展现她修长的小腿，而后慢慢上移呈现她的整个身体。而当女选手们在会议室外等待特朗普的召见时，其中一位女选手掏出镜子重新抹口红的细节也被选择性地呈现出来。从入选的8位女性来看，她们无一例外有着苗条的身材、精致的妆容和讲究的服饰。反观男性选手则身材不一，身形容貌各异。有的身材高大匀称，有的则矮小瘦削或大腹便便；有英俊潇洒的，也有相貌平平的。表面上看，女性选手的身体显然更加赏心悦目，能给观众带来视觉上的愉悦，而男性选手的身体则更接近普通人的标准，与视觉的欣赏无关。在这样的呈现下，似乎女性选手的媒体形象处于优势。但实际上，这一微妙的区别却体现了长久以来社会对女性身体特征的关注，女性的身体既是她们的资本，也是她们处于社会不平等地位的象征。

比如，在第二季的第十一集中为李维斯牌（Levi's）牛仔裤设计宣传册这一任务中，女性的性感外貌与创造力之间的关系成为主要矛盾。漂亮的女选手詹妮弗（Jennifer）成了“焦点”人物。在本集的一开始，詹妮弗的外貌，尤其是其丰满的身材成了其他选手调笑的焦点。其他选手认为她得以不被淘汰的原因在于她能够迷惑男性，而非她的能力和创造力。在之后的任务进程中，詹妮弗的确在这集的创意环节中没有发挥作用。詹妮弗觉察出其他选手对自己在创意上的不满，但是她并不认为这是自己的问题，在最后的推荐会时她表现得积极主动，发挥了自己在推介展示上的特长。而之后特朗普则特别提问李维斯的总裁谁是这一任务中表现最好的，李维斯的总裁认为是詹妮弗。

特别值得注意的是，对詹妮弗的所有负面评价来自另一位亚裔女选手，男选手们仅仅是用笑声或是各种面部表情加以附和。而在这集的创意阶段，这位亚裔女选手被显示贡献了很多精彩的创意点子。因此，最后李维斯总裁的判断似乎能加深这样的印象：具有创意的女选手输给了具有性感外貌的女选手，对于女性而言，身体是比头脑更重要的、更易兑现的资本。

除了在镜头展示上将女性置于被观看的位置，《学徒》还借特朗普的商业理念巧妙地对女性的这一地位进行了深刻的揭示。在《学徒》的前三季当中，“性能做成买卖”（Sex sells）这一商业理念被露骨地进行了多次正面呈现。所谓的“性能做成买卖”，即在销售时男人看到漂亮女人就有掏腰包的冲动。这一理念首先得到了特朗普直接的肯定，而为了在任务中胜出，它不仅被男性选手所利用，女性选手也自觉地加以使用。

在第二季的第二集中，两组得到的任务是创制一种冰淇淋在街头兜售，一天下来盈利多的一组获胜。当这一任务下达后，男子组立刻为此担忧，因为他们认为女子组的几位漂亮选手在这一任务中有天然优势。在现实中，冰淇淋本身的消费并没有特定的人群，并不局限于男性，与女性的购买力相差无几。这一细节一方面暗示了男性女性各有专长，另一方面又再次将女性置于被观看、被购买的客体位置，而男性是购买的主体。与男子组的担忧形成鲜明对比的是女子组接到任务后的自信，她们也同样认可了自身在这一任务中的“优势”地位，即主动将自己对男性的吸引力作为资本。

在两组执行任务前，一个争论打破了叙事的节奏，即女子组当中新加入的男性成员希望女性成员在任务中的着装尽量性感，而女性成员对比反感。相比之下，当女子组在没有任何男性成员的情况下，她们会心照不宣且齐心协力地使用性感这一资本。比如在第一季的销售柠檬水的任务和第三季的营销“好莱坞星球”餐厅的任务中，女性选手们都主动穿上了显示性感身材的服装，并在销售中卖力讨好男性顾客。那么其间的变量是什么？这里存在一个男性权威的要求与女性自身判断的区别。

性感的资本似乎已经成为经济资本、社会资本和文化资本外的第四种资本，但是这种资本的地位却是隶属而非平等于其他资本的。女性对此心知肚明，却又难以完全抵御认同于此的倾向。当女性被男性直接要求将身体作为资本进行贩卖时，作为21世纪受到良好教育的现代女性，她们敏感地做出了否定的回应，这是一种社会的进步。但是，社会结构的烙印又不可避免地深刻地影响着她们的思维方式，当没有了男性权威作为对照时，她们以“自我选择”为借口又主动地将自己的身体置于被男性消费的地位。《学徒》的剪辑人员对这一细节的呈现，一方面营造了戏剧性冲突，另一方面，则进一步巩固了这一理念的正确性和它对主体潜移默化的影响。

最终在本集的会议室中，作为总结，特朗普强烈批判了女子组中对“性能做成买卖”这一理念产生的反感和动摇，再次正面肯定了它的有效性。特朗普毫不避讳地说，学院派学者对他的这一逻辑并不认同，但是学院的理论不能改变实践的真知。特朗普将社会现状等同于真知，并鼓励选手们为利益持续利用这种不平等的关系。特朗普的商业成功让选手们以及观众都无法对他的观念进行有效的驳斥。

对这一理念的接受实际上就是对社会不平等秩序的自觉巩固和维护。女性与性和身体的密切关系如果没有削弱她们与“头脑/智慧/理性”的关联，至少也增加了她们对自我身体管理的压力。要在商业上取得成功，女性的身体不得不扮演重要的作用这一理念，在无形中增加了女性们创业的成本和在职场生存的压力。

二、街头/实践/草根与书本/理论/精英的对立

当《学徒》播出到第三季时，男性/女性二元对立的戏剧效

果已经减弱，在这一季中，另一个在前两季中时有出现的二元对立模式，即基于学历和教育背景的二元对立，成为分组的标准。这一季的18位选手同样是男女各半，但是他们当中有9位是受过高等教育来自精英阶层的律师、MBA持有者等，对阵的是9位持有高中文凭但是已在商业实战中有所建树的商人、公关等。大学毕业生组被命名为“书本智慧”（Book Smarts），即“学院派”；而高中毕业生组则被称为“街头智慧”（Street Smarts），即“实战派”。

特朗普在全体首次会面时，指出两组的智商和年龄都相仿，但是，“让我惊讶的是，其中一组的收入是另一组的三倍，而这组是只有高中文凭的一组”。这一前提无论是对观众还是参与者都具有震撼作用，因为它挑战了大学学历的权威。而特朗普则强调，他想知道是不是实践经验比高校教育学术知识更为有用。在第一季和第二季中，这一元素已经出现过，但是这次它成了叙事的主线。

当在第一季和第二季按照性别进行分组时，选手们都表现出了兴奋。根据“先赋地位”要素进行的分组，似乎不带“主观”的意见，是不加评判的“自然”的分组方式，因此选手们没有表现出被贴上标签和被定义的不快。然而，在第三季中，当选手们被宣布按照他们的学历进行分组时，一种较明显的敌对情绪弥漫开来。

与男性、女性分组的一目了然相比，按学历分组更具有隐藏性，因此当所有选手回到顶层豪宅后，他们首先被要求找出哪些人是属于自己这组的成员，再进行小组会议。这时，一位有大学学历的非洲裔女选手高声宣布：“大学生到这边来，高中生去那边。”而这时，一位有高中学历的白人男选手也高声回应：“我觉得现在开始，我们不要被叫作‘高中生’，我们应该被叫作

‘更有钱的’一组。”这一说法引来了高中学历成员的欢呼应和；而大学学历的成员则露出了复杂的表情——不服气中带着尴尬。这时，镜头马上切入了对“学院派”的这位女选手的单独采访①。这位选手自述：“我要叫那些收入比我高三倍的高中生们注意，这只不过是暂时而已，我立马就会迎头赶上。”

与“学院派”相比，“实战派”组员被表现得对这样的分组更为在意，他们骄傲地将自己的组命名为“净盈利”（Net Worth），并且高声讨论为什么自己这组必胜无疑，因为“我们没有什么可输的，我们若是输给了哈佛毕业生，我会说那人可上过哈佛，但他们要是输了，他们就是被笨蛋打败的”。这样的说法赢得了组员的认同，在之后的前两次任务当中，他们也都显示了更强的竞争心和打败对手以证明自己更强的愿望。但是，“学院派”成员在镜头面前，则没有表现出对这一分组的兴奋之情，反而刻意地回避这一对比，没有在任何公开讨论中显示出对高中学历组的轻视和对自身学历优势的自信。甚至当特朗普直截了当地问他们“如果你们被高中学历的打败了，是否会很难堪”时，他们的回答是“我们不会因为被高中学历打败而难堪，而会因为被打败而难堪”。

“学院派”和“实战派”的区分，在传统来说，是“精英”和“草根”的区分。在美国社会，大学教育实际上已经较为普及，但是《学徒》中入选的大学毕业生们都系出名校或是拥有商校研究生学历。名校和研究生仍然属于爬上了学术象牙塔的顶

---

① 这位选手接受采访时的背景是明亮的街景，从时间上来说，这必然是之后发生的事情，但在这里被提前来对正在呈现的事情做一个注解。在真人秀中，用事后的采访来对当事人事发时的心情进行阐释是惯用的剪辑手段和叙事技巧。美国的真人秀往往尽量避免使用第三人称的旁白或画外音进行叙事，而主要依靠真人自己的自述来完整情节和调整叙事节奏。这种技巧增添了真实性和紧凑性，营造出多重叙事角度和声音的表象。

端的精英阶层。但是，《学徒》中入选“实战派”的高中毕业生们，事实上在财富积累上已经超过了大学毕业生，正如特朗普在每一季当中所宣称的，这些选手们都是“美国所能提供的最聪明、最能干的人才”，也就是说，就他们拥有的财富而言，实际上也都属于社会的精英阶层。但是，面对“学院派”和“实战派”的标签，两组选手的不同反应则耐人寻味。

在财富上取得成功的“实战派”在看似自信的表态中，反映了对自身定位长期的不确定。一方面他们为自身财富上的成功而骄傲，另一方面，又对缺少大学学历所受到的长期的质疑和轻视心有不甘。“如果他们输了，就是被笨蛋们打败了”这样的调侃，虽然旨在为自身减压，但是，将“笨蛋”的标签主动地贴在自身定位上，反映了一个普遍的社会偏见，即学历低的人智商也低下。在美国这样一个普及大学教育的社会，高中毕业生们显然在现实中受到过这样的质疑，即使他们自身对“笨蛋”这样的标签不会欣然认同，但是这一细节显示他们仍然会惯性地以自我保护的形式将社会的成见嵌入自身定位中。

除去对其智商的质疑，在美国社会，学历也同样与经济和社会地位相关。不能接受高等教育的人，如果不是有学业上的问题，那么就是有家庭背景和经济实力上的问题。在美国，约有半数的大学生们完成高等教育往往需要借助学生贷款，而在经济压力之下，美国大学生的辍学率也逐年增高。根据经济合作与发展组织（OECD）2010年的调查数据，美国大学生中最终未能在6年内拿到学士学位的比例高达40%以上，在经合组织内属于低毕业率的国家之一①。从布迪厄的文化再生产的概念来看，学校

① OECD, *Education at a Glance 2010: OECD Indicators*, Organization for Economic Co-operation and Development, 2010, pp. 74－75.

教育可能与其他社会机构一道使社会和经济的不平等成为一种“遗传”现象，从而强化某些文化价值观，让某些人的机会遭到限制，而某些人的机会得到增加[①]。因此，“实战派”的“高中毕业生”这样的标签，实际上也就暗示他们可能来自“草根”阶层的背景。

但是，对于“街头智慧”，即“实战”这样的标签，选手们接受得却很坦然。一位接受采访的选手用一种街头语言对这样的标签进行了评论：“我一听到这样的分组就精神为之一振。我非常相信街头智慧的力量，如果在商战场上你没有街头智慧，那你就会被别人一刀封喉，就是这样，完蛋了。”所谓的“街头智慧”即是在实践中得出的经验和培养的能力，它不指向学业上的成功，但是却更清楚地与职业上的成功相关。

而对于“学院派”而言，他们学历上的成功已经是不争的事实，但是这种优越感被财富上的悬殊所取代。在美国社会中，财富的数字是个客观残酷的衡量标准，对教育的高投资也伴随着风险。美国的名校多数属于私立大学，其中常春藤联盟的名校不仅对学生有极高的要求，学费也往往比公立大学高出近一倍，在没有奖学金的情况下，这样的投资无疑是高昂的。“高学历，低收入”的对比让这些在学历上投入了极大精力和财力，同时对自身的成功抱有高期望的选手们，感到了经济和精神上的双重压力。“书本智慧”这一标签所暗示的是，他们所拥有的是尚未经过实践证明的理论知识，是否能转换为成功的经验还属未知。因此，“学院派”们想回避的不是“精英”的标签，而是“书呆子”和“失败者”的标签。

---

① Pierre Bourdieu, *Distinction: A Social Critique of the Judgement of the Taste*, Trans. Richard Nice, Cambridge, Massachusetts: Harvard University Press, 1984, “Introduction”.

《学徒》中街头和书本的对立实际上与一种等级制度紧密相关，街头对应为草根/底层，而书本对应的是精英/高层。这种对立从某种程度上既是事实，又是一种社会的偏见。特朗普所宣称的“实战派”的收入高过“学院派”三倍的这一《学徒》中的事实并不符合大多数美国人的生活体验。事实上，“在 2008 年美国经济衰退最严重的时候，拥有大学学位的人的劳动平均所得，仍然比未得到学位的人高出 54%”①，而名校毕业生的这一比例将会更高。此外，不可否认的是，个人的奋斗可以实现社会阶层的流动，但是，某种制度性的不公平导致的社会分层却让普通人在现实中难以跨越。《学徒》虽然试图展示“街头智慧”所代表的草根阶层与“书本智慧”所代表的精英阶层是处在同样的竞争条件之下，并且可能取得更大的成功，但是，《学徒》对于草根所代表的文化实际上是一种否定和压制。

这一季第五集在纽约哈勒姆区（Harlem）所进行的商业宣传任务突出显示了《学徒》在这一问题上的摇摆立场。在这一集中，两组选手被要求为索尼公司的一款赛车的电子游戏做宣传海报，而宣传海报需要用涂鸦形式置于纽约哈勒姆一个街区的高墙上。这里，使用“涂鸦”（Graffiti）这样的形式，如特朗普布置任务时所言，是为了让宣传海报与哈勒姆的文化氛围相契合。

哈勒姆区位于纽约曼哈顿岛北部，20 世纪 20 年代到 30 年代的“哈勒姆文艺复兴”正是发源于此。哈勒姆区现今居民多数为非洲裔美国人，是非常著名的美国黑人的聚焦地以及文化和商业中心。哈勒姆的文化是独特的，一方面，它的文化在很大程度上深刻影响着美国流行文化，甚至成为美国音乐产业影响世界的

① 乔磊：《盛产“废品”的美国大学》，《IT 时代周刊》，http://www.techweb.com.cn/column/2009-12-14/495801.shtml，2011-09-28.

利器；但是，另一方面，哈勒姆区在整个曼哈顿地区来说，其失业率、犯罪率等仍然居高不下，这种独特性因此又带有否定和负面的象征意义。哈勒姆区产生了许多有代表性的独特的音乐、舞蹈等艺术形式，而“涂鸦”作为一种带有反抗性的行为艺术，也产生于哈勒姆区，是嘻哈文化（Hip-Hop）的重要部分。但是正如嘻哈文化的音乐、舞蹈已经被收编在音乐产业当中，“涂鸦”行为也正慢慢被主流文化收编。与此相对的是，在哈勒姆所诞生的文化精华被收编的同时，哈勒姆人的日常生活现状并没有与之一起发生制度性的改变。《学徒》的这一任务，通过真人们的表现，突出展示了一种文化冲突和文化等级的存在。

在接受到任务后，两组成员立刻表现对哈勒姆以及涂鸦所代表文化的亲疏区别。“学院派”的成员坦言自己是“一帮富有的受到高等教育的白人孩子们，实在对这里一无所知”，伴随着这一表态的是几位成员面对涂鸦染料和空白高墙的无奈无聊的表情。而“实战派”则马上进入了战斗状态，他们很快推选了白手起家的非洲裔女选手特娜（Tera）作为项目经理，而后者也自信地表态，她很了解什么是哈勒姆社区所代表的和所期望的。在随后的任务执行中，特娜展示了很高的效率和决断力，她决定在海报中体现出“破旧立新”的主旨，画面中一面是阴暗破旧的街道，一面则是带有的挣脱束缚的愤怒拳头、铁链和机车等象征。而与之相对，“学院派”在冥思苦想后仍然没有头绪，于是他们求助于附近路过的年轻人，询问他们对索尼游戏的看法和他们希望看到什么样的符号出现在涂鸦当中。在简单的“市场调查”后，他们选择采用更大众消费型的亲切明快的色调和种种象征财富和刺激生活的图案，诸如握着大把钞票的手、带有异域风情的街景、豪华的汽车等。

最终，“学院派”的宣传海报赢得了哈勒姆的志愿者和索尼游戏公司上层的青睐，“它让我想去买这款游戏”；而哈勒姆的志愿者对“实战派”的海报则不以为然，认为其中的许多象征图案“正是对哈勒姆典型的偏见”，也不接受这一海报所传递的破旧立新的信息。可以说，“学院派”“出人意料”地在这次任务中获胜，而“实战派”的项目经理特娜则由于没有市场调查而被解雇。

从表面来看，这里所显示的现实是，自以为是的“实战派”输在了偏见和成见上，而貌似与这一任务不合拍的“学院派”则因为尊重哈勒姆人自己的意愿而取得了认可。一种和谐的大众商品的大众性价值得到了正面肯定和宣扬。在会议室的辩论中，特娜的队友认为他们队输在把焦点放在“社区”（community），而非“商品”（commodity）上了，而从特朗普到索尼的高层也认可了这点，认为他们应该做的是“索尼广告”，而不是“社区广告”。然而，如果以涂鸦形式将广告置于哈勒姆区，是出于对哈勒姆文化的尊重，那么最终“学院派”恰恰是胜在不以哈勒姆的文化为广告的诉求上。

一方面，节目展示或暗示了哈勒姆区实际上代表了某种特定的文化，“学院派”对其的无知显示出这种文化在社会结构中仍然处于与“上流社会”所对应文化的另一端。但是，另一方面，这种文化的独特性又被节目的现实所模糊，因为哈勒姆人自己不愿意被认为是独特的，他们对商品消费的理念和关注点与一般的大众并无两样。在这一任务中，哈勒姆人对自己的社区文化独特性表现出了选择性的否认，他们否认哈勒姆阴暗的一面，这折射出了仍然没有改变的残酷的社会真实。在这一节目中，不仅是“涂鸦”这一艺术形式，而且哈勒姆文化和哈勒姆人都被收编整合到了对消费文化和商业至上的认同当中。特娜的失败在于，她没有认识到她自身奋斗成长的经历并不是普通人都能体验的真实，对于仍然必须居住在哈勒姆并日复一日生活在此的人们，他们并不十分迷恋自身的文化独特性，而更认同“普通”大众的生活方式，一种通过消费大众产品获得快感和归属的文化。

在这一集的最后，“学院派”得到的奖励是与名模和特朗普一起由著名摄影师来拍摄一组照片。其中这次获胜方的项目经理亚历克斯（Alex）对此奖励的评价耐人寻味，他感叹道：“这真是奇怪的感觉，从三个小时前还在哈勒姆区，一下就到了世界之巅，与世上最漂亮最富有的人一起，得以一尝特朗普的生活方式，过上他那样的上流社会的一小时，这是我从没有想过的事情。”这一奖励突出了两种对比：一是哈勒姆区生活与上流社会生活的强烈反差，二是亚历克斯作为普通人与特朗普的非凡的生活方式的对比。在《学徒》的叙事语言中，显然都是后者代表了更好更值得追求的价值观，其在文化上的高下之分也就不言而喻。

第二节　作为真人和符号的特朗普：成功者的定义

在参与《学徒》的真人中，本色出演的除了参与选手，还包括特朗普本人，可以说整个秀的创意都围绕其展开。对于参与选手而言，他们需要证明的是“我为什么对你来说是最有价值的选手”，这也是《学徒》有别于其他真人秀的特点。《学徒》通过构建观众对特朗普的生活方式、思维方式和价值观的认同来合理化参与者的参与和表现。在《学徒》构建的真实社会生活中，特朗普的生活方式和成就就是成功的唯一标准。《学徒》最成功之处在于对特朗普这一真人的展示和塑造，而特朗普也自愿被符号化，成为美国梦的肉身替代。《学徒》对特朗普的构建主要是通过规则的设定和对特朗普个人世界的曝光来实现的。

一、规则与权威

在规则的设定上，尽管数字是商场上最重要的判断标准，真正决定学徒们命运的却是特朗普的主观判断，他被推上了能够主宰学徒们去留命运的唯一决定人的地位。

《学徒》的游戏规则如下：16 位选手被分为两组，每一周各组选出一位项目经理领导全组完成一项商业任务，获胜的一方得到奖励，落败一方的成员则要陈述自己在这次任务中的表现，最后由项目经理选择 2 到 3 位他认为最没有贡献的成员一起面对特朗普的终极裁决。在整个任务期间，特朗普派出了他的“左臂右臂”作为自己的“眼睛和耳朵”观察两组的表现。在听完 3 位成员的自我辩护后，他们被要求暂时离开，特朗普和他的左右手则进行合议，但是最终的决定权仍然在于特朗普的直觉和判断。特朗普依靠的是他的身份所赋予他的权力，而他事业上的成功让他的判断力成为最终的标准。

会议室中的裁决场面是《学徒》最经典的并引起诸多类似节目效仿的环节，特朗普的“你被解雇了”这一简单的结束语甚至成为当年美国人的流行语。在这一场景中，特朗普的权威树立起来，并且被不断巩固。特朗普端坐在其左臂右臂的助手中间，其椅子的靠背略高于后两者，显示了他的地位。但是更重要的树立权威的方式还是在于特朗普对规则的坚持，以下我们将重点分析其中的两个片段。

在《学徒》第二季的第二集中，落败小组的成员布拉德福德（Bradford）因为自信和相信特朗普会依照他们在任务中的表现来评判他们的能力，在会议室中展示了他和团队共进退的绅士风度，表示愿意放弃自己在前一集中作为获胜方项目经理取得的豁免权，不害怕进入会议室的最后裁决环节。然而，对豁免的不尊重即是对赋予他这一特权的领导的不尊重，对自身特权的放弃也是对游戏规则的改变和挑战。这时，特朗普则暗示本集的项目经理依凡娜（Ivena）可以带多于两个人进入审判室，与布拉德福德相反，依凡娜立刻会意，将表现良好的布拉德福德带进了最后环节。最终的结果是，表现欠佳的依凡娜留下来，而本来应该高枕无忧的布拉德福德则被解雇。被解雇的布拉德福德在镜头前没有指责特朗普的不公，而是后悔自己做出了错误的决定。在这一过程中，特朗普重塑了权威。他用这一决定向所有选手再次表明，他的决定是最终性的，无人监督，无人能否定，谁控制着资本，谁理所当然拥有话语权。特朗普可以制定和改变规则，而选手们必须服从和尊重这种权威。

但是，《学徒》对特朗普权威塑造又必须具有公正性和人性。在《学徒》第三季第八集的会议室场景中即出现了特朗普与其左右手持不同意见的片段。

在这一集中，特朗普认为最后的三人中，项目经理的表现最糟糕，因为她选择了错误的项目和执行人，但是他的两位得力助手都认为此人很出色。当着最后三人的面，特朗普说“我得听他们的意见”，暗示了他实际上有不同的判断但是仍然在这件事上要尊重他的左右手的意见。此时，预感自己要被解雇的其中一位成员埃琳（Erin）用调侃的语气问：“你非得听他们的不可吗?”她的这一反问让左右手都面露不快，因为这显然挑拨了三人之间的关系，也就冒犯了他们的权威。特朗普马上回答“我其实没必要，但是我会这么做”，之后他立刻对埃琳进行了尖锐的批评：“你这么问真是太蠢了。”事实上，特朗普在埃琳被解雇离开后，对她的最终评价却是：“她太聪明，所以到头来会无法控制。”最后，特朗普又再次向左右手表示，他认为三人表现都很糟糕，并询问两位助手的意见，得到的意见是“你的决定是对的”。这一片段没有被删减，直接放进节目中，凸显了节目想强调的真实性，即特朗普的团队中也会有不同意见，而特朗普给予了他的团队足够的尊重。

我们仔细审视其呈现的方式和最后的结果就能清楚看到这一片段实际上仍然巧妙地巩固了特朗普的权威。与选手们之间的观念冲突的呈现相比，特朗普团队中的不同意见的呈现非常克制。这一片段虽然具有戏剧性，但是总体来说，它更多的是用于表现特朗普团队集体判断的一致性。而且特朗普用这一决定强调了其用人的标准：对下要有权威和领导力，对上则要是能够被控制和管理的。而这一标准实际上在任何社会结构组织中都是普遍适用的。

二、特朗普生活方式的奇观化

在《学徒》中，特朗普除了拥有决定去留的权力，他对获胜方给予的奖励这一规则也体现了他的权威。这些奖励大多数与特朗普式的生活方式相关：获胜的一方通常可以获得与特朗普共同娱乐的机会，要么受邀进入特朗普的私人世界，要么与特朗普一起参加他的社交活动，而其中自然不乏乘坐豪车、搭乘私人飞机、购买名牌奢侈品、出入特权阶层的社交场合、与其他名人亲密接触等象征上流社会生活方式的要素。

特朗普的权威最重要的是来自于他在现实世界中亿万富翁的身份，这一身份虽然通过特朗普的自我陈述得到了介绍，但是对于电视媒介而言，视觉的震撼更能深入人心。《学徒》通过将特朗普的生活以一种“奇观”的方式曝光，达到令观众震撼的目的，进一步树立和巩固了特朗普权威的合法性。但是，值得注意的是，《学徒》中的这种展示又总是以亲民的方式来进行，即把非凡的特朗普呈现为一个可以接近的普通人。

比如，在《学徒》第一季的一开始，特朗普的第一次出场是他的声音。伴随着纽约繁华大都市的种种标志性场景——从空中航拍的曼哈顿鳞次栉比的大楼、中央公园、布鲁克林大桥、时代广场绚丽的霓虹、自由女神像，特朗普的声音开始了自我介绍。他将纽约称为“我的城市”，随后开始赞美纽约所代表的具有活力的都市生活，“这里驱使着世界经济一刻也不停止的前进”，“曼哈顿是一个真正的丛林，这个岛是如此残酷，你若是一不小心，将会穷困潦倒一文不名，但是你若是努力奋斗，却能做出大事，真正伟大的事情来”。在一闪而过的豪华加长轿车的画面之后，特朗普出现了，坐在豪华轿车里，开始对自己的成就进行毫不谦虚地几乎是炫耀性地介绍：“我是特朗普，是纽约最大的房地产开发商，我在各处都有大楼，还拥有模特公司、宇宙小姐选美事业、私人飞机、高尔夫球场、赌场、私人度假胜地，那里可有世界上最壮观的景色……”画面中穿插着这些产业的奢华景象。

毫无疑问，这样的开场用极短的时间便将特朗普的成就淋漓尽致地呈现出来，的确能起到震撼的作用，但是却可能造成与观众的疏离感。巧妙的是，特朗普立刻话锋一转，拉近了普通观众与这种“超现实”的非凡生活间的距离：“然而，这一切并不容易。13 年前我陷入了极大的困境当中，我负债累累，但是，我重振雄风再次胜出，我用我的头脑和我的谈判技巧，将一切危机化解。现在我的公司比以往更强大，我的生活也比以往更有趣。我掌握了做生意的奥妙，将我的名字变为有价值的商品。作为一个大师，我想把我的经验传递下去，我正在寻找那个学徒。”

如特朗普所言，他把自己的名字变成了商品，而他也将自己的主体转换为消费文化和资本世界的符号。每一集中，特朗普的出场都经过精心设计以突出他的权威。比如，配以犹如国王现身的雄壮嘹亮的号角，特朗普通常以从上自下的方式出现，或是从豪华轿车、私人飞机中现身，或是从扶梯上缓缓步入。而选手们则站立仰望着特朗普的到来。这一切细节刻意烘托出特朗普高出选手们的地位，而在这种威仪的映衬下，特朗普的一句俏皮话、一个握手拥抱就能凸现出其人格的魅力和亲和力。在号称没有贵族的美国社会，普罗大众仍然需要可以仰望的偶像，即对他们没有达到的社会地位和生活方式的遥望联想，如同豪华的购物商场和酒店成了美国人的宫殿，明星名人伴随着他们的财富成了这个社会的皇室和贵族阶层，引领社会风潮和价值取向。

在《学徒》的前三季当中，特朗普都将邀请获胜一方的成员到自己家中共进早餐或晚餐作为一种奖励。这种看似普通的奖励，却因为特朗普的身份变成一种荣耀，得到奖励的成员表现得极其兴奋。特朗普位于曼哈顿特朗普大厦顶楼的豪宅金碧辉煌，极尽奢华，当选手们带着好奇兴奋的神情，推开特朗普豪宅金色的大门时，马上流露出羡慕崇拜的眼光。借着选手们的眼睛和身体，公众们被带领进入特朗普的私人世界。特朗普向公众展示他金碧辉煌的居处，这种隐私的开放对参赛选手而言是一种特权，而对观众而言是一种窥视的满足。

一方面，特朗普居处的奢华符合大众对富豪生活的理解，而另一方面，当特朗普介绍自己的居处时，却又非常巧妙地着眼于日常生活的一面。在第一季中，他介绍了他的未婚妻与选手们相见；第二季中，他谈及了他的父亲；到第三季时，他强调的不是这一居所高昂的价值，而是他打造细节的完美用心和对工程困难的克服。这样的处理能够平衡财富展示所带来的影响：从视觉上，他的富有和这居所的昂贵是极具画面感的，留下的是震撼和艳羡，但是语言中，他却要平和低调，不能简单炫富，而要把这一居处视为一个有情感的家庭、一项亲力亲为的工程和一件艺术品，体现他的品位、性格和人情味。当有选手问道：“这个工程有预算吗?”他巧妙地说：“预算是不封顶的。但是我还是超出了预算。这是个坏榜样。”选手们报以会心的大笑。剪辑人员之所以将这种片段放入节目，一是体现选手和特朗普间交流的真实性，选手作为普通人的代表，要帮观众问出他们关心的问题；但是另一方面，这样的细节是敏感的，特朗普没有正面回答，保留了神秘，还调侃了自己，这是典型的虚饰化策略。

《学徒》通过对特朗普的塑造，将对财富的热爱推上了无可争辩的正面地位。在第三季的最后一集，当场景从封闭的会议室跳跃到演播室当中，当司仪宣布“这是《学徒》本季的大结局”时，所有的观众都起立欢呼鼓掌，场面极其热烈。这一热烈的场面显示了《学徒》受欢迎的程度，经过三个季的发展，它得到了大众的热烈追捧和认可，特朗普及其助手以及两位选手享受到了明星的待遇和追捧。当节目秀进行到这里，特朗普所一再强调的“这是一个真实的长达16周的面试”的现实性已经被一种戏剧性的奇景所取代，现实中的职场面试显然不会包含如此多的看客，也不会把应聘者或是主考官打造成大众名人，产生明星效应。

观众对这一节目的热烈追捧，显示了与纪录片不一样的观众视角，他们不是客观冷静的旁观者，而是投入了真实的感情和热情。因此，普通人不再普通，成为被崇拜和塑造的偶像客体。而观众对特朗普的爱戴体现了对财富的热爱和尊重。特朗普播放他可以提供的工作职位时，他把豪华、高级、奢侈等淋漓尽致地展现出来，引发了观众热烈的掌声回应。在节目的各个环节，财富都与积极进取、美好生活相连，没有丝毫负面形象，也不引起任何的负面情绪。

表面上，《学徒》将以特朗普为代表的处于社会金字塔顶端的少数人的生活去魅化，让其生活和工作方式暴露在大众面前，而实际上，《学徒》通过对奢华的奇景展示和对特朗普权威的仪式化，巧妙地将特朗普推上了神坛，使其成为被追求、被模仿的符号，而这一符号巩固的是既有的社会等级秩序和社会规则。特朗普所代表的现代资本家的行为和思维方式得到了正面的构建。特朗普也有意识地利用媒体来塑造自我形象，并自觉地将自我形象与美国国家精神相等同。

在第三季的大结局这集里，面对现场观众，特朗普端坐在有着高高椅背的“宝座”中，他的两位助手坐在左右两侧稍低的位置上，这与之前他的会议室中的设置相仿。但是这次不同的是，在其两侧的醒目位置又多放置了两面美国国旗。特朗普在节目中不止一次地明确显示了爱国主义精神和身为美国人的骄傲之情，因此，国旗成为一个极好的象征和注脚。但是除了个人的喜好，这一场景的安排还另有意味。国旗作为国家形象的代表，它在特朗普的宝座两侧的出场，给予了特朗普和这一真人秀节目某种高于个人权威的形象和力量。一方面，它体现了这一节目秀的全国性和全民性，从而让这一节目秀的结果也变得具有重要性和影响力；另一方面，它体现了这档真人秀所一贯倡导的对美国精神的宣扬。

《学徒》试图构建的认同，是企业家精神和美国大公司所创造的美国商品和商业模式，是美国和美国文化的最佳代表。而就企业家精神而言，具体来说就是领导力和创造力，《学徒》通过精心的任务设计反复给选手灌输这一理念，也给观众传递这一信念。因此，成为特朗普学徒的历程，就是亲身体验或是亲眼见证这一系列价值观助其实现“美国梦”的历程，从而让受众主动认同和接受这一价值观体系。

第三节　身体、资本与社会等级秩序：美国梦与美国式成功

无论是学徒还是特朗普，他们的身体与身份都成为《学徒》所构建的美国社会的符号，而《学徒》丝毫不隐藏对真人价值的资本化倾向。《学徒》所要回答的问题的是“谁是对于特朗普而言最有价值的选手?”《学徒》中的美国社会被严格地按照资本进行等级划分，特朗普因此处于这一等级制度的顶端，拥有制定规则和判断价值的权力，与此同时，他的身体成了美国梦和美国式成功的符号。而在特朗普的商业世界中，人的价值也是按资本来衡量，这种标准被认为是最为客观公平的。

一、被资本化和个人化的美国梦

《学徒》作为在无线电视台黄金时段播出的真人秀，其目标观众是普罗大众，因此它首要的目的不是充当商学院的教科书，而是将一些普适的观念包装在精英理念的外表下，让观众可以理解，甚至认为可以运用到他们的生活当中。事实上绝大多数人并不需要也不可能运作千万资本或是成为大公司的领导，因此这些理念的象征作用超越了实际效用。而这些理念最大的象征作用在于持续巩固美国梦的真实性，而《学徒》这一真人秀的逻辑论据也就在于此。

美国梦是一个几乎被认为已经俗套的理念，但是在将美国作为一个国家和文化与其他国家和文化进行区分时，这一理念仍然反复出现，被美国人和他国人频繁使用。要定义美国梦，我们离不开诸如“平等机会”“自由”“勤奋工作”“梦想成真”这些词语。美国梦的实现依赖于两个前提：一是可以提供公平机会和

追求幸福的自由的社会环境以及制度保证，二是为了实现活得更好的梦想而努力工作的个体。这一理念将个体和社会紧密联系起来，作为一种非政治性的理念，在凝聚人心和进行国家定义时，它可以释放出强大的向心力。但是，在《学徒》中，保障美国梦实现的社会制度这一元素持续缺场，个人奋斗和经济资本的元素被无限放大。

我们如果仔细分析《学徒》在第二季和第三季的开场就能看出其中各种象征符号是如何一起运作来实现以上的信息传递和观念灌输的。

第二季的开场首先展示的是夜色中冒着气雾的窨井盖和滚滚的车流，接着是太阳升起时笼罩在金色阳光中纽约林立的大楼。这时，特朗普的声音响起："纽约，是衡量成功的基准，只有最出类拔萃的人才能攀上顶峰，而在这个城市中，天空是没有极限的。你要相信，我懂这些……我热爱纽约，这里是美国梦诞生之处。而我将给予这 18 个候选人中的胜出者他们梦寐以求的工作。"最后，特朗普高声提出了这样的问题："谁将成功？谁会失败？谁能称为我的那个学徒呢？"在这一连串的提问后，镜头从特朗普的近景迅速拉开，展示了特朗普所在的位置——胜利女神像的脚下。特朗普的身影逐渐消失在胜利女神像的高大身躯当中，融为一体。

在第三季的开场，同样的，纽约是最早出场的象征，而特朗普的声音始终伴随着纽约的形象："纽约，我热爱这座城市。我自出生就在这里，我在这里做成了我最成功的大生意。这里有伟大的传统和无限的机会，我欣赏她的残酷和美丽，这里充满活力，巨大的活力。……我热爱纽约，在这里每个角落都有成功的故事。"

《学徒》将纽约作为美国梦实现的社会场所，借助纽约繁华的全球性大都市背景，《学徒》不仅让其节目具有观赏性，也让其任务具有合法性。《学徒》强调纽约与美国梦的紧密联系，纽约成了美国梦孕育生长之地的象征。但是，纽约在《学徒》中更多的时候被塑造为一个让选手们必须进行你死我活竞争的残酷丛林，而非一个具有制度保证的社会环境。既然是丛林，那么在这个丛林社会中生活下去，只有“适者生存”的丛林法则适用，而这一法则是超越了特定时代和地区的，也就是说，它是反现代社会的法则。值得注意的是，《学徒》中的纽约是特朗普的纽约，特朗普把自身与纽约这一城市紧密相连，他被转换为这个城市所能提供的最好的生活的象征，而他掌握其中所有的秘密。最终，纽约和美国梦都被特朗普所代表。然而，特朗普是一个个体，并不反映一个体制和社会，因此，当纽约和美国梦被他所代表时，体制和社会就进一步隐身缺席了。选手们陷入的是一个围绕特朗普的身体和意志所构建的丛林当中。

在《资本的形式》（“The Forms of Capital”）中，布迪厄指出，根据资本所发挥作用的场域的不同和进行转换的代价的大小，资本大概有三种代表其身的形式，即经济资本、文化资本和社会资本。经济资本是可以最快速、最直接转换为金钱的资本，并且可能以知识产权的形式被制度化；文化资本在某些条件下可以被转换为经济资本，并且以学历或证书的形式被制度化；社会资本，由社会关系构成，也可以在某些条件下被转换为经济资本，并且可能以贵族的名义被制度化①。特朗普在这一真人秀中是美国梦实现的具身性主体，也是经济资本的人格化象征，而学徒们则是追求美国梦的具身性主体。在《学徒》这一真人秀中，

① Pierre Bourdieu，“The Forms of Capital”，John Richardson，ed.，*Handbook of Theory and Research for the Sociology of Education*，New York：Greenwood，1986，p. 242.

资本的三种形式间的等级关系是明确的：经济资本处于最上级，社会资本居中，而文化资本则处于最下层。学徒们往往已经具有相当丰富的文化资本或是一定程度上的社会资本，但是仍然没有把它们转变为足够的经济资本。学徒们追求美国梦的过程就成为将文化和社会资本转换为经济资本的过程。

最终，《学徒》要吸引和影响的还是现实中的真人，即受众。在节目中，特朗普一再强调，“这不是游戏，这是真枪真刀的面试”。对这一真人秀“游戏性”的淡化，是为了强调节目的真实性，因为这种真实性能够更进一步地唤起观众的投入和信任。观众通过“围观”其他真人们的表现，将之与自身相联系，他们的满足来源于想象性的参与。当在第三季的第一集中，特朗普走下豪华轿车准备与 18 位选手第一次见面时，一大群人早已在其周围守候，对特朗普报以热烈的掌声和欢呼声。这群人代表的自然是这一真人秀节目的受众，虽然与现场观众不同，这里的人群显然是为了展示特朗普和《学徒》的大众欢迎度而刻意安排的，但是《学徒》的高收视率却是事实。对《学徒》的消费和追捧，显示这种策略已经成功地把特朗普所代表的特殊阶层和利益集团的特权包装销售给了绝大多数没有特权的受众，让他们主动地去维护这种特权的合法性，在媒体的拟态真实中成就自己的美国梦。

二、商业原则与社会公平

除了将美国梦人格化，更重要的是，《学徒》中的对各种象征形式的使用都在支撑和巩固既有的社会等级秩序，而这种等级秩序隐藏在对“美国式成功”的宣扬之下。

在《学徒》的片头当中，无论是片头曲的歌词还是画面都赤裸裸地颂扬拥有物质财富和提升社会地位的美好，并直截了当地将学徒们符号化为股票来进行介绍。他们的名字、年纪和职业显示在股票显示板上，伴随着红绿相间的数字滚动。而当学徒们被分为两队进行竞争时，他们也被要求为他们的“公司”命名，学徒们的肉身主体被要求整合为一个公司客体。但是，正如股票的价值并不完全由股票所代表的企业本身价值所决定，其涨跌只能部分体现其实力，更多时候还要依靠投资者的认可，甚至是投机者的青睐，被符号化为股票的学徒们的价值同样要经受双重的判断，而这种判断本身难以运用，也无须用是否公平来衡量。

《学徒》这一真人秀的比赛环节设计将美国商业社会的各种元素与美国文化紧紧相连。它试图强化这样的意识，即最能代表现代美国形象的正是各种商业性的成功，成功的企业，成功的品牌。最成功的美国人正是美国的企业家们，对商业原则的尊重，就是对美国式成功的尊重。

我们可以再次以第二季的第十一集为例，清楚地看到这一价值观是如何得到巧妙传递的。在这一集中选手们得到的任务是为美国著名的牛仔裤品牌李维斯做宣传册。在节目中，李维斯这一品牌由于创造了牛仔裤而被盛赞为美国的象征。李维斯总裁给选手们下达的任务是，要求他们在宣传册中体现出“李维斯的牛仔裤为所有人“度身定做，无比合体”这一卖点。在实际执行的过程中，其中一组选手将焦点集中于拍摄模特们的臀部上，因为这个部位最能体现李维斯所希望宣传的合体的性感曲线；但是，另外一组在拍摄了模特们多个角度的照片后，最终在宣传册中却没有选入任何展示臀部的照片。在面对李维斯总裁的推介会上，后一组的负责人玛丽亚（Maria）被问及为什么没有一张照片来展示穿着牛仔裤的臀部，她回答说他们这组没有拍到能够体现完美漂亮的臀部的照片，因此没有选用。当这一解释说出后，镜头马上切换到了总裁不满的表情。玛丽亚的回答可以被理解为李维斯的牛仔裤实际上并不是能够让任何人都“无比合体”。就在这时，特朗普带着他的模特未婚妻出现了，他特意让后者在所有选手和李维斯的管理层面前展示穿上了牛仔裤后的性感臀部，镜头特意放大了后者，并且捕捉到了总裁满意的笑容。

在这一片段中，特朗普的未婚妻是一个重要的道具，她的出现是为了证明李维斯牛仔裤的性感，也是为了证明玛丽亚所犯下的错误。既然特朗普的未婚妻展示了穿着李维斯牛仔裤完美性感的臀部，那么玛丽亚刚才的解释就可以被认为是自大的、错误的或是谎言，只是这一组选手没有尽心尽力而已。既然李维斯的主要卖点就是它的牛仔裤可以让任何人都找到合体的性感裤型的品牌，那么如果不体现玛丽亚的错误，就等于说明了这个品牌的失败。对于李维斯这个被定义为代表美国形象的著名牛仔裤品牌而言，这显然是不可接受的。对于这一真人秀而言，他们与李维斯这样的品牌进行合作，必须担负为这些品牌增值的目的，玛丽亚的诚实成为她对这一商业原则缺乏敏感认知的体现，而在随后的会议室中，她也不可避免被解雇了。

在《学徒》展示的特朗普的商业世界中，诚实、民主都不是最重要的价值观，领导力、决断力等品格更受推崇，因为这些价值观与财富的成功更密切相关。在《学徒》中，特朗普以及他所代表的领导阶层的权威和等级秩序被始终牢牢地支撑着，而特朗普宣扬的美国式成功推崇的是一种进攻性的和尊重等级制度的合理性的美国文化。

同样在李维斯牛仔裤这一集当中，在会议室里，第一季中的胜利者比尔·兰奇（Bill Ranchie）出现在特朗普的助手位置。这时，一位参赛选手非常自然地称呼他为“比尔”，即他的名字，而非“兰奇先生”。从这一细节中，我们可以看到，通过观看节目，比尔和观众已经建立某种亲密感，尽管他们素不相识，选手们仍然会直呼其名，仿佛是老相识。但是，特朗普马上纠正了这点，并指出选手们这样的称呼是对比尔的不敬，参赛选手在称呼他们时，必须加上尊称，而镜头则马上切入了比尔似乎不满的表情以应和特朗普的判断，这一行为又提示了选手和观众现实存在的等级观念。与此相对应的是，特朗普等管理阶层的人对于参赛选手，都是直呼其名。实际上，这种对尊称的坚持在我们通常认识的美国文化中，特别是在电视剧中所呈现的媒体上的美国文化中难得一见。美国文化所宣扬的某种开放平等民主的氛围在特朗普的私人空间中没有，也无须存在。

《学徒》所要寻找的就是具有领导才干的商业精英，因此在特朗普解雇选手时，有一个经常出现的理由，那就是领导者没有体现领导力，或是执行者没有尊重领导者。领导人是否称职，首先在于他是否能够维护自身的权威，而作为理想的雇员，同样也不应该有僭越的举止。领导力的实现需要的是具有领导才能的人和愿意认同领导制度的人，精英主义在这样的文化中仍然根深蒂固。

但是，作为电视景观之一，特朗普的私人空间实际上是公共的，因此其传递的或含蓄或直接的讯息也具有公共性。特朗普对领导权威的强调与美国的文化所宣扬的社会的民主平等并不一致，但是这种不一致又真实地共存于美国文化当中。《学徒》正是通过将个人的能力和责任无限地扩大，在其叙事中巧妙地化解了社会的等级秩序和社会公平间的深刻矛盾。

小　结

真人秀《学徒》与《生存者》相似的是，同样利用真人身体和身份的多元性以赋予节目真实性和戏剧性。其中女性与男性间的对抗，以及街头草根与书本精英的对抗特别典型地在这一真人秀中得到了大量的运用。与《生存者》不同的是，《学徒》对真人身份的强调更为直接，真人们没有脱离生活世界，因此他们的身份在这个真人秀中，如同在社会现实中一样，成为他们身上的标签。真人秀的“无剧本”特点，让某些刻板印象得到颠覆，比如女性与男性相比在商场智慧上的劣势或是街头草根与名校精英间的差距。对这些刻板印象的颠覆赋予真人秀以戏剧性，增添了观众观看的趣味，更重要的是，这种戏剧性进一步巩固了真人秀的真实感。但是，另一方面，《学徒》在对这些二元模式的运用中仍然不可避免地嵌入了固定模式，虽然这种固定模式也被认为反映了真实的社会现状。

《学徒》中除了普通人作为真人参与，另一个具有重要象征意义的参与者是作为名人的亿万富豪特朗普的加入。在这一真人秀中，特朗普真实的财富和社会地位是整个真人秀的核心，它赋予了这一真人秀内容的合法性。特朗普的私生活被奇观化，成为被模仿和崇拜的对象，而特朗普由于拥有对学徒竞争者的绝对选择权，从而可以制定规则、阐释规则和树立权威。特朗普在这一真人秀中至高位置的合理性解释就在于对美国梦的构建。《学徒》将美国梦阐释为经济上的成功，是资本的胜利，因此，商业场上的原则也被认为是美国式成功需要遵守的公正的金科玉律。美国梦被构建为个人通过竞争、利用自身的身体和智慧的优势实现对财富的最大追求，而特朗普和参与者成了这一美国梦的肉体化身。掩映在美国梦光环之后的，是根据资本来进行严格等级划分的社会现实，而这一社会现实在《学徒》中被大量互相呼应的象征所支撑和巩固。通过将社会的等级制度个人化和人格化，制度化的不平等被消解了，而《学徒》中真人的身体、资本与社会等级秩序间的关系都被美国梦这一抽象但强大的理念所解释。

在下一章当中我们将讨论《美国偶像》，这个节目也调用了美国梦这一概念来作为节目的叙事中心，但是它更直接地将自身塑造为美国梦本身。我们在前面的两个案例中已经看到了电视真人秀是如何通过精心的选角来建立多元性和制造冲突的。《美国偶像》则不仅将选角作为一种控制内容发展的手段，而且将选角作为其重要的节目特点和叙事主线。如果说《学徒》给予了有能力的年轻人在日常世界实现不平凡价值的机会，那么《美国偶像》则着重给任何有梦想的年轻人提供舞台，并且许诺将把他们对“不平凡”生活的追求推向极致——成为万众瞩目的全美的偶像。本书还将把对《美国偶像》的分析进一步延伸到电视真人秀对真人的动员能力之上，同时着重阐释电视真人秀是如何将个体、社会与工业的利益进行有效调和的。

第五章

真人秀的身体与身份认同：以美国福克斯电视台的《美国偶像》为例

> 美国偶像是这一代人的聚集地，他们一起歌唱，一起欢度时光，这是成千上万本来人生不会有交集的人的共同经历。
>
> ——《美国偶像》第十一季第七集（2012 年）

在席卷美国 21 世纪第一个十年的真人秀浪潮中，美国福克斯电视台的《美国偶像》（*American Idol*）毫无疑问是其中最具有标志性的代表。它自 2002 年开播以来，从第二季开始，收视率一直稳居其同一时段的前五位，并经常问鼎收视率的第一名，可以说它是美国有史以来最成功的电视节目之一。《美国偶像》借鉴英国真人秀《流行偶像》（*Pop Idol*），创意人也是同一位英国音乐制作人西蒙·富勒（Simon Fuller），但是凭借美国这一大背景所能提供的更广阔的地域性、人才的多元性和音乐产业的全球性，《美国偶像》成为比后者更具有国际影响力的美国真人秀的代表。

以《美国偶像》为代表的一类为有艺术才能的普通人提供通向娱乐圈的名望之路的真人秀最直接地进行着从“普通”到“非凡”的转换。《美国偶像》与传统的综艺娱乐节目形态最为接近，也就具有最广泛的欣赏群体。但是，与其他形态的真人秀一样，它区别于传统综艺类节目的重点在于对于参与者的自我定位上进行的深度介入，以及它所实现的社会动员能力。《美国偶像》似乎是节目制作方对叙事构建进行最少干预的真人秀形态的代表，因为最终的结果取决于观众的投票，它动员观众以参与者的姿态，而非旁观者的方式主动加入整个进程。以美国之名，以民主之形，它已经将其所支撑的价值观进行了表达，其所塑造的美国年轻人文化的形象也随之进行着国际化的传播。

《美国偶像》第十一季（2012 年）是这一真人秀发展了近十年后的一个里程碑。在这一季中，节目方非常敏锐地将这一真人秀对美国文化的影响力作为卖点，凸显自身的社会功能。本章将主要以《美国偶像》第十一季（2012 年）为例，首先分析《美国偶像》是如何通过参与者的身体，构建了一幅美国多元文化色彩丰富的奇景；其次，本章将进一步探讨在这一奇景中，参与者的身体又如何被简约为才能和个性成了节目代表性和戏剧性的来源，也成了参与者借此获取名气和建立自我认同的手段；最后，本章将讨论《美国偶像》如何以参与者的身体为基础，调用各种象征形式，运用规则这一指挥棒，将意识形态施加其上。

第一节　海选中的身体：多元的奇观

《美国偶像》是以选拔最具有潜力成为音乐巨星的偶像为节目诉求的真人秀。它许诺给予普通人梦想成真的机会，因此，海选，即大规模的公开招募参与者，不仅是这一真人秀的第一个环节，也是最重要的树立这一真人秀广泛的代表性和全民性的手段。然而，作为一档真人秀，它还需要具有高度的娱乐性。但是，这种代表性、全民性和娱乐性并不能通过简单的记录得以实现，面对海量的真人素材，《美国偶像》实际上比任何的真人秀都更加倚重剪辑。

为了体现《美国偶像》的美国性，节目制作方安排的海选地大多在区域性的中心城市，如纽约、洛杉矶、西雅图、迈阿密等。由于节目倡导所谓的“零门槛”海选，因此在每一个城市的海选都有成千上万的选手参与，进行数日。但是在每期近一个小时最多两个小时的节目中，《美国偶像》只能挑选呈现其中的几十人，叙事重点又会集中在其中的十几人之上。毫无疑问，能够被万里挑一地拣选出来的这十几位选手必然具有相当的代表性或独特性，节目对他们的呈现方式则体现出了《美国偶像》对美国多元社会的诠释和建构。

我们将以第十一季的海选过程为例，考察《美国偶像》如何利用真人身体的多样性建立起一幅多元文化的奇观。

一、海选的广泛性与呈现的选择性

第十一季作为《美国偶像》发展十年后的一个新起点，在整个海选过程中，都期望突出体现比以往更大的规模和更广泛的代表性。这一季海选的 7 个城市分别是代表美国东南部的佐治亚州的萨凡纳市、东北部宾夕法尼亚州的匹茨堡市、西部加州的圣地亚哥市、中西部科罗拉多州的阿斯本市、南部得克萨斯州的休斯敦市、西北部俄勒冈州的波特兰市以及中部俄克拉荷马州的圣路易斯市，其中前六个城市都是第一次承办《美国偶像》的海选。海选城市跨越美国整个大陆，覆盖东西南北中各个区域，是为了让来自不同地区的有意参加的选手能够较便利地抵达现场，而事实上，由于美国幅员辽阔，即便是这样的设置，对于很多参与者而言，也需长途跋涉。但是，这也让每一次海选的“人才库”得以常新，因为多元有特色的“新鲜”的参与者是《美国偶像》最重要的资源。

由于《美国偶像》在前十年的发展已经积累了大量的粉丝，这一季每一场的海选也规模庞大，几乎每一场都有上万人的参与，加上陪同前来的亲友团，到场人数都让候场的体育场座无虚席。虽然号称是“零门槛”的真人秀，《美国偶像》却设置了一个最大的门槛：年龄需要介于 15 岁到 28 岁。这一年龄跨度不大，但是包含从懵懂少年到成家立业的青年的年龄段。除去地域、性别、种族和年龄上的多元，《美国偶像》最大的多元性体现在选手的人生背景上。显然，不是每一个人的人生故事都能够或被认为值得呈现出来，成为《美国偶像》最终播出的一部分。在这一季中，得到机会作为核心人物呈现的人数则一共只有 66 位，其中顺利过关的为49 位。在这66 位当中，28 位为女性；非洲裔选手有 7 位，而亚裔有 3 位，拉美裔则有 2 位。

除了依照他们实际上的参赛顺序，我们可以看到《美国偶像》精心挑选出的选手实际上被分为了几种特定类型，以形成对比并达到呈现代表性和娱乐性的目的。他们都是普通人，但必须在某一方面具有非凡之处。《美国偶像》一方面要突出他们的“普通”，另一方面又要聚焦于他们的“非凡”。我们大致可以把这些特定类型分为才能突出的、相貌突出的、个性突出的和故事突出的；而从呈现效果上说，则分为正角、配角和丑角。可以说，在过关的选手中大多数可以被归为才能突出这一类，形象也以正角为主。然而，在海选过关的几百人中，他们之所以被格外挑选出来，又是基于他们不同的身体或是身份上的特点，也就是说，他们需要具有代表性或独特性的外貌、声音或是身份。如果说过关的选手要在海选环节即得到呈现是需要百里挑一，那么未过关的选手要赢得这媒体上的几分钟展示，则更加是万里挑一的结果。而且，他们的呈现往往以配角或是丑角的形象出现。

除了重点呈现的核心人物，《美国偶像》还采用了略述的方式尽可能多地展示出参加《美国偶像》的选手的多元性。在重点叙述的各个选手中间，节目中穿插着众多选手一闪而过的画面，这让叙事节奏得到调整，同时可以尽可能多地将多元化的选手呈现出来。通常，他们将过关的选手和被淘汰选手分开来进行展示，并将他们归为不同的类型。

比如，在第一集当中两个详述的故事中间，主持人的画外音叙述“萨凡纳市人才济济令评委们惊喜不断”，之后便闪过一系列晋级选手表演画面，他们的表演画面虽然转瞬即逝，但他们的姓名、年龄、职业等信息会随同他们的形象展示在荧幕下方。画外音随后一转，“‘美偶’之旅不会一帆风顺”，之后再闪过落败选手哭泣的画面，哭泣选手对着镜头做不同的表述，“他们说我不够投入”，“这不是终点，我会再努力”，“我不想说话”，以及他们的亲人安慰他们时复杂的表情，而他们的个人信息没有得到展示。在这一系列的展示中，数十个选手和他们的亲友们得以露脸或是发声，兼顾了男女、年龄、种族和样貌上的多样性。

《美国偶像》最常调用的海选画面便是各地座无虚席的体育场中等候试唱的选手和他们的亲友团，以及绵延数百米的等候入场的选手们。选手们往往会打出各种横幅或是用身体组成与这一季相关的数字或字母，这些画面通常都显得色彩艳丽、异彩纷呈，配以明快热烈的背景音乐，制造出一幅多元文化的奇观，渲染了《美国偶像》参与的群体性和全民性。然而，它同时也在提醒我们，在这奇观当中，任何个体都会被消解其中，成为整个宏大叙事的一部分。

二、被分类的普通人：正常的、非凡的与另类的

普通人的积极参与是《美国偶像》的海选得以成为引人瞩目的公共事件的最重要条件，但是普通人的普通却并不是让真人秀成为“好看”的电视的要素。因此，普通人必须具有某些特点或代表性。《美国偶像》海选中的普通人被分为三类得以呈现：正常的、非凡的与另类的。

以第一场海选为例，在 1 个小时 40 分钟的节目中，一共有 17 位选手得到机会展示自身故事，其中过关的为 12 位，5 位为被淘汰的选手。过关的 12 位选手中的基本情况如表 5－1 所示。

表 5－1　《美国偶像》第十一季海选第一场过关选手情况

姓名	年龄（岁）	种族/性别	身体特点/个性表现	背景故事
戴夫（Dave）	17	非洲裔/男	长相稚嫩如 12 岁，自信，爱搭讪比自己大的女生	曾在歌唱比赛中击败上届“美国偶像”获得者
戈比（Gabi）	15	白人/女	长相甜美可爱	从小看《美国偶像》长大，为歌舞而生，踢踏舞冠军

续表5-1

姓名	年龄（岁）	种族/性别	身体特点/个性表现	背景故事
莎依（Shannon）	15	白人/女	个子格外高挑，成熟漂亮，不似15岁	父亲曾是美国棒球职业大联盟选手，大家庭和睦幸福
艾米（Amy）	24	白人/女	平日是嬉皮士打扮，未穿过礼服	与男友相依为命住在丛林的帐篷中艰难度日，为改善生活参加比赛
斯蒂芬妮（Stephene）	15	白人/女	格外紧张，浑身发抖	从小看《美国偶像》长大，以“美国偶像”们为前进的动力，是《美国偶像》的铁杆粉丝
思凯乐（Schyler）	16	白人/女	普通	去年与哥哥克顿一起参加后未晋级，今年再次参加
克顿（Colton）	19	白人/男	发型独特，外形酷帅	去年差点进入12强，今年本只打算陪同妹妹思凯乐参加，但被评委鼓励继续参加不要放弃
劳伦（Lauren）	25	白人/女	普通	在助残项目工作，帮助智障人士，在工作中融入音乐元素，组建智障人合唱团
阿斯利（Ashley）	28	非洲裔/女	打扮出位，行为举止有强烈的嘻哈风格，格外自信	无

续表5－1

姓名	年龄（岁）	种族/性别	身体特点/个性表现	背景故事
W. T.	25	白人/男	普通	为参加《美国偶像》辞去狱警的公职，待业在家，妻子怀孕6个月
布列塔妮（Brittany）	24	白人/女	性感漂亮	美国职业篮球NBA山猫队的啦啦队员
菲利普（Philip）	20	白人/男	高大帅气	在当铺工作

我们可以看到，在这12位选手中，如果背景故事并不突出，那么他们的入选在于外貌和个性上的特点，如代表了漂亮、帅气、甜美或是另类风格，通常说来这些选手营造了某种轻松愉快的娱乐氛围，他们代表的是一种“正常”的普通人。而背景故事突出的，其故事通常具有戏剧性甚至悲剧性，但是，故事的叙事最终还是要转向积极正面的励志轨道，即为了梦想不要放弃。在这12位选手中，有2位的故事主要服务于这个目的：居无定所的艾米和助残慈善的劳伦，他们所代表的是一种“非凡”或是“另类”的普通人。

在艾米的故事中，她的外貌看起来并无任何异常之处，但是在对着镜头采访的过程中，她透露了自己居无定所、一贫如洗的艰难生活现状。之后插入了节目组所拍摄的她的住地的情况。艾米带领摄像人员参观了自己在丛林中的帐篷，阴暗晦冷的丛林中，简陋的帐篷几乎无法遮风避雨，而帐篷内的陈设更是回到了前现代的时期。然而，艾米则强调虽然物质生活极度贫乏，但是男友对她呵护有加，每天勤劳工作，打了数份零工，希望境遇能够有所改善。而她参赛也是为了两人有朝一日能摆脱这样的困境。这时画面中出现了她和男友相依相偎在烛光中弹吉他唱歌的场景，她的宠物小猫也依偎在旁，某种世外桃源的浪漫气氛被烘托出来。最后，在镜头前，她专门强调，自己今天的比赛服饰都来自男友母亲的赞助，自己从来没有如此打扮过，当她说这些语言时，始终面带笑容。艾米代表着社会的草根阶层，但在镜头前，她面对这样的境况表现出的是毫无怨言甚至仍然乐观的面貌。

而在劳伦的故事中，劳伦本人的形象虽然并无非常之处，但是她的工作则不“普通”。她在为智障人士提供服务的机构工作。智障人士在公众心目中往往是悲剧的或是值得同情的形象，但是劳伦在自述时则强调：“我觉得我的工作很好玩，基本上就是玩。”“虽然他们唱得音律不准，但是大家看他们那么开心，都会感动流泪。”而她参赛的目的是做一个“有志者事竟成”的榜样。在镜头画面中，劳伦和智障人士一起有说有笑，做着各种游戏，而智障人士组成的合唱团更是一起说出了“美国偶像真棒”的口号。在采访最后，劳伦也同样和她的智障人士们一起展露着快乐的笑容。

艾米和劳伦的故事，事实上都指向了社会最弱势的群体和他们艰难的生存现状，与天真活泼、无忧无虑前来参加的少男少女们形成了一种对比，展示了美国社会不同阶层的生活状况，构建了《美国偶像》参与者多元化的图景，丰富了《美国偶像》的励志精神。

与过关选手的多元相比，未过关选手的构成应该更为复杂，但是，《美国偶像》仅仅挑选了其中的5人，这5人也分别在身份和背景上丰富了海选的多元化，但是他们却无一例外地被喜剧/滑稽化地呈现。5人的基本情况如表5-2所示。

表 5－2　《美国偶像》第十一季海选第一场淘汰选手情况

姓名	年龄（岁）	种族/性别	身体特点/个性表现	背景故事	试唱表现
杰西卡（Jessica）	19	白人/女	无	10 岁就开始唱歌，为很多比赛领唱国歌	评委当面评论其唱歌如同吼叫，表现糟糕，她坦然接受批评时，表示还会参加另一个城市的海选
肖恩（Sean）	26	白人/男	穿着打扮和语音语调都模仿主持人，并且惟妙惟肖	无	评委表示其歌唱水准不如模仿秀的能力出众，他坦然接受
乔舒亚（Joshua）	23	白人/男	精力充沛，身材高大，但举止女性化，同性恋者	朋友采访表示他一定会因唱歌出名	评委表示其唱功不佳，他对结果非常不满，拥着男友痛哭，并爆粗口
马乌纳（Mawuena）	25	非洲移民/男	打扮土气，非洲口音浓重，发音不清	表示自己从小唱歌，坚信自己会成为“美国偶像”	评委认为其五音不全，他认为评委错看了他，努力在场外找寻愿意支持他的路人
艾丽卡（Erica）	28	白人/女	无	疯狂迷恋评委中的一人，坚信能成为他的妻子	在试唱前拥抱了她的偶像，并做出出格动作，评委们对此极为包容和纵容，尽管认为其歌唱水平一般

这 5 人的确是各有特色，代表了不同类型的普通参与者，但是在剪辑的过程中，节目组将他们的某些特点刻意放大，配以背

景音乐或画面，或是推波助澜，要他们表现出这些特色，以滑稽可笑的形象呈现在荧幕上。但是，即便是这 5 人，投射在他们身上的滑稽的色调也是不同的。

其中，杰西卡、肖恩和艾丽卡虽然可笑，但是他们的行为得到了某种程度上的包容。杰西卡的糟糕唱功由于她的坚持而显得可爱；肖恩的唱功不佳，但是评委还是肯定了他的模仿天赋，被模仿的主持人也给予他支持，他始终保持着主持人般的风度；迷恋评委的艾丽卡歌唱能力完全不够格，但是她在整个过程中与评委们互动频繁，评委非但没有认为她的迷恋怪异，还一一满足了她的要求，最后即使未过关她也显得心满意足。但是，唯独在呈现同性恋者乔舒亚和非洲移民马乌纳时，导演剪辑的手法让他与其他三人相比，显得格外的滑稽和可笑。

乔舒亚高大的身材、充沛的精力和女性化的举止制造了一种滑稽感。画外音首先提到他是一位精力充沛的选手，他时不时发出吼声来给自己鼓劲，其间穿插评委们被他吓到的画面；他谈到自己喜爱的评委詹妮弗·洛佩兹时，显得情绪格外激动，画面播出了他冲向前去与之拥抱的场景。很快，他同性恋的身份暴露了。他谈到自己喜爱的偶像和男朋友时，做出了与他高大身材不匹配的小女孩般的动作和害羞的神情。最后，个人采访中强化了他朋友对他歌唱功底的高度评价和他的极度自信的表白，但是这与之后欠佳的表现又形成了一种强烈对比。在这样的对比下，可以想见他被淘汰后的难过心情。而在他被淘汰后，摄像一直跟拍他的反应，从伤心痛哭、情绪激动，到最后情绪失控对着摄像人员爆粗口。他一边抽烟一边哭着给母亲打电话的画面则进一步强化了某种负面的形象，即软弱和情绪化，而这种形象符合社会对同性恋者的偏见。

非洲移民马乌纳的表现则可以用丑角来形容。他穿着打扮土气，英语发音不清，但是却显得非常自信，称自己很会唱歌，尤其喜欢乡村歌曲，有能力成为“美国偶像”。当他做这些自我陈述时，剪辑人员适时配以各种滑稽的图案，比如给他头上加上乡村歌手常戴的草帽，并且在他做出要当“美国偶像”的表态时，荧幕下方打上字幕，强化他英语发音的问题。他对乡村歌手的喜爱之所以成为另一个滑稽点，在于乡村歌曲是典型的传统白人的音乐形式，在保守的美国中部地区非常流行。他的非洲移民身份和他实际上与美国文化不相融合的举止言行，都与这种喜爱形成反差。而他之后对乡村歌曲的诠释也的确与原曲大相径庭，带着浓郁的非洲异域风情。但最强烈的对比还是来自他要成为“美国偶像”的表态。尽管这在所有的选手中是很普遍的，这里却由于他身份的特殊性，显出不自量力的可笑。

为了突出马乌纳的格格不入和可笑，制作组进一步利用了他的自信和对参与节目的坚持。当马乌纳得到评委的负面评价之后，他希望他们再给他机会，说他会证明他们看错了他，这一表态实际上也出现在很多选手的反应中，但是评委没有如惯常一样简单明了地回复他，却对他说：“你出去找个人来证明我看错了你啊。”节目主持人格外热心地陪伴马乌纳在场外寻找愿意支持他的路人。马乌纳一遍遍对着路人用非洲口音唱着乡村歌曲，而镜头播放着路人们忍俊不禁的表情。最终，一个带着三个小孙女的大爷觉得他唱得不错，和他一起返场试图说服评委，但以失败告终。老人和小孩之所以不能说服评委，实际上在于他们并不处于流行文化的主流之中，马乌纳只能找到他们而找不到其他证人这件事进一步显示出有判断力的“正常人”不可能认同他的歌唱能力。整个寻找过程不过是增添滑稽的插曲罢了，而马乌纳则是当中的一个小丑的角色。

乔舒亚和马乌纳在节目中得以呈现，的确让海选的多元化得到了进一步的丰富。虽然他们的表现都是真实的，节目制作方并没有歪曲，但是选择他们和呈现他们的方式，却都带有否定和调侃的意味。实际上，5 位被淘汰选手的“非常”之处都在于他们的自信和认真与他们实际的表现间的差别太大。

虽然《美国偶像》以给予普通人机会为诉求，但是这些普通人却被设想应该具有对自我的正确认识，自不量力者的梦想则会受到调侃和娱乐。然而，《美国偶像》在处理这样的选手时非常小心，因为大多数选手注定要被淘汰，也就是说，大多数人事实上都是“自不量力”中的一员。因此，《美国偶像》在挑选未过关的选手时刻意挑选的是“非一般”的普通人，让他们身体或身份上的特殊性冲淡受众的敏感度，而弱势群体更容易沦为“丑角”。

第二节　名气、自我认同与身体

《美国偶像》与以往综艺节目才能展示所不同的是，它把叙事的重心从单纯对声音这一身体部分的关注，延伸到对整个主体的身体和身份的关注。选手们的外貌、个性、表现力和带有强烈情感投入的人生故事与他们的声音一起构成一个不可分割的整体。《美国偶像》非常巧妙地将名气与自我认同用身体展示的方式紧密联系起来，将之塑造为不可分割的整体；而参与的真人们也将《美国偶像》视为可以将身体才能转换为名气，从而得到自我与社会认同的平台。

一、名气话语的整合

苏·霍姆斯在对关于真人秀中的名气问题所进行的分析中指出，真人秀已经成为现代最明显的进行关于“现代名气的地位”

这一争论的主要文化阵地之一。虽然这些争论通常对真人秀所创造的名气持负面的观点，但是这些观点间也存在区别。第一种观点认为参赛选手典型地代表并加速了一种让人遗憾的“为出名而出名”的时代风潮，这种风潮压倒了苦干和才能与名气间的联系。第二种观点认为参赛选手是被无情的名声制造机器的控制力量所操纵的受害者。这类研究都带有警世意味，指出这些名声的短暂性和泡沫性，指出公众曝光度的代价以及挣快钱的危险。而最后一种观点则较为中立，认为真人秀中普通人的迅速成名应该与民主化相联系进行理解，这一观点得到了电视制作和播出方的力挺①。

作者认为真人秀节目是目前正在持续的精英主义和民主主义两股力量争夺文化合法性话语的一个典型。在 20 世纪末，渴望揭开名人形象背后的故事这样的诉求，以及对观众的权力的日益增加的强调，一起构成了对名人真实性的挑战，而真人秀节目则是这一过程的明证②。但是，总的来说，先前的名人等同于“特殊才能”或是“勤奋”，现在这种观点开始转换为展现“真实的自我”。这种“明星效应”的核心意识形态作用在于它强调存在一个本真的自我，这与资本主义社会的个人主义的意识形态相符合③。

在对美国的名人文化所做的历史回溯中，乔舒亚·甘穆森（Joshua Gamson）认为，某些对名气的解释和立场在争夺“文化

---

① Su Holmes, “‘When Will I Be Famous?’ Reappraising the Debate about Fame in Reality TV”, David Escoffery ed., *How Real Is Reality TV?* London: McFarland & Company Inc. Publishers, 2006, p. 8.

② 同上，第 13 - 14 页。

③ Su Holmes, Deborah Jermyn eds., *Understanding Reality Television*, London and New York: Routledge, 2004, pp. 21 - 24.

的可见度/曝光度”的竞争中具有历史意义①。总的来说，早期西方的名气这一概念与政治和宗教精英相关联，被话语建构为处于“自然的等级制度”顶端；在19世纪中期，随着艺术和科技的发展，名人被建构为一种大众现象。随着民主占据公共话语的主导地位，公众可见度/曝光度越来越与贵族地位无关，在美国这一现象特别典型。这并不是说拥有名气需要具有“独特的伟大性”这一观点是过时的，但是这一过程的确建构了一个游弋在英才精英概念和平等民主概念之间的话语框架。

好莱坞制片厂制度代表的是名气的工业化这一阶段，为大众生产名人是一个受到高度控制的生产体系，名人是“杰出”的这一说法被名人需要具有“明星素质”和“才艺”这一说法所取代。但名人制造机器本身被公众认识又反过来对名人的神话造成了解构的威胁。伴随好莱坞制片场时代的结束和电视的兴起，20世纪后半叶，有关“名气都是制造出来的”这一话语受到普遍认可。甘穆森指出从19世纪末开始，两种关于名气的叙事就在互相竞争以求得文化上的合法性。到20世纪末，民主主义的话语争夺合法性的主要策略有两种：一是通过暴露名人形成的过程，二是从讽刺的戏仿的视角来建构名人文化，这两者都让观众

① Su Holmes, “‘When Will I Be Famous?’ Reappraising the Debate about Fame in Reality TV”, in David Escoffery ed., *How Real Is Reality TV?* London: McFarland & Company Inc. Publishers, 2006, p. 11. 霍姆斯援用了甘穆森对名气的历史意义的分析，认为其分析揭示了名人的话语建构过程，特别是在历史某个时期对于名气的流行的大众的解释是如何在社会中流通的。甘穆森本人的论述参见 Joshua Gamson, *Claims to Fame: Celebrity in Contemporary America*, Berkeley and Los Angeles: University of California Press, Ltd., 1994, pp. 15－57. 甘穆森指出那种认为20世纪的大众媒体（如电影）的兴起造就了现代的大众名气的神话的看法是不准确的，现代名气的很多特征都可回溯到更早的西方历史当中。早在17世纪，在内在自我与外在自我之间、在公共与私人生活之间、在平民利益与贵族利益之间就已经产生某种名气竞争的张力。

获得了某种更高的权力位置①。

正如甘穆森所分析的那样，《美国偶像》典型地利用了将“美国偶像”的形成过程逐一展示并给予观众至高的决定权这些手段，来凸显这一真人秀的民主性。但是，《美国偶像》采用的这些手段却并没有成为消解名人光环或是打破名人神话的话语中的一部分，恰恰相反，这些手段消解的是“名气是制造出来”的这一话语的负面性。作为以打造“美国偶像”为终极目标的真人秀，它让观众处在明星制造过程中最主动和积极的位置，精英主义与平民主义的话语在这一真人秀的空间里得到了整合。

《美国偶像》在建构名气上的优势正是在于，它提供了拥有名气的多种可能性：具有非凡声乐才华的人可以依靠努力和实力实现成就明星地位的神话，而没有非凡才华却有非凡个性或是背景故事的人，也可能依靠媒体的曝光而获得瞬间的名声。这既满足传统的观念认为明星应该具有独特性和非凡性，又让名气和名人并不高高在上，不可企及。

《美国偶像》对名气的建构具体说来，即可以将“普通人”的身份转换为“名人”、“明星”或是“偶像”的身份。然而，这几种身份间有等级高低的差别。“普通人”是《美国偶像》的基础和源泉，但是他们在这种等级秩序中却处于底层。所谓的“梦想成真”恰恰是要摆脱这种身份，打开通往名气的大门。随着真人秀的推进，大部分普通人的“美国偶像之旅”必然结束，而每次晋级后的选手，由于在媒体上曝光度的积累，慢慢地从“普通人”上升至“名人”“明星”，直至最终的“美国偶像”。

---

① Su Holmes, “‘When Will I Be Famous?’ Reappraising the Debate about Fame in Reality TV”, David Escoffery ed., *How Real Is Reality TV?* London: McFarland & Company Inc. Publishers, 2006, pp. 11 - 12.

名气的制造在这一过程中自然而然，而由于公众有投票的权力，被纳入名气制造的过程当中，因此，这种名气制造过程中的“工业化”和“商品化”迹象也变得不那么明显了。

二、被塑造的身体与自我认同

《美国偶像》看似给予了所有有梦想的人一个梦想成真的机会，并以各种方式鼓励他们去实现这一梦想，但在整个过程当中，选手们的个性和他们的梦想却始终不断地受到社会的规诫而不得不做出调整。《美国偶像》的选手们的身体成为他们取得自我认同的重要手段，但是实现自我认同的方式却是必须将对自身的接受转换为他人对自己的认同，即将身体的才能、外貌、个性转换为名气。

在第十一季第十三集中，一位已为人父的选手进入了42强。在面对3位评委，等待他们是否最终给予他24强的席位的宣判时，他难以控制自己的情绪，向评委表达他的内心渴望：“当我最亲近的一个朋友问我，如果不考虑时间资源这些客观因素，你最想干什么时，因为我一直不知道自己到底想干什么，我实际上喜欢很多事情，但是这一问题逼我决定，而我的回答总是我要唱歌……我所有的纠结总结起来就是5个字：我非唱不可。唱歌是我的快乐的源泉，是我领悟人生意义的方式。”然而，“唱歌”实际上是一个非常个人的身体活动，如果只是想唱歌，那么他完全没有必要感到矛盾，或者把唱歌与养家糊口等责任对立起来。在做这番表白时，这位选手泪流满面，显得极为激动，因为他知道如果这次不成功，他的“美国偶像”之旅就结束了。这位选手的真情流露非常深刻地反映了在现代美国社会，年轻人的自我认同与名气间不可分割的关系。

唱歌不再是单纯的个体的行为，当他们在私人生活中唱歌时，他们联想的是在公共场域中的歌唱。“能唱歌”作为一种才能，更是一种身体资本，而这种资本如果不能转换成名气这一社会资本或是财富，那么就是一种浪费。拥有身体资本却没有办法转换成名气以取得社会认同，成为很多年轻人感到痛苦的原因。缺乏社会的认同，选手们也就失去了自我认同的基础：自己究竟是自欺欺人还是真实地拥有这种资本呢？无法定位于社会也就无法定位于自身。

《美国偶像》之前，普通人进入娱乐产业的途径隐晦而艰难，他们需要考虑诸多客观因素，还必须投入大量的时间和精力，但是《美国偶像》则似乎让这一途径简单化、透明化和效率化。只要能踏上《美国偶像》之旅，按照节目的流程前进，就踏上了星光大道。《美国偶像》所成就的“美国偶像”们则更进一步激发了众多的普通人以这种方式取得社会认同的渴望。

除了切实地希望通过成为流行偶像而改变自身物质生活的普通人，《美国偶像》还催生了一大批仅仅因为在电视上展露身体而获得一时名气的“名人”，他们被斥为“为名气而名气”的代表。这类普通人有的在海选中被呈现为“丑角”，有的则赢得昙花一现的几分钟。他们有机会在全国性电视上获得聚焦其身体的几分钟，但是并不会因此得到物质生活上的改变，或是他们并不期望得到改变。

既然名气与财富是密不可分的，如果美国梦代表的是通过自己的努力过上更好的物质生活，那么“为名气而名气”显然是不符合这一逻辑和道德观的。如果“名人”只有名气，而没有财富，那么，它的价值在哪里呢？名和利之间的正比关系是一种根植在制度深层的基本关系，也存在于人们认识社会和生活的潜意识当中，对它的违反就可能让很多人感到不安甚至恐慌。然而，对于21世纪初的美国人而言，媒体体验是如此深刻地渗透到普通人的日常生活当中，因此“为名气而名气”的做法只是普通人在媒体时代企图求得自我和社会认同的一种方式。《美国偶像》的选手常常需要用《美国偶像》中的成功来证明自己，证明其他人对自己看法的错误。因为用其他方式来证明需要漫长的周期，但是《美国偶像》可以给予个体迅速成名的机会，降低了时间成本，而《美国偶像》提供的相对开放的平台也让成功的过程看起来似乎更公平、公正。

比如，在第十一季中，美国著名喜剧演员金·凯利（Jim Carry）的女儿珍妮（Jane）也来参加真人秀。但是，在她的自我陈述中，她却首先以一个两个孩子的母亲和服务员自居，而后再引出她父亲的大名。她矛盾地认为自己的父亲是一个普通人，但是又声称在父亲的明星光环下成长有自我定位的问题，找准自己的位置很难，因为别人会质疑自己的任何成功都是靠父亲的名气。她认为，参加《美国偶像》就是为了证明自己在世间拥有一席之地。

珍妮的例子尤其明显地展示了纠结在名气之上的两种话语间的博弈。与其他人相比，珍妮同样将名气与自我认同画上了等号，渴望用名气为自己定位。但是，她父亲的名气又阻碍了她获得属于自己的名气，因此，《美国偶像》的平台让她可以以普通人的身份，在公开透明的情况下将自己的身体才能转换为属于自己的名气，从而在社会中定位自己。

在《美国偶像》当中，“才能”就是要能娱乐观众，而且足以在好莱坞或是拉斯维加斯占有一席之地。而“名人”本就是一个阶级性和排他性非常强的词语。对名人的认可，是因为名人“高人一等”，凌驾在普通人之上，对成为“美国偶像”的追求也就是对自身普通人身份的弃绝。但是如果美国梦是指通过自己的努力改变命运，那么无疑，这样的真人秀最真切地体现了美国梦的存在。《美国偶像》的诱人之处正是在于在现实中机会成本太高，绝大多数人并没有成名、成功的机会。

很多选手都流露出一种担心——一旦失败将不知道何去何从。在遭遇淘汰后，在社会中处于较低阶层的选手的担忧表现得尤为明显。“我不知道如何回到过去，我完了。”“我下次还得来，《美国偶像》是我唯一能够改变人生的机会。”“我奋斗了这么久却被淘汰了，我不知道我的未来要怎么办。”诸如此类的赛后告白频繁出现在《美国偶像》当中，伴随着选手们绝望的神情和泪眼。这一方面体现出了竞争的残酷和“美国偶像”的价值，但是从另一方面来看，是因为出名意味着美国梦的实现。他们害怕的是他们可以看到的现实——贫困而没有尊严的生活，他们迷茫的是要如何改变这样的前途。如果没有电视媒介化的选秀，他们的美国梦将在何处安放？

《美国偶像》产生的过程恰恰清楚地展示了一个将充满希望的海选的参与者淘汰为唯一的胜利者的过程，与一个主体的美国梦的实现相伴随的是一个群体的美国梦的终结。在海选结束后，300 多位脱颖而出的选手飞往好莱坞，在一周之内进行多场表演，每次表演都会有一半的选手被淘汰，最后留下 70 多位选手飞往拉斯维加斯。表演一场后，最终只留下 24 位选手进入《美国偶像》全民投票环节。

在这样残酷和紧张的赛制下，为了继续“美国偶像之旅”，真人们的身体必须经受住超越常人的考验。选手的身体成为节目真实性的源泉，从声音、体力到感情的考验，选手们的身体反应被推向重要的位置，而身体所承受的痛苦是节目要着重刻画的。

比如，在“好莱坞之周”（The Hollywood Week）的组合演唱环节，选手们被要求自组表演团队，在很短的时间内完成排练。这表面上是考验选手们的人际关系，实际上给选手造成不必要的压力，逼迫他们表现出超乎寻常的状态，增加戏剧性。如第十一季第九集中，选手们由于通宵排练或带病坚持而昏倒、脱水、呕吐、痛哭、情绪失控、身心俱疲等，都被大肆渲染，成了一大看点。而在三轮比赛后，“好莱坞之周”结束时，余下的百位选手被分在 4 个房间，3 位评委一一进入宣布他们是否能晋级下一轮。这时，评委们往往会先抑后扬，把选手们的紧张情绪推向极致。他们紧张的面部表情、各种焦急等待的姿态被着重刻画，而后得到完全释放，或是激动不已，或是痛苦不堪，但都少不了拥抱、扭曲的面部表情和横飞的泪水。选手们的身体反应越是强烈，则显得越真实。

要经过层层选拔得到“美国偶像”的头衔，这些从 15 岁到 28 岁的年轻人被预设为已经具备商业化偶像的所有条件。偶像所需要具备的一切专业素质和舞台经验都要在短短的两个月内积累完毕，并且在每一轮比赛中，他们都需要发挥稳定，还要与众不同。在这一过程中，他们需要对自己的身体进行高强度的消耗、约束和改造，身体承受不了压力或是得不到快速改造的人，即便是才华出众，也只能淘汰出局。身体的承受度和可塑性成为衡量才华的客观标准。

选手们的身体也由于他们所承受的痛苦而增加了价值，他们身体承受的压力越大，则越凸显这一比赛的价值。例如，在每场比赛前，选手们都会得到节目组安排的声乐教练的指导，而他们的幕后工作在真人秀中被推向前台。节目对他们的刻画都着力于表现他们所受到严格的训练。实际上，短短的几个小时或几天的训练不足以改变选手们长期以来的演唱习惯，也不可能一夜之间提升选手们的演唱功底，但是这些训练仍然得到浓墨重彩的刻画，作为身体受到规训的浓缩体现。

真人们之所以认为自身会“唱歌”的身体能够成为换取名

气的资本，正是因为美国娱乐产业所塑造的音乐明星们将唱歌和音乐人格化为某种个人的才能的结果。但对于《美国偶像》的参与者而言，他们的身体所受到的规训并不仅仅是《美国偶像》的要求，更重要的，被认为是这个行业和文化的要求。《美国偶像》以行业和文化的代表之名，对真人们的身体进行合法的利用、塑造和规训。

第三节　工业化与美国化的音乐与身体

在历史上，古典社会理论家和哲学家认为，音乐在将具身性主体塑造成道德共同体成员的仪式中占有核心地位。它不仅塑造人们的行动，还深深影响了个体如何形成并维持其身份认同。音乐对于个体身份认同的重要性在现代还在不断增长，尤其对于十几二十岁的青少年来说[①]。随着数字技术的迅猛发展，人们更容易通过电脑欣赏、下载、储存和创作音乐，也更容易依靠互联网进行传播。因此，音乐聚合同类身份人群的力量也更为强大，比如让某些被压迫的主体和亚文化群体通过它有能力对抗居于支配地位的规范和价值。同时，虽然音乐是一种文化普遍项，并且高度依赖于身体，但是音乐又可以被社会中的某些群体，比如商业利益团体或统治阶层，用来形塑他人的行为[②]。

《美国偶像》开创了以美国之名进行的真人秀的浪潮，它成功地利用了音乐这一看似不具有政治敏锐性，但具有广泛而坚实的大众基础的文化常项，将自身塑造为美国当代文化的象征。真人们的身体在这一过程中成为文化工业和美国国家意识定位的

① 克里斯·希林：《文化、技术与社会中的身体》，李康译，北京：北京大学出版社，2011 年，第 136 页。

② 同上，第 142 页。

场所。

一、音乐、身体与流行文化工业

法兰克福学派的文化批判理论家西奥多·阿多诺认为，现代流行音乐与严肃音乐相比，最本质的区别在于前者从结构到细节到分类的标准化，音乐采用标准化的结构意在激起听众标准化的反应。他认为听流行音乐是一种被操纵的体验，这种操纵不仅在于它的宣传者，还在于这种音乐的本质是引导听众进入一种特定的反应机制当中，这种机制完全与一个自由开放社会的理想的个性相悖。流行音乐的音乐标准是在一种竞争过程中产生的，一旦某种音乐获得成功，它立即被模仿，而大规模的集中经济效应将其标准化、制度化，成为一种强制的制度。个人主义的不受约束的创新在这种制度下是非法的。现代工业化的流行音乐制造了一种个性的假象，阿多诺将之称为“假个性化”。

所谓的“假个性化”是指将基于标准化的文化的大众产品赋予自由选择或开放市场的光环，资本主义文化中的集中化和控制都隐藏在风格化和个人化的背后。他认为音乐的自主性如今已经被一种社会精神功能所取代，它成为一种社会黏合剂。对于听众来说，音乐的意义在于让听众在精神上去适应现代生活的运行机制。这种适应以两种不同的方式实现，这两种方式分别回应的是两种主要的大众对于音乐，特别是流行音乐的社会心理行为，即“节律顺从”型和“情绪化”型[①]。

阿多诺对流行音乐驯服和物化大众的功能的担忧和他对现代资本主义文化工业的批判是一致的。虽然阿多诺的批判性分析基

---

① Theodor Adorno, “On Popular Music”, in Simon Frith and Andrew Goodwin eds., *On Record: Rock, Pop and the Written World*, London: Patheon, 1990, pp. 301 - 314.

于20世纪40年代的美国流行文化的现实，但是半个世纪以来，美国流行音乐和文化的发展似乎进一步印证着他的判断。许多人认为，20世纪60年代美国伴随民权运动和反越战游戏曾涌现了一批具有批判性的音乐，但是现代音乐工业已经变得愈发缺乏批判性内涵，唱片和明星都是依靠公司雇员制造出来的，歌手的行为受到严格的合同约束[①]。《美国偶像》这一真人秀似乎确实地佐证了阿多诺对现代流行音乐商业化和工业化的判断。

《美国偶像》被认为是美国电视有史以来以最快的速度打造出最多有高度商业价值的明星的电视节目。这种“造星”的速度和规模在于它的“生产方式”。这种方式让真人们主动加入文化再生产的各个环节，从提供原料、贡献劳动力到最后消费自己的产品，真人们被完整地纳入这一商业体系当中。而当他们为这一真人秀的各个生产和消费环节无偿劳动后，还真诚地感激这一体系给予他们的机会和动力。现代美国流行音乐与电视真人秀进一步结合，不仅仅是让大众成为其产品的消费者，还鼓励大众成为其产品积极的创造者。流行音乐被认为是更大众化的音乐，这一方面降低了参与者的门槛，让普通人感觉可以一试身手，因此造就了海选的奇观；另一方面，又让普通人有信心对之进行评判，从而积极加入投票参与的环节。大众的参与和选择掩盖了商业化和工业化的操纵痕迹，或者说，给予大众更多的对文化产品的控制权这一策略让施加于真人选手身上的一切商业化和工业化要求合理化。

《美国偶像》中真人们的身体毫无疑问是高度商品化的，但是这种商品化包裹在对个性和艺术性的推崇之下。在这一商品化

---

① 克里斯·希林：《文化、技术与社会中的身体》，李康译，北京：北京大学出版社，2011年，第143页。

的过程中，明星评委们起到了关键的质量控制的作用。《美国偶像》的明星评委本身也是作为真人出镜的，他们的选择似乎是个人化的，但是他们行内人的身份，特别是作为已经成功的歌星和制作者，使其选择具有专业性权威。大多数情况下《美国偶像》所选择的三位明星评委由两男一女组成。第一季的评委由非洲裔歌手兰迪·杰克森（Randy Jackson）、女歌手宝拉·阿卜杜（Paula Abdul）和英国音乐制作人西蒙·科威尔（Simon Cowel）组成。这一组合持续了八年，他们的多元身份和不同的个性成为《美国偶像》评委组成的标准。其中科威尔代表着行业冷酷的专业性，而另两位明星评委则代表着“艺术家”的艺术性和个性。他们对选手的评论中既夹杂着个人的好恶，这导致评委之间有时出现不一致的看法，但是更多时候是以“专业”的“客观”标准，而这些标准是他们多年的行业经验所决定的，即谁有潜力被塑造成畅销的唱片歌手。《美国偶像》第十一季的三位明星评委都是歌手，具有相当突出的个性和不同的音乐和种族身份。他们分别是非洲裔音乐家兰迪·杰克森、拉丁音乐天后詹妮弗·洛佩茨（Jennifer Lopez）和白人摇滚明星斯蒂芬·泰勒（Steven Tyler）。但是，他们在进行挑选时，仍然自觉地以行业的标准来衡量选手们的潜力。在这一标准下，“个性”和“大众化”似乎成了并不矛盾的对个体的要求，但是事实上，这两者却难以两全。

通常，在海选阶段，评委们宣称将就选手们的声音做出评判，给予他们前往好莱坞的机会。但是，到了“好莱坞之周”结束时，在一百多位经过三轮比赛留下的选手中，仍然有一半的人不能晋级。这时，“声音”便不再是评委们集中关注的地方，“星相”成为衡量标准。所谓的“星相”则是取决于选手的整体形象，对形象的把握既要符合大众的预期，又要有能够脱颖而出的个性。

我们如果仔细分析评委们的评价，就会发现他们所发出的信息上的冲突。比如，在海选环节他们经常给予一部分选手们的正面评价是“你很独特，你很有个性”“你有与生俱来的天赋”“你很自然，完全做自己”“你有自己的风格，是真正的艺术家”“你的歌声中带有情感”，而负面评价也常常基于“个性”和“情感”：“你不应该唱得像某人，要做自己”“你只是唱了歌词，没有感情投入”。“个性”和“做自己”成为衡量一个“艺术家”的标准。然而，这一标准又并不稳定，因为他们又给予了另一些选手这样的正面评价：“你的歌声让我想起了某某某，你完全可以走这个风格”“你仿佛是某某某与某某的结合，太奇妙了”“我好像都能看到你的面孔印在唱片封面上的样子，就是这个感觉”。这些评价鼓励选手们以行业中的成功者为模型，以方便他们划分歌手类型。为什么有的选手“唱得像某人”被认为是没有个性的体现，而有的选手则因为像某人，而得到正面的评价呢？这里的信息冲突实际上反映了评委们的某种内在的矛盾。一方面，他们认可“艺术家”的唯一性和创新性，另一方面，他们又深谙行业和市场，那就是商业化包装歌手的方便程度以及大众对创新的接受程度。

《美国偶像》鼓励有梦想的人都来一试身手，但事实是，“有天赋”的人才可能在这样水平的比赛中晋级，梦想并不是成功的关键；评委鼓励选手有个性，但这种个性必须受到“身体条件”和社会条件的限制。比如，评委们经常使用“疯狂”来评价选手，但有的人是“疯得可爱”“疯得恰到好处”“疯得好玩”，但是有的人则仅仅是“疯狂”。他们的个性首先建立在身体的基础之上，而他们的个性也必须在社会接受的范围之内，否则，他们的个性会被定义为“古怪的”，最终在媒体呈现中被划为丑角。

评委们也非常自觉地将“流行音乐”与其他音乐类型进行区分，比如百老汇式的演绎方式和歌剧的表演方式便被认为不适合在这一真人秀中展示。而具有这些音乐才能的人也会自觉地回避这样的方式，哪怕他们自身对这类音乐形式更为认同。

如阿多诺所分析的，最后，个性成为虚假的选择，成为大众性的伪装。《美国偶像》还巧妙地通过赛制的设定，将种种难以控制的“个性”隔绝在进入市场流通和大众选择之前。一个普通的年轻人通过《美国偶像》一步步成为明星的过程，就是一个人逐渐将私人化的身体让渡为流行的大众的身体的过程，真人秀就在于将他们的“真实自我”进行了曝光，即那个还没有完成的身体渐渐磨砺成偶像化的身体的过程。

首先，在歌曲的选择上，选手们要经历从自选歌曲到指定歌曲的变化。海选时的自由选择让他们可以充分展示自己的个性，但是在通过海选将各种有个性的歌手汇集到好莱坞后，选手们不再有权力任意自选歌曲，他们只能在节目组所提供的歌曲单中挑选。这种限制正是由于流行音乐的高度市场化和商业化的原因，要登台演唱的歌曲需要得到版权许可，而完全原创的歌曲又缺乏可比性和标准性。许多选手由于不得不在极短的时间里练习自己并不熟悉也不喜爱的歌曲而感到极为焦虑，他们的最终表现也不尽如人意。“我表现得完全不像自己”成为很多被淘汰选手沮丧的赛后感。

其次，在表演形式上，选手们也经历了海选时的单打独斗到必须组合演唱、载歌载舞等更“商业化”的表演要求。于是，许多肢体控制和表现力欠佳的选手由于过于紧张、舞步出错等非“歌唱”的因素，而难以展现出自己平时的状态，遭到淘汰。

最后，进入24强才有资格接受大众的选择。评委在此之前的“质量控制”就变得尤为关键，而评委的矛盾在这里再次展现。进入42强名单的选手要经过评委们的面试才能得知是否可以进入电视直播的环节。评委们在这一环节反复表示“这是艰难的决定”“你们的表现都十分优秀”，这时“个性”很难成为公平的衡量标准，评委们唯有求助于商业化的标准来进行挑选。谁更有可能成为美国大众的选择是评委们考量的内容，而他们只能依靠目前已有的市场事实作为依据，于是个性不得不让渡给以往成功的经验。

评委们的质量控制止步于24强直播环节，在进入24强直播环节之后，选手们的个性则要接受大众的评判。然而，大众的评判却首先基于选手们在舞台上表演的效果以及真人秀对他们个性的叙事和展示。选手们的身体接受了真人秀的高度塑造。声乐老师、舞美设计、造型师等专业人士要将没有表演经验的选手们迅速训练为可以在直播大舞台上作秀的歌手。大众所看到的选手们的表现也经过了过滤，选手们的个性只能体现在对已有歌曲的演绎方式上。在不同个性选手的反复演绎之下，某些流行歌曲成为《美国偶像》的经典。可以说，他们的每一次表演都是在对文化产业现有秩序的致敬，巩固了流行音乐作为美国人文化生活主流的地位。

《美国偶像》所创造的流行音乐世界里，个体对音乐的创造性使用被划定在演绎的方式之上，真人们被鼓励以这种方式来体现个性和对音乐的理解。但是，音乐作为一种创造性资源被用于宗旨明确或富于表现的目的的用处，却受到了极大的约束。《美国偶像》的音乐可以改变某些个体的际遇，却避开了触发任何涉及对社会不平等和压迫做出反应的内容，相反，它安抚了真人们对这些压迫性物质条件或社会关系的反应。

二、音乐、偶像与美国

音乐被认为经常性地在个体与结构之间起关联作用，集体仪式和社会疗治就是两种关联方式。在现代西方社会，音乐在人们生活中的许多重大事件的典礼上依然扮演关键角色，比如舞会派对、婚礼、国家纪念庆典等。“这些仪式都是长久演化形成的，要回应人们不断变化的看法和需要，而音乐也有助于将人们维系在群体中，并划分群体之间的界限，以此巩固当下的特性/身份/认同。”[①] 一年一度的《美国偶像》在其发展的 10 年中成为美国社会的一种文化仪式，音乐既是这一仪式的核心，又是这一仪式的陪衬。它成为联系个体、工业和美国社会的纽带，但最终是唱歌的身体成了这个仪式企图神圣化的对象，被塑造成美国的偶像。

在 7 万选手中挑选出来的 42 位选手，还要经过和评委们面对面的面试，最终有 24 位能够被推上直播的舞台，“让美国人民来说了算”。因此，精英评委们一再跟选手们强调，他们是代表美国来挑选精英中的精英，“代表美国”挑选出“最为独特的能打动美国的人”。这一逻辑让一切残酷的淘汰机制有了合理性，成为美国人民的选择。《美国偶像》这一真人秀代表性地展示了真人秀在整合国家意识上的重要功能。

首先，《美国偶像》强调了自身的历史性，即它对美国年轻一代的影响。而这也正是它对当下美国文化最大的影响力所在。

在 10 年的发展之后，《美国偶像》已经培养了自己固定的观众群，而它所定位的年龄层包括广告商最看重的 18 岁到 34 岁这

① 克里斯·希林：《文化、技术与社会中的身体》，李康译，北京：北京大学出版社，2011 年，第 151 页。

一区间，这一区间又扩大到更年轻的一代，节目也将报名参加年龄最低限度调整为 15 岁。第十一季在首播的片头即突出展示了这一节目对一代年轻人的激励。《美国偶像》对节目能够激起年轻一代对梦想的追求引以为豪，并以此作为节目的正当性理据，调用各种象征形式围绕其进行叙事，将“美国偶像”真正塑造为美国人与美国的人格化象征。

在片头，节目将前十季中最终获胜者的名字一一念出，欢呼和绚丽的舞台映衬着他们已经成为巨星级的“美国偶像”这一事实。随后节目向观众提出了这样的问题：“当这一切发生时，你在何处?”紧接着，一张张幼稚的脸庞出现在屏幕中，在音乐的陪伴下，这些画面鲜活起来。这群十六七岁的少男少女表达着对《美国偶像》的憧憬：“当我 6 岁时，我就开始看《美国偶像》了。”“我从第一季起就开始看，并假装自己成为‘美国偶像’时的情景。”“我等这一天很久了，我从第一季最开始就看《美国偶像》了!”画面中穿插着这些选手的家庭录影，六七岁的他们正以各种方式模仿着《美国偶像》。这些十六七岁的少男少女的确可以说是在这一节目秀的陪伴下成长的。

然而，值得注意的是，他们对音乐的热爱始于他们对这一节目秀的热爱，也就是说，他们的音乐梦想实际上是《美国偶像》梦。在这一代孩子心中，《美国偶像》不是实现梦想的舞台，《美国偶像》成了梦想本身。《美国偶像》始终保持着与观众互动的主动权，它不仅动员观众成为投票的参与者和比赛的参与者，还正在鼓励他们成为《美国偶像》制作的参与者。比如，在第十一季中，选手们同样也被要求用视频记录下自己的“追梦之旅”。当他们得以一步步晋级时，他们自拍的素材也被采用成为正式播出的《美国偶像》的一部分。新一代的美国年轻人，非常熟悉家庭录像，习惯于随时进行拍摄并将其上传于各种社交网站。因此主体参与媒体活动的能动性无疑正极大地增强，而《美国偶像》作为以传统的全国电视网为主流播放渠道的真人秀，敏感地顺应了年轻一代的媒体使用习惯，增强了自身的媒体影响力。

其次，《美国偶像》非常注意宣扬真人秀的家庭基础，即每个参赛选手背后都有一个支持他们的亲友团。他们虽然没有直接参与到比赛当中，却是积极的参与者。无论是在海选还是之后的选拔赛上，《美国偶像》都将选手们与家人朋友的画面作为非常重要的环节加以渲染。

在海选时，选手们的家人朋友都可以等候在赛场外，由明星主持人陪伴等待选手的结果。主持人往往会对他们进行采访，而家人朋友的支持无一例外成为选手们的动力或安慰。当选手们拿到结果走出试唱间时，过关的选手无一例外地手持“金色通行证”与家人朋友尖叫欢呼，拥抱庆祝，而被淘汰的选手则面容沮丧，往往与家人朋友相拥而泣，后者则以拥抱亲吻或是抚摸作为支持的回应。亲友团中的真人们在无意当中成为《美国偶像》所拥有的坚实群众基础的象征，成为《美国偶像》文化产品不可或缺的一部分。

对于“家庭支持”的强调有力地巩固了传统的价值观，让《美国偶像》成为主流文化现象。在《美国偶像》中，尽管它显示了对多元文化和生活方式的包容，但是最后起支撑作用的还是传统的价值观。可以说，非主流的文化和生活方式等最终还是被纳入主流当中，成为后者的补充。比如，这一季的《美国偶像》对4位单亲母亲选手进行了刻画。“单亲”家庭结构并不属于最传统和主流的家庭形式，《美国偶像》对她们的刻画显示了节目的某种包容性和多元性。但是在每一个叙事中，单亲母亲们都无一例外地以强者姿态出现，她们在生活中自力更生。比如，有位亚裔单亲母亲自述每天打5份零工以维持女儿的生活水平；而离异对她们而言意味着新生活的开始。4位单亲母亲中的2位都自述自己的“美国偶像之梦”由于前夫的阻挠而一直未能成真，而现在她们参加这一真人秀是为了给自己的女儿树立勇于追梦的榜样。

《美国偶像》也对过去的人生历程有过波折的年轻人格外关注，如那些罹患病痛受到歧视的，提前辍学或是有过吸毒等前科的青年。但是，参加《美国偶像》如同给他们进行了一场洗礼，让他们从边缘回到主流，其负面的人生经历成为他们的财富，而在这一过程中，家人的支持始终是叙事的重点。例如，在匹兹堡市的海选中，24岁的海莉（Hallie）自述15岁即辍学去纽约加入女子音乐团队，后染上毒瘾，与乐团众人也不合，回到家乡万念俱灰企图自杀，后来遇到好丈夫，在其鼓励下重振信心回归音乐梦想。

最后，让《美国偶像》成为美国社会的一个象征符号的莫过于《美国偶像》所采用的选拔制度所体现的美国式的民主。“美国偶像”的产生过程是先经过精英，即3位明星评委挑选出代表，再经步步民选留下最后的2位候选人，在总决赛上决定胜负。因此，“美国偶像”的身上既打上了精英的烙印，又代表着大众的趣味和好恶。他们既是普通人，又被构建为超级明星，他们因此可以成为美国大众文化的一个重要符号。

在进入直播大众投票阶段后，主持人总是召唤“美国，为你最喜爱的选手投票吧”。而在投票结果出来后，他也不忘强调这是“美国的选择”，选手们需要“打动美国的心”。在这一过程中，观众们感情和时间的投入不仅帮助构建了《美国偶像》的叙事并让“美国偶像”名副其实地具有代表美国的全民性，他们自身又再次成为价值昂贵的商品。美国著名媒介研究学者詹金斯指出，电视节目执行官和品牌营销人员渴望得到忠诚的观众，即那种对某一节目特别热衷的观众，希望他们不会随意地转换频道，并且同时对节目的赞助商品也产生同样的紧密关系。《美国偶像》就是这样鼓励观众忠实，它的方法就是将观众转变为积极的参赛选手和评审，将选秀的快乐连续化，同时将可口可乐、福特以及其他的赞助商的文化整合到“美国偶像”这一品牌之下。观众们被承诺会在《美国偶像》的文化生产中占据举足轻重的地位，而为了这点，他们愿意忍受植入性商品广告和其他营销伎俩。同样的，如果他们感到他们的参与互动权力由于被赞助剥夺了或削减了，比如投票过程的不规范化，观众就会将这种沮丧转移到这些赞助商品上，认为它们降低了这一娱乐品牌的价值①。

《美国偶像》对于自己利用音乐聚合人心、树立民族国家意识的社会功能非常自觉。而这种对国家身份的认同是通过家庭认同、地区认同一步步营造的。在每一地区的海选中，本地选手们都表现出对自己城市的自豪之情；同时，由于不同地区的人可能聚在同一地海选，一种地区间的融合又不可避免。由于海选是一种非竞争性质的选拔，即评委们可以给予他们认为有潜力的选手以“金色通行证”，因此参加海选的选手间更容易建立起亲密的“战友”而非“对手”的情谊。这种情谊经过渲染，成为强烈的地区认同和国家认同的结合。在最后一场海选时，剪辑中特别突出了两者的融合。同样以等待海选的人群为背景，选手们宣称：“我们来自全国各地，但是我们现在像一家人一样。”随后伴随着体育场的人海，画外音响起：“美国偶像是这一代人的聚集地，

① Henry Jenkins, “Buying into American Idol: How We Are Being Sold on Reality Television”, Susan Murray and Laurie Quellette eds., *Reality TV: Remaking Television Culture*, 2nd ed., New York and London: New York University Press, 2009, pp. 343 - 362.

他们一起歌唱，一起欢度时光，这是成千上万本来人生不会有交集的人的共同经历……你也许认识他们中的一位，或者你就是其中的一员。”之后旋即切入不同选手对着镜头的自我介绍，他们年龄相仿，来自美国不同的地域，汇集到“美国偶像”这一相同的标志之下，整个气氛进入高潮。

《美国偶像》自豪地用参与者之口对自身进行定位：“美国偶像就是美国社会的标志。”它运用各种具有震撼力的图像来刻画它广泛的代表性和影响力：从座无虚席的体育馆、绵延几百米的人潮，到各地报名者寄来的热情洋溢的家庭录像带。这些图像让《美国偶像》名副其实。在此之前，没有任何电视节目能够动员如此多的参与者，同时提供给如此多的普通人在全国电视网上发声的机会。而当这些参与者最终未能跻身电视直播的选手之列时，他们也会将参与的热情寄予在后者身上。在《美国偶像》接近尾声之时，有望进入决赛的选手被安排进行“回乡之旅”，一方面是如同政治选举候选人一样，为他们最后的比赛“拉票”；另一方面，是为《美国偶像》的总决赛造势，将把普通人推向了非凡的偶像地位的奇观具体化。

在第十一季的“回乡之旅”中，最后三强选手所到之处受到了当地人的夹道欢迎，犹如凯旋的或是即将出征的英雄一般，其“偶像”的形象已经深入人心。而《美国偶像》也不遗余力地为这种形象提供必要的物质保证，从选手的着装到他们的豪华座驾，都体现出不同于他们草根身份的流行偶像的派头。

比如，非洲裔选手乔舒亚（Joshua）在乘坐私人飞机回到家乡西湖市时，在机场受到热烈欢迎，而他所到之处亦有警车开道。他感叹道：“他们见到我就如同见到奥巴马一样激动。”他将自己所受到的热烈欢迎与奥巴马相比，显然是由于两人在种族上的相同性，他们都是非洲裔美国人的骄傲，但是它又微妙地暗示了一种娱乐与政治的互生关系。

而“回乡之旅”最重要的仪式在于盛大的花车巡游和音乐会。在巡游时，乔舒亚坐在敞篷车上接受当地民众的欢呼。支持他的人们打出各种标语，更有年轻的母亲将襁褓中的婴儿带到他面前，在他亲吻婴儿后，这位母亲激动地流泪，仿佛孩子得到了某种神圣的洗礼和祝福。投射在他身上的偶像光环显然已经对普通的大众产生了化学反应。而这种形象的树立正是得益于每周的电视曝光与投票，这让大众对《美国偶像》的候选者们产生了强烈的亲密感。在“回乡之旅”即将结束时，镜头以为他所燃放的烟花为背景，乔舒亚动情地说：“今天的结尾精彩完美，我将回到洛杉矶，希望能带着路易斯安那州一起挺进决赛。”

值得注意的是，乔舒亚没有说将带着自己的家乡西湖市进入决赛，而是自然地将自己家乡所在的州作为自己区域身份的标志。这一微妙的转换显示对选手身份的地区性的强调，实际上与“美国偶像”的身份所具有的国家性象征统一了起来。在美国的政治体制之下，州是仅次于国家的区域认识，但凡是全国性的竞赛或是选举，最后都是以州为单位进行竞赛。因此，《美国偶像》对选手们地区性身份的构建也旨在予这一全国性的文化仪式以合法性，这一构建已经被选手和大众自然而然地接纳并内化为对“美国”的认同。

《美国偶像》将个体与社会乃至国家共同体相联系的功能也得到了政府层面的支持。比如，最后三强之一的杰西卡所在城市，位于加州的丘拉韦斯塔市（Chula Vista），将她“回乡之旅”之日设为该市的“杰西卡·桑切西日”，市长亲自为她颁发了荣誉证书。这一行为不仅显示了“美国偶像”所受到的大众认可，还显示了来自政府层面的认同。杰西卡是西语裔女孩，在加州这一多元文化融合极为典型的州里，西语裔美国人的人数在近十年显著增加，是不可小视的政治力量。但是与此同时，西语裔，尤其是墨西哥移民，普遍感到在大众文化生活中仍然处于边缘地位。不过，在欢迎她的人群里，各种肤色和种族的年轻人聚集到一起，表现出了同等的兴奋和激动。因此，杰西卡成为“美国偶像”的候选三强就成为具有社会意义的事件。同时，在加州的海选是在圣地亚哥市港口的“中途岛号”航空母舰上进行的，这既凸显了这座城市的特色，又是《美国偶像》的一次爱国主义的宣誓。而杰西卡的“回乡之旅”也被安排再次回到航空母舰上表达对其所代表的美国精神的敬意，她在活动中表明自己的父亲也是一位常年驻外的军人。在她的西语裔身份和她父亲的军人身份之间，后者得到了更大的渲染，为她的象征意义增添了更具普遍性的爱国主义色彩。

政府等公共机构对《美国偶像》的认同显示了这一真人秀在维护社会主流价值观上所起到的作用，尤其是它对年轻一代所传达的对美国梦的坚持和认同有利于稳定年轻一代对社会阶层流动性不足的不满。《美国偶像》将娱乐与励志紧密结合，为美国年轻一代创造出了一种愉快的共同经历，起到了社会黏合剂的作用。它将一个个普通的美国青年推上代表美国的偶像宝座，实现了其人生的非凡转换，又将之塑造强化为美国社会的符号，在社会话语中继续流通增值。

小　结

“回顾历史，无论是界定合法品味的代际斗争，还是禁止对年轻人造成挑唆颠覆影响的政治努力，音乐都脱不了干系。音乐在历史上一向充当着中介，通过韵律与歌词，在听觉层面上表达并重述阶级、性别和‘种族’的关系。……音乐的应用已经成为社会的典型结构的重要维度。”① 对于政府和现存的体制而言，《美国偶像》所代表的对年轻人的引导，无疑是支撑性的而非颠覆性的力量，因此受到了极大的鼓励和支持。《美国偶像》巩固了传统价值观，如对美国国家意识的认同、对美国梦的追求、重新强化家庭和家乡观念，同时引导受众主动接受以好莱坞为标志的文化产业，也就是接受现行的经济制度。更重要的是，它所执行的投票制度体现了精英民主的政治观念和过程。

《美国偶像》首先非常注重节目的代表性，它希望能够代表美国各个地区各个阶层，因此将海选地点分别设在美国东西南北中各州有影响力的文化中心，将其全民化。此外，这一节目秀运用了“神圣化”的策略，将好莱坞构建成了具有神秘光环的音乐圣地，而少男少女们则如朝圣者一般，为得到“你可以去好莱坞”的机会而激动不已。他们情感上的真实进一步将好莱坞神圣化为一个让梦想成真的金色城市，“励志”由此成为让《美国偶像》可以不断进行文化再生产的合理动力。制作方在选择时也格外挑选了代表美国偶像梦的典型例子。各种励志的背景故事和梦想成真或破灭的激动和泪水，成就了《美国偶像》的神话。通过反复强调这个节目的悠久历史，《美国偶像》将自身传统化，并塑造为一种国家的文化仪式，不断强化它有可以将家庭和社会团结到一起的力量。

但是，“美国偶像”产生的过程实际上恰恰证明了并不是人人都可以成名、取得成功，相反，它所清楚展示的是如何将充满希望的海选的参与者淘汰至唯一的一个胜利者的过程。它充分利用流行音乐的大众性和低门槛来吸引普通年轻人的参与和广大受

① 克里斯·希林：《文化、技术与社会中的身体》，李康译，北京：北京大学出版社，2011 年，第 158 页。

众的投票参与，并调用各种象征突出显示其所具有的“代表美国”的规模和影响力。在这个过程中，《美国偶像》中的音乐和真人们的身体都成为美国高度发达的文化产业的标志和产物。通过将具有个性的真人们的身体步步打造为符合“美国偶像”标准的流行音乐偶像，它持续向流行文化产业和现行的经济与政治体制致敬，从而有效地将个人认同、流行文化产业认同和国家意识联系了起来。

在对3种电视真人秀子形态具有代表性的节目进行了详细的文本分析之后，本书将把考察的视角投向第四种电视真人秀的子形态，即将日常生活非凡化的一类真人秀。这一类真人秀的内容与日常生活的吃喝拉撒、衣食住行密切相关。它的场景可能就是普通人的家庭生活，或是模拟普通的日常生活。但是，它们对于真人生活的介入却是最深入也最彻底的。虽然本书所关注的是无线电视网的真人秀形态，但是这一子形态与有线电视的真人秀节目有最亲近的渊源，可以说是横跨了两种传播媒介。由于这一类真人秀在美国的真人秀景观中占据了很大分量，提供了相当丰富的文本，在接下来一章中笔者也将选择其中的4个有代表性的案例加以分析。

第六章

真人秀中的身体与日常生活：以美国广播公司电视台的《极致改造之家庭版》等为例

这是一个绝无仅有的大宅，52台摄影机监视着你的一举一动，95支麦克风不放过你的只言片语，这就是“老大哥”大宅。

——《老大哥》（美国版）第十二季第一集（2010年）

如你们所见，今天这里没有观众，因为你们马上要见证的事情有如此大的戏剧性、如此大的感情冲击，所以我们决定为了尊重牵涉到的各方，今晚的录影将尽可能的私密。

——《单身汉》第十三季第十三集（2009年）

我觉得这个家庭已经得到了很大的改变。

——《超级保姆》（美国版）第四季第一集（2008年）

我们走遍全国，在每一个州帮助一个值得帮助的家庭。这周我们来到了俄勒冈州，让改造就此开始吧。

——《极致改造之家庭版》第五季第三集（2007 年）

如果说《生存者》、《学徒》和《美国偶像》回应的是普通人渴望体验非凡的经历、追求非凡的社会地位和社会名望的愿望，并提供把普通人提升到名人地位的可能性的话，另一大类的真人秀则将普通人的日常生活作为秀的主要内容，其焦点在于将普通人的日常生活作为一种亟待干预和改造的对象，为其实现非凡化的转变。但是，在美国式的改造下，这些真人秀中的普通人的日常生活所得到的改造，是以一种非凡的奇观的方式进行的，它们将对日常生活的改造推向了一种被崇拜和模仿的位置，可以接近但不可复制。这种非凡尽管不可为普通人复制，却能产生强大的吸引力，刺激和鼓励普通人为接近它而做出努力。只是，在这种改造中，个体被要求更多地为自己负责，进行自我管理和约束，而在其中，社会权力的不平等从来不是焦点，也游离在改造之外。

本章选择了这一类真人秀中具有代表性的一组案例为主要分析对象，它们分别是美国哥伦比亚广播公司电视台的《老大哥》（*Big Brother*）以及美国广播公司的《单身汉/单身女》（*The Bachelor/Bachelorette*）、《极致改造之家庭版》（*Extreme Makeover: Home Edition*，也译为《改头换面家庭版》）和《超级保姆》（*Super Nanny*）。这一组真人秀将普通人的日常生活进行了奇观化的改造，但焦点则从作为个体的身体，两性关系中的主体，再到家庭作为一个整体，最后延伸至一个社区。

哥伦比亚广播公司电视台的《老大哥》属于荷兰的真人秀《老大哥》节目全球化营销下的一个姐妹节目，从参与者配置到游戏规则设置等，都与全世界不同版本的《老大哥》大同小异。

对节目的考察有助于我们理解它所表征的整个文明社会进入后现代的一种生存状态。

如果说《老大哥》这一真人秀具有全球性的特点，那么《极致改造之家庭版》等则更具美国特点，它们既包含《老大哥》式的对真人和他们日常生活的关注，又将其戏剧化，将“改造”这一主题推向前台。由于美国广播公司电视台一贯宣扬的是对美国家庭的关注，即对普通人的日常生活的关注，因此美国广播公司电视台的几档金牌真人秀也都延续这一精神，并将其带入新的阶段。《极致改造之家庭版》、《超级保姆》和《单身汉》代表的这类真人秀都试图通过对个体经验的介入和塑造进行社会实验和实现改造社会。日常生活经过媒体的介入和改造被奇观化，成了非凡的经历或体验，而真人们的身体在其中成为社会改造的源泉与处所。

第一节　《老大哥》中被监视与曝光的身体与私人/公共界限的僭越

关于真人秀的真人在日常生活中的身体如何被公共化和商品化，起源于荷兰的真人秀节目《老大哥》具有指标性的意义。《老大哥》的名称取自英国小说家乔治·奥威尔（George Orwell）的名著《1984》(*1984*）当中的情节。在这本反对极权主义的政治寓言中，“老大哥”通过有形或无形的监视之眼，对其国民进行从身体到思想的严密控制。《老大哥》与这一小说形成了某种互文关系，它将13名青年男女置于封闭的豪华大宅之中，在无所不在的摄像机镜头和录音话筒之下，这些年轻人日常起居的一举一动皆在监视之中，而“老大哥”为他们制定了种种游戏规则，让他们互相猜忌防备，并始终听命于“老大哥”。

但是，与《1984》中“老大哥”带给被控制者的恐怖不同，《老大哥》中的选手们都是主动自愿地走入“老大哥大宅”，接受监控与命令，并以此为荣。《老大哥》参与者之所以志愿将身体置于监控之下，并为能够继续留下相互竞争，忍受身体和精神的考验，却是缘于50万美元的奖金诱惑。《老大哥》的参与者承认，住在“老大哥大宅”里就是住在豪华监狱当中。但是，之所以居住在一个受全面监控的大宅中就有可能获得50万美元，则是因为“老大哥”的监控与大众媒体之眼紧密相连，封闭的大宅实际上与开放的公共空间具有亲密无间的联系。选手们清楚地知道，“老大哥”的监控将把他们生活的隐私曝光于全国性电视网当中，他们的身体将作为游戏的一部分进行售卖，但也正因为如此，他们的身体才具有50万美元的价值。

本节将主要以《老大哥》2010年的第十二季为例，分析处于监视和公众曝光下的真人们的身体行为和人际互动关系如何受到真人秀的干预和设计，在这种状态之下，真人们如何理解和应对私人/公共界限的区隔。

一、封闭监视下的身体互动

在《老大哥》第十二季的开场白中，画外音骄傲地强调：“这是一个绝无仅有的大宅，52台摄影机监视着你的一举一动，95支麦克风不放过你的只言片语，这就是‘老大哥大宅’。”《老大哥》将普通人的日常生活，尤其是私生活状态置于公众的全面注视之下，让参与者的身体成为被审视和监视的客体。在全国性电视网中播放的《老大哥》对大众的吸引力，并不在于展示13个选手的日常起居，而是着眼在这样一个封闭、受到监视的环境和游戏规则下的人际关系。

《老大哥》对参与者的日常生活实行24小时监控，从表面上看是具有颠覆性的媒体事件，但是，从本质上说，这是电视媒体的特性发展使然。电视媒体所特有的日常性和私密性，即观众的观看行为通常发生在自家的私人空间中，使其更有利于展示日常生活，特别是琐碎的私生活。流行于美国电视媒体上的肥皂剧以及情景喜剧是以日常生活作为素材和背景，而日常生活很大程度上就是由个体之间的互动组成的。错综复杂的人际关系和跌宕起伏的关系变化也正是美国肥皂剧/情景剧的经典叙事套路，这也正是《老大哥》的叙事重点。唯一的区别在于，《老大哥》中的“演员”是真人，他们的行为没有剧本的参照，因此能够提供一种人际的真实，这就是《老大哥》作为真人秀的理据。

真人秀中人际关系的建立和互动有赖于真人选手们在朝夕相处的日常接触中对彼此的印象，而其中，真人的身体以及他们如何对待自己和他人的身体就成为推动人际关系的最大动力。《老大哥》的封闭环境设置让选手们将关注的视线投向彼此，选手们的身体在《老大哥》中处于显性的边缘位置。选手们日常的吃喝拉撒与他们的身体一起构成了他们之间互动的基础，也为各种矛盾的出现和关系的建立提供契机。其中权力的建立、获得和失去成为重点，“权力斗争”的过程也就是《老大哥》中人际互动的过程。

《老大哥》的角色大都选用年轻人，但在其身份和身体特征上则力求多元。身体的多元化通常与体力和性魅力相关，而身份的多元化仍然与职业和教育程度相关。在《老大哥》里身体是比身份更直接的人际关系的影响源，因为在节目的规则下，身体似乎是比身份更真实的对主体的反映。选手们所宣称的身份可能是为了策略性地在这一真人秀中不被淘汰而编造的，而身体则是他们无法隐藏的特征。因此，身体既是选手们最容易利用的资本，也成为他人对其进行判断时更值得信赖的标准。

比如，在第十二季中，最引人注意的身体来自拉斯维加斯的女选手瑞秋（Rachel），她的丰满使她成为《老大哥》镜头记录的焦点。在节目最初的选手介绍中，她性感的身材就成了镜头刻画的重点，而这位女选手则坦言“大家可能都认为我仅仅是个丰满的女人……不过丰满也不是什么坏事”。但是，在对其身份的介绍上，《老大哥》中的信息却显现了某种前后不一的矛盾性。在画外音中，瑞秋被介绍为“来自拉斯维加斯的性感酒吧招待”，但是在瑞秋的自述中却并没有这样的信息，反而她声称：“大家也许只看到我丰满的身材，我实际上是个化学家，他们会对我的智慧感到吃惊。”

在进入“老大哥大宅”后，瑞秋身体的魅力既迅速为她赢得了一段荧幕恋情，却也渐渐走向具身性主体利益的反面，成为她与其他选手人际冲突的源头。身体比身份更显著地定义了她在群体中的位置。

瑞秋与来自洛杉矶的相貌英俊的游泳教练兼物理学家布伦登（Brendon）之间很快就产生了好感，除去外表上的吸引力，两人对科学的兴趣让他们很容易有共同话题。但是这样“般配”的瑞秋和布伦登之间的恋情却让他们迅速成了众矢之的，而其中瑞秋的性感外貌和言行举止甚至成了全宅房客的笑料，并因此导致了尖锐的矛盾。瑞秋的性感和她来自拉斯维加斯的身份在节目中的呈现方式暗示了一种“廉价”和“低贱”的身体。因此，她喜欢染发、美容，穿艳丽暴露的衣服，包括她的放声大笑都成为她受到嘲笑的原因，成为“低级趣味”的象征。数位选手在调侃她时都将她的性感和她的举止与女招待的地位相关联，认为是“相配”的。而她自己宣称的“化学家”背景则成为一种可笑的对比，被认为是一种自大的无知。

她的性感“冒犯”了大宅内其他女性的安全感，而她已经名花有主的事实又减少了她的身体对其他男性成员的价值。《老大哥》在剪辑时着重表现瑞秋和其他房客之间的矛盾，特别是将其他房客对她身体的尖锐批评和肆意嘲笑纳入最终播出的节目中。《老大哥》一方面利用了瑞秋的性感以获得视觉冲击，另一方面又将之处理为可以被嘲笑的廉价的身体。

在《老大哥》中，身体既是矛盾的根源，也可能成为信任的基础。在第十二季中，4 位男性选手从第一天就结成了秘密联盟，这一联盟的基础是相互间的信任，他们许下诺言在之后的投票中一致行动，携手进入四强。而他们之所以结下这一联盟正是因为他们对彼此身体行为的信任。这一联盟的召集者说话带有浓重的意大利口音，举手投足带有“黑帮”大哥的派头，这种派头所产生的联想是意大利黑手党的兄弟义气，让另外三位加入者信赖他。而另外三人则由于体格的特点而受到召集者的青睐，因为他认为他们的身体和行为反映了他们的性格，比如其中两位都有运动员的体格，显得“顶天立地”，可靠，而另一位个子不高，身材瘦削，却满身文身，“一看就不是个普通角色”。

与身体相比，选手们宣称的身份的确成为不可信赖的定义项。多个选手都在身份上有所保留或是撒谎，原因只有一个：不希望成为他人的靶子。一致的是，他们都试图掩盖自己具有社会优越性的身份。例如，让人联想到富裕的职业，比如医生；或是让人联想到高智商的职业，比如大学教授、科学家或是网络工程师。这些身份之所以会成为“靶子”，是因为这些身份的主体通常被认为属于高雅文化或是社会精英。当他们加入争夺真人秀给予普通人以实现非凡转换的机会时，就显得可疑而动机不纯。尽管身份可能是不可靠的，但是由于没有可以印证其是否属实的手段，选手们所宣称的身份又不可避免地成为他们身上的标签，因此保持身份上的低调成为一种通用的策略。

然而，身份上的低调策略却没有影响到真人们实际上在身体互动上的方式。《老大哥》中处于监视下的身体互动显得肆无忌惮，这也成为这一真人秀的重要卖点。从男女之间的亲密举动，到发生矛盾的选手之间的互相谩骂，再到撒谎中伤等各种诡计的实施，选手们的行为似乎没有受到监视的任何约束。这与《1984》所描述的“老大哥”的监视下国民的谨言慎行形成了鲜明对比。

这两者间的区别在于监视与惩罚间的亲疏关系。在《规训与惩罚》中，福柯指出：“纪律的实施必须有一种借助监视而实行强制的机制。在这种机制中，监视的技术能够诱发出权力的效应，反之，强制手段能使对象历历在目。”① 他援用边沁（Jeremy Bentham）所提出的全景敞视建筑的权力理论，即“权力应该是可见的但又是无法确知的”②。《1984》中的“老大哥”的监视之所以可以起到规训的目的，是因为它与惩罚紧密相关，被认为代表极权主义的权力运作方式；而《老大哥》中的监视对选手们而言却似乎是丝毫不具有威胁的生活常态，它不与惩罚相关，而是与“展示”相连。但是，事实上，这两种监视对被监视者的规训作用是一致的，那就是让被监视者被一种权力局势（power situation）所制约，而他们本身就是这种局势的载体，这促使他们按照权力所期望的方式作为。

在《规训与自由：电视与治理》（*Discipline and Liberty: Television and Governance*）中，帕尔马（Gareth Palmer）认为在20世纪末到21世纪初，电视的纪录片项目将重心从给予公众某一上下文中的相关事实和信息，转到更广阔的领域，在这一领域

---

① 米歇尔·福柯：《规训与惩罚》（修订译本第四版），刘北成、杨远婴译，北京：生活·读书·新知三联书店，2012年，第194页。

② 同上，第226页。

中，人类的行为本身成了记录的焦点，而展示性的规约人们的行为正是电视在社会治理中所扮演的角色①。在《老大哥》式的展示性监视之下，“肆无忌惮”被认为是人际互动的真实性的体现，从而受到鼓励。

二、游戏态的身体

除监视和封闭的环境之外，《老大哥》并没有放任13位选手在这种状态下进行人际交往，它通过“游戏”来进一步调动和考验选手们的身体，通过这些考验，选手们得到、巩固或失去权力。如果说《生存者》中这类考验多数是与荒野生存技能相关的话，那么《老大哥》中则充满了浓郁的后现代游戏的意味。《老大哥》中的游戏可以分为两大类：一是带有竞争性质的“房主赛”、“贫富民赛”和“否决权赛”；另一类则是贯穿在选手们日常生活当中的“游戏”。而无论是哪种游戏，选手们的身体都成了重要的道具，被塑造、干预和考验，他们的身体大多被置于遭到羞辱、折磨和物化的位置。

在第十二季的十周节目中，选手们进行了数十场各类竞赛，涉及对体力和耐力的考验。在所有的游戏中，“耐力”游戏对选手们身体的考验最为艰巨。选手们有时被要求站在狭小的冲浪板上忍受人造暴雨的频繁打击，有时要站在巨型油漆桶的边缘被人用油漆刷鞭打，有时甚至被当作人形靶子用胶带黏在墙上接受水龙头的冲刷，等等。而最后的三强选手的“房主赛”中，选手们更直接被要求拉住绳索，被一遍遍地撞向高墙，最后坚持住未被撞下的选手获胜。在这些游戏中，选手们的身体显得渺小而脆

① Gareth Palmer，“Introduction”，*Discipline and Liberty: Television and Governance*，Manchester and New York：Manchester University Press，2003.

弱，但同样让人叹为观止的是他们为取得胜利所愿意付出的身体代价和忍受的折磨。

然而，这些游戏并不单纯地以考验选手们的体力和耐力为目的，其游戏设计为了刻意营造出奇观的效应，而让选手们的身体遭受着极度“丰盛”的物的侵蚀和折磨。

比如，第一周第一场“房主赛”当中，选手们被要求抱住一个巨型的热狗香肠，在队友绞动牵引绳的帮助下跨越“烧烤架”到达对岸。当选手们抱着热狗穿越时，烧烤架上喷出大量的番茄酱等热狗常用的蘸酱，给选手加大难度；而在第二场的“贫富民赛”中，选手们又被要求匍匐穿越装满了焦糖的“沼泽地”，再跃入装满爆米花的游泳池，以找到埋在其中的物品；在最后一场比赛中，选手们需要奋力砸开墨西哥“五月五日节”的玩偶找到其中的字母，以完成拼字游戏，但是，每个玩偶都灌满了味道浓烈的蛋黄酱，在砸开时会四溅开来，带着臭味喷射到选手们全身。这3个游戏中，选手们的身体无一例外都被各种文明社会的食物所污染，狼狈不堪，或是从热狗上频繁掉下浑身粘满各种调料汁，或是被“焦糖沼泽”拖累举步维艰，甚至衣服被黏掉也无暇顾及。这里每一种游戏都是对文明社会中物质极大丰富的“丰盛社会”的一种后现代的诠释，选手们被物的丰盛所淹没，身体成了商品的一部分。

除了为获得各种权力而进行的游戏，“老大哥”还在选手们的日常生活中发号施令，选手们听到“老大哥”的指令，必须马上停下正在做的事情，完成要求。这些指令并没有任何特定的目的，只是让选手们在“老大哥大宅”的生活随时处于游戏化的状态。比如，“老大哥”会突然说，“全体集合到后院草坪上，学狗朝着太阳嚎叫”，于是所有的选手都匍匐在地做出狼狗吠日的模样；而有时“老大哥”要求选手们“在任何时间听到音乐声即要翩翩起舞，直到音乐结束”，于是选手们在洗澡、吃饭甚至睡觉的时候，一旦听到音乐声起，就如同机器开动一般，跳起舞来。不按要求进行的选手会受到进一步的惩罚，或失去某些权力。

毫无疑问，这些要求在现实的日常生活当中看来滑稽可笑，甚至荒诞怪异，因此当《老大哥》将这些片段纳入最终播出的节目中进行大众传播时，会起到娱乐大众的目的。但是，借由这些游戏，《老大哥》成功地渲染了要入住“老大哥大宅”需要无条件接受“老大哥”命令这一重要规则。在这场号称是全美国人民的狂欢中，选手们的身体成了游戏的道具，他们的自尊和人格也在游戏之名下被藐视。

但是，“志愿”作为真人秀的重要因素也贯彻在《老大哥》当中。选手们之所以接受这样的游戏，是因为他们也将自身与身体相分离，以“游戏”之名将自我的身体作为客体。选手们对于每次游戏的到来都极为兴奋，跃跃欲试，在回顾自己在游戏中的遭遇时，则没有丝毫难堪之意，相反，常常忍俊不禁。因为对选手们而言，正是这些荒诞的游戏让他们与陌生人封闭在“老大哥大宅”中的生活变得可以忍受，游戏赋予了他们这段经历以“非凡”的意义。

三、被曝光的身体与私人/公共领域的僭越

一旦志愿进入“老大哥大宅”，选手们就放弃了私人空间，将身体置于完全的公共空间当中。在豪华的“老大哥大宅”中，13 位选手必须分享所有的生活空间。除了客厅、餐厅这样的公共区域，选手们不分男女还必须共用卧室这一私密性最强的区域。私人空间成了一种特权，即只有每周赢得了“房主赛”的选手可以独享一间带有浴室的卧室。然而，即便是房主的房间也

有一面完全透明的玻璃墙：透过它，“房主”可以俯视客厅、餐厅等生活区域；透过它，“房客”们也可以一窥“房主”的起居。

但是，选手们对自身私人空间更彻底的放弃，还在于这一大宅借助大众传媒与更广阔的公共领域相通。选手们不仅向彼此曝光身体，还将身体曝光给来窥视的大众。《老大哥》是最早将电视与新媒体直接相连的电视真人秀，大宅的监视镜头不仅提供给最终播出的剧集以素材，而且与网络相连，24 小时直播。在这一季当中，《老大哥》对选手们在“老大哥大宅”中的生活进行了更深刻的干预，给予了观众更多地参与到“老大哥大宅”的权力。

首先，它在 13 位选手中安插了一位“破坏者”，其目的在于让其他 12 位选手的日常生活受到干扰，让他们彼此之间的猜忌更重。而事实上，仅仅是知道有“破坏者”的存在，已经对选手们之间的关系造成了很大的破坏力，它让选手们对所有人都无法完全信任。这位“破坏者”通过放出谣言让选手们之间的疑心更重，比如“13 位选手中的两人是终生挚友，却装作彼此不认识”；又在大宅内故意制造混乱，打乱日常生活的节奏，比如突然断掉电，锁上装有食物的库房，在卧室内安上蜂鸣器等，让选手们身心俱疲。

然而，由于这一“破坏者”在第一次投票中就出人意料地被淘汰出局，《老大哥》失去了干预手段，它转而寻求观众的支持，号召“全美”投票，从已有的选手中再挑出一名“破坏者”来接任。收到这一任务的选手倍感荣幸，他说“不知道为什么会接受这一任务，这将让我争夺 50 万美元的道路变得艰险。但是既然全美国人民支持我做‘破坏者’，那我还是欣然接受吧”。在这一季中，“全美国”不仅可以投票选择“破坏者”，还受到

"老大哥"鼓励通过互联网留言，给"破坏者"提出各种使诈的建议，以搅乱选手们的大宅生活，让他们之间的矛盾加剧。于是，有的建议"将臭奶酪藏在选手们的床下，让他们难以入眠"，有的建议"挑拨他们之间的关系，说这里存在秘密联盟"等恶作剧。除此之外，"老大哥"还让观众建议和投票决定在"贫富民赛"中失利的选手接下来一周的食物。被定为"贫民"的选手除了水，只能食用观众决定的两种主食，于是诸如"茄子和蜗牛""大白菜和婴儿米糊"等奇特的食物成了这些选手一周的口粮，让选手们受难成了观众参与的主要目的。《老大哥》中的监视之眼的最大威力在于，它将大众与之绑定，成为它的共谋，把这13位选手的身体视为完全的客体，可以被塑造、干预、羞辱和折磨，从中获得窥视的快感。

但《老大哥》在这13位真人选手身上留下最深刻的印记还在于，选手们丝毫不对自身的客体地位感到困扰，反而以其为荣，一进入"老大哥大宅"中便自动调节进入了"老大哥模式"，按照"老大哥"的模式行为和思考，将"老大哥"的规则内化为自身的行为准则和对身体的要求。在这一模式下，他们伪装自己，不轻易暴露"真实的自我"，以免被人利用；撒谎、使诈、破坏成了"能力"和"美德"。比如，有选手谎称自己之所以参赛是因为老婆患上了罕见的骨病，急需用钱治病；有选手身为大学教授，却称自己目前处于失业状态；有选手是骨科医生，但是声称自己是服务员，在目睹其他选手受伤后也抑制住想帮忙的愿望，眼睁睁看着其痛苦难耐。除了在自己真实身份上撒谎，在真人秀进程中，他们彼此也绝不坦诚相见，溜须拍马或是恶意中伤成为常事，秘密结盟、两面三刀也被赞为"好棋"。

但是，另一方面，"老大哥"要求他们在"日记室"中面对摄像镜头对大众需要保持"真实的自我"，鼓励他们把内心中最真实的想法公之于众。当他们面对镜头回忆他们在游戏中的表现时，丝毫不流露难堪或尴尬之意，而是将游戏中的自身看作另一个与“真实的自我”相分离的个体，并以“这就是个游戏”作为自身行为的合理化解释，与道德判断松绑。在这一模式下，私人/公共的空间才真正得到了彻底的颠覆：选手们与朝夕相处的同屋房客们成了关系最疏离的戴上面具的个体，而素未谋面的无名的大众成了最亲近的可以分享隐私的密友。

在每周的投票直播前，“老大哥大宅”外的主持人朱莉（Julie）与现场观众会视频连线“大宅”客厅，与各位选手进行对话。朱莉会根据选手们一周的表现挨个提问，问题往往聚焦于他们之间的矛盾。但是面对现场观众和场外主持人，选手们坐在客厅里显得文质彬彬、礼貌有加，彼此之间的激烈争吵和矛盾在这一场合都被选手们隐藏在笑容之后。他们的行为模式一瞬间被调回到“现实”状态，他们对其他选手的表现进行有克制的评价，并对彼此间的矛盾采取迂回的避重就轻的态度。与此同时，被待定可能遭到淘汰的两位选手的真实生活和他们亲友的评价被播放出来。在这一过程中，选手们在游戏中所说的谎言和他们塑造维护的形象被揭穿，选手们的身体和行为再次成为大众集体评判的客体。

然而，值得注意的是在这场游戏中的主持人所充当的角色。主持人作为“老大哥”的代言人，巧妙地把评判之责赋予“全美国”，并借镜头和参赛选手以及亲友之口进行“客观”呈现。面对被淘汰出局的选手时，她带着迷人的微笑褒奖他们在“老大哥大宅”中所说的谎言和建立的虚假形象，以“我们很欣赏你一路来的表现”这样的话语鼓励其言行，并将这一信号传递给了大众。这些选手们之所以清楚了解“老大哥大宅”的行为准则，也正是因为他们曾经正是与《老大哥》前选手们分享整个过程的大众密友，而当他们从窥视的主体变为被窥视的客体时，他们主动配合完成了“老大哥”对他们私人和公共空间的颠覆与重建。

通过真实地呈现封闭的环境下选手们争夺权力和利益的人际互动方式，事实上，《老大哥》中受到监视与曝光的身体真正约束的是广大的受众的行为方式。“如今的美国公民生活在一个被政府强化了‘整体信息意识’的年代，因此记录和观察他者以及自身成为日常生活的自然组成部分。”① 监视摄像头在美国人的日常生活的公共领域中已经司空见惯，它们以“保障安全”而非“实施规训”为名而无所不在，而这种情况在“9·11”事件后更是变本加厉，不仅公共领域受到监视，私人领域也不能幸免。《老大哥》依靠的正是普通人对这种生活方式的认同，一方面它需要自愿生活在监视摄像头下的普通人来完成节目，另一方面，它需要乐于从监视中得到优越感的大众来消费节目，并协助完成节目的流通与增值。

《老大哥》式的真人秀一方面可以说是顺应了这种监视的潮流，另一方面，依靠轻松的游戏氛围，它可能让人们尽量消除对这种监视的抵触情绪。大众在监视中所取得的优越感让监视自然化，“21 世纪的头几年，真人秀所传达的某些信息是，如果我们要成为良好公民，则应该允许自己被监视，也同样要监督和监督他人，而这被认为是对自身和社会安全负责”②。《老大哥》式的监视正是以这样一种明显的缺席，既提醒被监视者它的存在，又鼓励被监视者忽视它的存在，从而发挥监视的规训作用。

① Susan Murray and Laurie Quellette eds., *Reality TV: Remaking Television Culture*, New York and London: New York University Press, 2004, p. 8.

② 同上，p. 9.

第二节　《单身汉》的爱情童话与社会性别化身体的再生产

在《老大哥》中，男性和女性选手之间的“化学反应”是这一节目“权力之争”当中重要的助推剂或导火索。这种荧幕上的恋情被认为是“游戏”的一部分，即便虚假也被认为是合理的“一步棋”，在大众文化中被冠以“秀曼史”（showmance）的诨名，意思是可以被允许的仅仅发生在真人秀内的恋情，与现实中真实的“罗曼史”（romance）相区分。然而，ABC电视台的真人秀《单身汉》则试图直接以“秀曼史”取代“罗曼史”，让其改变选手的真实人生，帮助选手完成他们的人生规划。美国广播公司电视台自2002年推出真人秀《单身汉》如今已进行了整整十年。在这十年中，这一真人秀受到了热烈的欢迎，从中又衍生出了《单身女》（*The Bachelorette*）和《单身公寓》（*The Bachelor Pad*）这两个与之相关的高收视率的真人秀节目。

康奈尔在关于社会性别的分析中指出社会性别化身体的建构也就是社会性别化的社会实践，它通过一些特定的社会实践，将女性身体和男性身体界定为不同的身体。社会性别化的社会实践并不是意味着否定身体，而是要超越身体，转变身体。社会性别化的范畴和实践有助于形塑女性身体和男性身体，其方式进一步巩固了女性特质和男性特质的特定形象/意向①。而对于男性和女性的社会性别构建来说，大众传媒的塑造无疑是相当重要的一种实践，真人秀当中的真人们的身体成了这一实践的场所。以两

① 克里斯·希林：《身体与社会理论》（第二版），李康译，北京：北京大学出版社，2010年，第102－109页。

性关系为主要叙事线索的《单身汉》提供了考察这一实践方式的极好的文本。

《单身汉》（2009 年）的第十三季是目前单身汉与“灰姑娘”在现实中终成连理的唯一一季，也是“秀曼史”最成功地深刻直接地改变了真人们日常生活的一季，而这一季也由于其中格外曲折的“情节”和戏剧性成为舆论的焦点。本节将着重以这一季为例，分析真人的身体是如何打上了社会性别标记，又如何被商品化并加入了社会不平等的再生产过程。

一、童话、爱情与现实

《单身汉》所采用的一位男性和众多潜在求爱者的模式，是对经典的白马王子与灰姑娘的“爱情童话”的真人秀翻版。“爱情”往往发生于两人之间的身体与心灵互相吸引之时，通常认为是一种个人化和自然态的体验和经历，但是“婚姻”却是非常社会化的经历和体验，它是维系社会制度正常运作和身体再生产的重要场所。童话则往往描述前者，而略过后者，前者是浪漫的，后者则是现实的。

“单身汉”作为真人秀的主角，面对 25 名求爱者，也称单身女们，经过每周淘汰，最终确定他的终身伴侣，以求婚结束。《单身汉》虽然以婚姻为整个真人秀的最终目的，但是它却聚焦在爱情产生的过程。《单身汉》调用了大量的象征将这一真人秀与童话进行频繁的互文性联系，以“寻找真爱”为名为这一真人秀提供了正当性。因此，即便这一真人秀前 12 季上演了 12 次爱情童话，却没有一对在现实中最终结婚，也并没有妨碍这一真人秀的收视率和它持续的播出。

在第一集，25 位女性求爱者在夜色下身着盛装被豪华轿车带到宛如宫殿般的加州豪宅中，英俊的单身汉站立在门口风度翩翩地一一迎接她们的到来。这一形式模仿的正是经典的灰姑娘与白马王子的爱情童话。在这一童话中，白马王子开放了他的宫殿，在王国适龄女孩中海选他的心仪对象，并通过3次舞会来确定自己的选择。同样的，单身汉则将通过12周的约会来确定自己的结婚对象，在每次的约会周结束时，他通过赠送玫瑰的方式留下他愿意继续约会的对象，淘汰掉1～2名单身女郎。在童话中，白马王子因为自己王子的身份而毋庸置疑地成为理想的结婚对象，与此相同的是，在《单身汉》中，单身汉也因为处于这一真人秀的中心地位而成为万千女性的心仪对象。

童话中的白马王子头上必须有某种光环，他是正统的身世、英俊的外表和高贵的品格的集合体，它符合它所产生的封建时代对贵族和王权神圣化的实践。《单身汉》中的单身汉的形象也需要被某种光环所围绕。在这一真人秀中，“单身汉”的“王子”地位和光环实际上是由媒体曝光所赢得的明星地位所带来的，以及《单身汉》节目组为“单身汉”和他约会的候选人赞助的“超现实”的奢华浪漫来实现的。他在现实中的身份和身体则是他得以被挑选成为“王子”的原因所在。

在进行节目预告时，《单身汉》宣称“全美最够格的单身汉在此”。“最够格”暗示了节目秀在挑选男主角时坚持了某种高标准，这一标准会用以衡量个体之于社会的价值。在这一季中，男主角杰森（Jason）是一位在西雅图工作的会计师。他的特别之处在于，他是一位单亲父亲。主持人介绍说，杰森是整个《单身汉》历史上出现的第一个“单亲爸爸”。节目组不断聚焦杰森与儿子其乐融融的场景，让杰森对儿子的喜爱和独自照顾儿子的事实成为他具有家庭责任感的体现，增加了他的道德魅力。更重要的是，美国20世纪的爱情大片《西雅图夜未眠》（*Sleepless in Seattle*）讲述的正是一位在西雅图工作的独自抚养儿子的单亲爸爸与一位来自纽约的妙龄女子间的奇妙姻缘，被喻为现代爱情童话。虽然杰森的单亲身份是由于离婚，而非妻子早逝所造成，但是这仍然让他与汤姆·汉克斯（Tom Hanks）扮演的男主角产生了互文，进一步增加了围绕在他身上的爱情魅力。此外，杰森曾经结婚和有子的事实，成为他会“真心稳定下来”的证据，具有增加节目真实性的价值。

“单亲”从社会传统观念而言并不能成为杰森在婚姻市场占据优势的原因，但是，“单亲爸爸”之所以成了增加价值的魅力点，更深层次的原因在于，两性在传统的以异性恋为基础的婚姻家庭中被赋予的角色区分。男性通常在家庭中扮演经济支柱的角色，而非日常生活照料者的角色。当杰森将两者集为一身时，他赢得了更大的尊重。在这一真人秀中，他非常胜任这样的角色，游刃有余。他自述他参与真人秀的目的并不需要给儿子找一位母亲，他希望找到可心的另一半，享受生活。另一方面，这一家庭缺少女性的事实则成为吸引女性参与者的重要原因。几乎所有的单身女郎都表示，她们做好了成为母亲的准备。

而与此相对的是，“单亲妈妈”则必然是受到同情的一方，即便是她们已经做得非常成功。在这一季中的25位单身女郎中，有3位是“单亲母亲”，当她们自述生活现状时，都不可避免地提到了“作为一个单身母亲，生活真的很难”的现实。22岁已有两个孩子的单身女郎斯泰茜亚（Stacia）虽然年轻漂亮，却坦言“自从当上单亲母亲后，我根本没法约会了”。同时，她们都显示出了给孩子找到一个“父亲”的强烈愿望。34岁的斯蒂芬妮（Stephenie）丈夫早逝的事实在节目上频频成为煽情之处。但是，最终在与杰森的相处和约会中，她们的“单亲”身份并没有给她们带来额外的价值，也并没有成为她们在爱情和婚姻市场占据优势的理由。

杰森身份上的另一个特别之处在于，他是上一季的《单身女》的最终两位候选人，也就是说，他作为求爱的一方已经历过12周的约会，在全国观众面前坠入爱河，并赢得向女主角求婚的机会，但是以失败告终。作为最后入围的两位求爱者，他占据了与最终胜利者相当多的媒体时间和关注，拥有了名人效果，具有了明星魅力，是他成为“王子”的重要原因。主持人对他这一段经历的介绍是，“一个已经赢得了全美民心的来自西雅图的单亲爸爸”。他之所以能够“赢得全美民心”在于他最终的失败，他所处的弱势地位和他感情上受到的伤害勾起了大众的同情。与此同时，他的个人生活已经在上一季的《单身女》当中被全方位展现出来，因此参与争夺他注意力的佳丽已经在上一季的真人秀中了解男主角，并主动申请参与这一季的相亲。这些女性在初次见到杰森时都表示出见到了现实中的偶像明星般的兴奋，频频发出“这真是超现实”的感叹；而另一方面，她们又自认为对他的私生活，从兴趣爱好到家庭成员，已经有了如老朋友般的熟悉感和亲切感，由此模糊了他们之间实际上的陌生人的关系，在情感上已产生了现实的基础。这一基础的重要性在于，当她们之后面对杰森的决定时，她们将接受更大的情感冲击，由此成为这一季戏剧性的源泉。

《单身汉》将童话和现实融为一体，在童话的环境和氛围中，现实的残酷却成为每周的例行仪式。每个周末的“玫瑰仪式”上，男主角会通过赠予红玫瑰来决定求爱者的去留。“玫瑰仪式”是对真人们情感实施最大冲击的时刻，等待玫瑰的女性都表现得极为紧张，镜头也着眼于她们各种微妙的面部表情。收到玫瑰的女性往往长吁一口气，对男主角的玫瑰表示由衷的感谢。而实际上，这仅仅是让她们暂时“安全”，让她们在下一周继续站在玫瑰仪式上等待单身汉的选择。最终，被淘汰的女性都不同程度地表现出感情上的伤害，随着真人秀的推进，被淘汰者所表现出来的受到感情伤害的反应也就越来越强烈。

在整个真人秀推进时，作为“手持玫瑰和选择权力”的一方，单身汉拥有完全的选择权，与25位女性之间的关系从一开始便建立在不平等的基础之上。从最开始的集体见面，到之后的1对1和1对多的各种约会权利，单身汉都决定着约会的方式、地点和最后的人选。可以说，参与的女性能够最终获得单身汉青睐的概率非常小，而所需要投入的精力和时间却非常多。但是，童话的魅力正在于奇迹的产生，完成不现实的梦想，这种魅力压倒了现实的考量和顾虑。

将童话与爱情相关联，传统上认为对于女性有更大的吸引力，它满足了让平凡生活因为“爱情”而变得非凡起来这一长久以来的迷思。单身女郎们在与单身汉第一次见面前的自述中，她们频繁使用“白马王子”来比喻她们心中希望找到的那个“单身汉”。然而，与此相对，单身汉却没有使用过任何带有童话联想的词汇来描绘他所期望找到的那位单身女。

这种女性对童话般爱情的渴望看似是非常“自然”的关联，但是，调用童话来塑造《单身汉》将为她们开启的“爱情之旅”正是将社会不平等进行再生产的重要手段。它将参与《单身汉》的女性置于两性关系和社会中较低的一方，需要通过努力来赢得较高一方的青睐，从而改变自身的生活。女性选手几乎没有表现出对这种不平等方式的质疑，在竭尽全力赢得王子青睐的过程中，她们也鲜有表露出批判性的思维。

二、男性有力的身体与多情的身体

对于以爱情和婚姻为主要诉求的真人秀，性和感情无疑是重要的组成部分。真人们的身体由此成了这一主题的源泉和实践的场所，他们的身体和情感都不可避免地成为被大众消费的客体，受到真人秀的形塑。

杰森的身体首先成为性的符号和载体。对于25位相亲对象和大众而言，他的吸引力首先就在于其英俊的相貌和健美壮硕的身材。在第一集中，杰森作为新任单身汉出现的第一个画面即是他裸露着发达肌肉洗澡的镜头和面对镜子剃胡须的场面。当25位相亲对象与他相见时，对于杰森最反复使用的评价都集中在其身体特征之上："他真太帅了"，"他真是个英俊的男人"，"他本人真是太漂亮了"。杰森健美的身体成了被反复渲染的对象，这既代表着一种原始的男性之于女性的吸引，也暗示了贯穿在整个真人秀当中的性的张力。对性的刻画既是真人秀真实性的体现，又具有极高的商业吸引力。但是，作为在全国性电视网中播出的节目，节目制作方对这点的利用既是明显的，却又是克制的。

杰森在第二集中突然拜访正在豪宅游泳池边举行派对的15位相亲对象，这一游泳池场景浓缩了真人秀如何利用真人们性感的身体作为性张力产生的源泉，却又将之约束在话语的范畴内。骄阳下，一群身着比基尼的妙龄美女簇拥着他，眼光和举止中流露出完全的爱慕之情。而此时剪辑穿插了对多个相亲对象事后的单独访问，利用她们的语言对杰森的身体进行消费。一位相亲者说："当杰森被要求脱下T恤加入我们的泳池派对时，那一刻好像大家的眼神都进入了慢动作的模式，注视着杰森脱衣服的一举一动，太火辣了。"伴随着这位相亲者的描述性语言，电视镜头又再次切换到泳池场景，杰森脱衣服的动作也被适时剪辑成慢动作，而多位女性相亲对象的面部表情则被放大聚焦。作为主体的单身汉被其雄健的肌肉所表征，成为性感的符号。但是，整个场景中却没有任何事实上的性的实践。

男性有力的身体不仅是一种性感的象征，也成为一种权力的体现。杰森有力的身体为他作为够格的单身汉提供了具身性体现的基础，但是，只有当这一身体出现在某些场景当中时，才能被激发出对异性最大的吸引力。电视台作为杰森的后援营造了种种一掷千金的奢华约会方式，比如坐着私人飞机或热气球鸟瞰美景，在只有两人的大剧院里由著名歌星和整支乐队单独为他们表演等。这些约会方式的浪漫和“超现实”无疑会让男主角在佳丽们的眼里越发具有价值，也让观众享受视觉的盛宴。但是以杰森作为一名会计师的身份，他可能会有殷实的经济基础，然而，如果没有真人秀的干预，现实中却绝不可能承担如此昂贵的约会方式。因此，杰森是被构建出来的“最够格”的却“超现实”的单身汉。

作为对这一难得的机会的回应，杰森为了真人秀的需要，必须改造自己和控制自己的情感表露与身体行为。《单身汉》对真人们隐私的揭露和感情的利用，最重要的正是对真人们感情的干预。通过约束或鼓励男主角的行为和语言，杰森的身体行为和感情都受到了真人秀的形塑。

作为主角的单身汉，不被允许在这一真人秀中迅速确定恋爱对象，他必须用长达 12 周的各式约会来“了解”对方。随着节目的推进，当剩下 4 位候选对象时，杰森分别拜访了她们的家人，了解她们的生活环境；当只留下 3 位候选对象时，他则和她们飞到异国共度良宵；而最后的 2 位候选人，则有机会与杰森的家人见面，接受他的亲友团包括杰森小儿子的评判。在这一过程中，每一位与杰森单独约会的对象，在约会中都会和杰森发生各种亲密的举动，包括接吻、抚摸、拥抱甚至于同床共枕；他在与这些女性约会和身体互动之时，无一例外地表现得专注而深情，真切地希望深入了解她和她的生活。从杰森与她们的身体互动上，观众很难猜测他究竟对哪位佳丽更中意。

而在每次的“玫瑰仪式”之前的派对上，当男主角一一面对这些女性时，都会安慰担心被淘汰的对象，而单就镜头所呈现的画面来看，杰森在选择前也会表现出极度的举棋不定。镜头充当他的眼睛流连在各个美女的照片之间，暗示男主角对每位约会对象似乎都情有独钟，只是由于游戏规定需要淘汰而不得已为之。观众由于无法简单猜出他的意向，从而产生了悬念。

几乎每个被淘汰的女性在面对镜头自述时都发出以下类似的表示：“我觉得和他交流的时候真的很有感觉，我不明白发生了什么。”在这样的镜头组合而成的话语表现下，杰森应该说是三心二意、优柔寡断的，如果在现实生活中，这种表现很难与好男人挂钩。然而，矛盾的是，当杰森的迟疑犹豫和对每个对象的真情被呈现到电视屏幕上时，却制造出了有价值的好男人形象。他在真人秀当中的表现具有连贯性，既然在约会时他对每位约会对象都表现出了兴趣与好感，那么这种感觉也应该延续到他的最终抉择之时，否则，他之前的表现就会显得更为虚伪而不真实。

杰森的难以抉择既是真人秀叙事需要所造就的，也可能是杰森作为一个真人事实上的反应。在整个约会过程中，毫无疑问杰森需要投入大量的情感功夫。在《被管理的心灵》中，霍克希尔德（Arlie Hochschild）分析了现代社会中情感被商业化的方式。在现代社会中，情感功夫已经成为职业化的需求，它“指的是对感觉的管理，以创造期望雇员展示出来的那种面部形象和身体形象”，它要求人们学会管理和操纵自己的情感，而这也是构成职场中不平等关系的核心要素之一。要实现对情感的管理和控制，人们可以通过逢场作戏或是移情入戏的方式。前者是指掩饰自己所感或是假装感受到了没有感受到的东西，后者则是完全接受感情生产的手段，真正改变了我们的感受[①]。显然，后者对于个体主体性的侵蚀更为深入，而这往往还伴随着个人要付出高昂的代价，他们既要管理自己的身体，同时又要压抑身体的本能。而《单身汉》中的男主角则必须将情感功夫投入自己的感情生活当中，无论是通过逢场作戏还是移情入戏，他都在以“演员”的方式重构自己的私人生活领域。

从电视镜头的呈现结果来看，杰森主要采用的是移情入戏的方式。然而，作为真人的杰森被这样的情感功夫的要求所累，产生了事实上的情感冲突。当最后只剩下两名求爱者时，杰森已经感到筋疲力尽，他对两位相亲对象梅丽莎（Melisa）和莫莉（Molly）都产生了真实的感情，但是又必须做出抉择。这一季的最后一集当中，当杰森最终下定决心放弃莫莉时，两人都泪流满面，泣不成声，似乎是被拆散的深爱的情侣。然而，在电视镜头下，杰森在泪别莫莉后立即走向了梅丽莎，此时杰森的脸上却已经是一副幸福兴奋的表情。显然，电视语言跳过了杰森从告别莫莉后的极端痛苦到牵手梅丽莎的幸福中间，所必然经受的精神折磨和心理调整过程，最终将画面定格在浪漫幸福的瞬间，完成了童话的叙事。

这一季的案例最具有价值的部分在于，它的后续发展让我们可以更清楚地观察到真人秀对真人的形塑所造成的切实影响，以及真人对抗这种塑造所做出的努力。在这一真人秀结束 3 个月后，当杰森按约再次回到演播厅时，他出人意料地鼓足勇气告诉“全美国”和梅丽莎，他认为自己犯了错误，在与梅丽莎相处之后，他觉得真正应该选择的是莫莉。这次，梅丽莎的愤怒和莫莉

① 克里斯·希林：《身体与社会理论》（第二版），李康译，北京：北京大学出版社，2010 年，第 113 页。

的惊喜再次形成鲜明的对比，杰森的痛苦纠结则成了全美国热议的话题。

对于《单身汉》而言，这一高度戏剧性的变化既是他们所欢迎的，又是他们必须加以控制的。一方面，杰森对多位女性同时表露的真情实感对于节目制作方而言具有重要的价值，它让真人秀的娱乐价值得到扩大。更重要的是，杰森的多情突出了这种好男人的可获得性，这有助于将其魅力辐射于更广大目标观众，即女性观众身上。这一具有高度戏剧性的变化却又终结了《单身汉》的童话叙事，让真实的残酷赤裸裸地展现出来。节目方为了将真人秀中的真实与现实进行平衡，杰森的行为被赋予了某种道德性，以掩盖其中将真人情感商业化的痕迹。他的多情行为被诠释为“平等对待和尊重每一位女性”，“希望了解每一位女孩”，因为“每个人都是与众不同的”；他最后的犹豫与善变也被定义为“人性使然”，或是“忠实于自身的情感”，凸显了这一真人秀的真实性。

而对于在这一戏剧性变化中受到剧烈冲击的女性选手梅丽莎，节目方则通过舆论将其塑造为“被低估的财富”，她被杰森抛弃的事实被话语组织为“杰森不知道他失去了什么”。梅丽莎因这一戏剧性事件突然获得了更引人注意的名气，美国广播公司电视台将她引入旗下的另一金牌真人秀《与星共舞》（*Dancing with the Stars*）当中。因为她已经成为“真人秀明星”，从而有资格在这个以名人作为真人竞赛的真人秀中占有一席之地。这既可以被视为美国广播公司电视台对她所受到的伤害的补偿，实际上又是对她身体的再次利用。

这一戏剧性变化进一步例证了真人秀对具身性主体从身体到精神的高度形塑和对他们现实生活的深度干预，而这种形塑和干预则往往以真人们的身心劳动为代价。

三、女性被开放的身体与情感

与“单身汉”相比，在这一真人秀中，“单身女郎们”的身体和感情的商品化和社会化程度同样深刻，她们所受到的约束和控制也同样严密。这些约束和控制不仅让她们付出了更大的身体和感情的代价，同时也是对施加在性别之上的不平等进行再生产的过程。

首先，这25位单身女郎，尤其是顺利通过了第一轮集体相亲的15位单身女郎，需要接受与“情敌们”一起入住单身汉豪宅的要求。这一位于加州山谷中的豪宅是这15位女性为得到理想伴侣而牺牲个人自由的象征。对于参加《单身汉》的女性而言，她们要竞争的不是百万美元或是工作机会，而是得到爱情和婚姻的机会。在这一节目里，这种机会成了稀缺资源，而为了得到这一资源，她们需要投入大量的时间和精力，还必须与其他竞争者朝夕相处。为此，有的人得辞掉工作，有的人得离开年幼的孩子，有的人则要远离家乡。虽然入住加州豪宅无疑是“梦幻”的经历，但是在节目规则之下，不是每位女性每周都有机会与杰森一对一地约会，这就意味着，在她们入住豪宅的期间内，大多数的时间将花在等待杰森的召唤上。

除放弃人身自由之外，她们进入这一节目时，就需要放弃对自己身体呈现状态的完全控制。主持人一次次向她们强调了这一机会的宝贵：“在全世界成千上万的希望能得到机会与杰森一起的女人中，你们15位脱颖而出，成了他愿意进一步了解的对象。”然而事实上，这15位女性是从节目组预先为杰森挑选的25位女性中脱颖而出的，也就是说，她们符合节目组对杰森的理想的约会对象的设想和安排。

为了体现杰森的全球化魅力，这25位单身女郎中有一位来自加拿大，一位来自巴西。但是，所有的单身女郎都是白人，来自中产阶级，拥有匀称性感的身材和姣好的容貌。为了在众人中更醒目，单身女郎们都不吝并且必须展示自己的骄人身材。几乎在每一个约会周当中，都需要单身女郎们穿着泳衣，或是在泳池边，或是在海边，甚至是为慈善项目募捐之时。而当杰森与单身女郎们单独相处时，他对她们身体的抚摸更是镜头捕捉的焦点。最后的4位单身女郎都被安排与他进行非常亲密的接触，而这些场景往往带有非常暧昧的性暗示。比如，吉利安（Jillian）与杰森在桑拿泳池拥吻，莫莉与杰森入住洒满玫瑰花瓣的豪华酒店套房等。毫无疑问她们的身体对杰森具有吸引力，也成为商品化的大众消费的对象。

但是，在这一节目中，真人们的感情仍然是最重要的被商品化的对象。在节目中，杰森在向女郎们阐释自己的择偶观时表示："我觉得我在约会时会很看重女孩是不是走出了自我的世界，太自我是行不通的。"她们被鼓励"放开自我，打开心扉"，实际上是被鼓励要放下自我保护的意识。

女性的这种自我保护意识，在真人秀的构建下，被认为是不健康的，应该被抛弃的。比如，最后的3位候选女性中的吉利安，来自加拿大，是一位外向活泼、年轻漂亮的职业女性，在整个真人秀过程中一直显得非常乐观开朗，无忧无虑，非常坚强。但是，杰森却认为在她完美表现的背后，似乎始终没有对自己敞开心扉，有所保留。迫于如果不打开心扉，就可能被杰森抛弃的危机感，吉利安决定在杰森访问她家乡时，道出自己心里所有的隐私。她告诉杰森，自己由于母亲早年罹患忧郁症，她从小就学会要坚强面对人生，因此始终不愿意展现自己柔软的一面。在她向杰森道出这些隐私之时，事实上也是向所有的公众开放了自我。她在述说时泪流满面，在展现了女性应有的柔弱之后，吉利安成为一个完整的人，“真实的自我”终于出现。而杰森则用拥抱和亲吻鼓励了她的这一行为。

单身女郎们在与“情敌们”同住一个屋檐之下时，面对这样激烈的竞争环境，她们必须在精神上格外坚强，并具有很强的竞争意识，但是，当她们面对杰森时，又被期望表现出温柔的女性气质。她们一方面要有“大气度”，能容忍杰森与其他女性公开卿卿我我，并认同这一行为的道德性，“每个人都应该得到机会和杰森一对一地了解”；另一方面，她们又被要求要展现“真实的自我”，这一“自我”主要体现在将包括狂喜、嫉妒、伤心、绝望等情绪在镜头前进行无遮掩的表露。

单身女郎艾瑞卡（Erica）在第二集中的集体约会后对着镜头自白：“对我而言，和那么些女孩一起与杰森约会真是非常难受。就好像你的约会对象在你眼皮下对你不忠，而不忠正是我上一段感情结束的原因。这真是太难了，每个女孩都是潜在的威胁。”在这些负面情绪的影响下，“情敌”之间的钩心斗角必然浮出水面，节目组需要参与者表现出强烈的情绪起伏，因为这与真实相关，也就充满了戏剧性张力。

但是，作为参与者的真人们，她们在这样互相矛盾的情绪要求之下，必须具有超人的情绪管理能力，才能在这样的竞争下脱颖而出。而这种情绪管理又无疑是残酷的，对于参与者的身心都构成了潜在的威胁。

单身女郎莎侬（Shannon）在看到同住的单身女郎之间的争吵时，难以抑制内心的不安和厌恶，面色苍白的她冲到浴室大哭呕吐。她的身体反应正是对这种情绪要求的抵触。而单身女郎尼基（Nikkie）不愿听到任何人谈论与杰森的亲密举动，并把这种谈论视为不严肃的表现。她对着镜头流泪，难过地表示：“我把这件事情看得很严肃，我迄今为止只和我的前男友接过吻，我不想听到杰森与其他人做的那些事情。我是打算要真正地和这个男人生活，我会收拾行李搬到西雅图与他和他儿子建立一个家庭。”而几乎每一位单身女郎在这一过程中都出现过情绪低落，或是伤心流泪的场景。

为了应对这些威胁，不同的单身女郎采用了不同的策略。除了采用传统的情绪宣泄或是回避的自欺欺人的方式来应对，更多的单身女郎们则采用了将现实游戏化的策略来进行自我情绪的疏导。尽管她们都声称怀着真诚的目的参加这一节目，但是当她们每每提到“玫瑰仪式”时，总是使用“游戏时间到了”，或是在处理情感上的矛盾是会用“这就是游戏”来进行自我暗示。将现实游戏化能够帮助她们从旁观者的角度参与自己的人生；将严肃的人生大事以轻松的游戏心态来应对，可以有助于减轻她们必然受到的情感冲击和受伤害的程度。

无论是单身汉还是单身女郎，他们之所以愿意将自己的身体和感情转变成全民娱乐和消费的对象，是因为真人秀允诺他们将通过参与节目让日常生活发生非凡的改变。为此，他们放弃人身自由走入节目所提供的媒体上的日常生活的空间。而《超级保姆》和《极致改造》则是真人秀对真人们日常生活更直接的介入：普通人邀请真人秀进入自己的私人领域，以求助者的姿态期待真人秀为其带来改造。《超级保姆》（*Super Nanny*）和《极致改造之家庭版》（*Extreme Makeover Home Edition*）均是美国广播公司电视台的真人秀节目。它们的焦点都是对以家庭为单位的真人们生活的介入。前者重在通过规训儿童行为和规范家长育儿方式以整饬家庭秩序，后者则着眼于通过对整个家庭住宅的改造来改变家庭的命运。

第三节 《超级保姆》中被规训与改造的身体与家庭

《超级保姆》（美国版）是源于英国的一档真人秀节目，“超级保姆”乔·弗罗斯特（Jo Frost）是一位有十多年保姆经验的英国育儿专家，也是这一真人秀节目的主持人。在每一期节目中，“超级保姆”都会从求助的父母寄来的视频中选择一个家庭，前往这个家庭进行观察，随后提出改造建议，最后暂时离开一周，以检验父母们是否能成功地执行她所提的建议，整个改造过程一般为3周。《超级保姆》（美国版）以科学育儿为节目的合理逻辑，将各种规范化规则传授给家长，以培育出模范的受到约束和教养的下一代为诉求。在这一真人秀中，儿童的身体是首先需要规训的对象，而成人们同样被要求通过借鉴科学的专业育儿理念，规训和改造自身的行为方式，树立权威，建立有序的家庭秩序。在本节中，我们将分析社会规训机制是如何借助真人秀节目渗透到这个家庭的内部，又通过大众传媒将之展示给大众，进一步在更广阔的公共领域进行运作的。

一、被规训的儿童与家庭秩序

在《超级保姆》（美国版）中，来自美国不同地区不同的家庭形态得到了呈现，但是，在这些家庭里，父母与儿童始终处于二元对立的两端。家长们由于儿童没有秩序无视家长的权威而不堪重负，处于崩溃的边缘。这一节目旨在让家长不堪重负的身体得到纾解，让家庭秩序得到恢复。表面上，乔所使用的所有规训儿童的方法都是源于她多年的保姆经验，而这种经验被认为是普适的、科学的。但是，节目将家庭中父母权威的丧失和儿童没有被规训的身体行为视为问题之源，留有深刻的社会烙印。乔的儿童规训理论正是现代西方社会对于个体进行规训的整个体系中的一部分。

希林认为社会学家埃利亚斯在其有关西方宫廷礼仪变迁的论著中隐含了“文明化身体”的发展理论。在这一理论下，“身体是一种兼具生物性与社会性的未完成实体，在被社会充分接受之前，需要经过漫长的教育过程”①。现代西方社会所特有的这种文明化身体是高度个体化的，它具备能力将其情感理性化，对其实施高度控制，监管自身及他人的行动，并将有关各式情景中何为得体行为的一套精细划定的规则内化。而西方社会的“成长”过程就是个体的文明化进程，作为千百年来社会的文明化进程的结果，每个年轻人都会从诞生伊始就自动受制于这一进程。“在现代，成人与孩子的行为、语言与思维之间有着‘深切的歧义’”②，孩子需要学会控制他们的本能，即他们的身体和感情的冲动。如果孩子未能达到社会所要求的那种程度的控制，他们就会被视为不正常的或是讨厌的。而在这一过程当中，首要的行动者/代理人就是父母，尤其是母亲。“文明化程度的要求越高，核心家庭中的父母要实现这一任务所承担的压力就越大。”③ 但是，父母也仅是这种调控的手段，父母施加于儿童身上的规训实际上是作为整体的社会和人类型构对于新的一代施加的压力。

在《超级保姆》中，观察和监控是超级保姆乔首要使用的方式。在每期节目伊始，乔都在她所乘的出租车上拿着一个DVD播放器展示将前往帮助的家庭的申请录像。在录像中，儿

---

① 克里斯·希林：《身体与社会理论》（第二版），李康译，北京：北京大学出版社，2010年，第143页。

② 同上，第153页。

③ 同上。

童们不受约束的主要表现在于他们将肢体作为表达感情的方式：在地上打滚，互相推搡，拳打脚踢，大声啼哭等；而儿童们的主要问题在于不听父母的命令、不按规定的作息时间行事、儿童之间不能和睦相处等。乔在到达这一家庭之后，会先以观察者的身份，要求家长们权当她不存在按他们往常的方式生活，而她则要从中找出这个家庭秩序混乱的根源。摄像机镜头如同乔的眼睛跟进每个小孩的举动，抓住他们各种行为的瞬间和父母应对的方式。此外，在孩子的卧室等处也安装了摄像头，以监控孩子独处时的行为。这些录像带成为乔与父母座谈时使用的教学带。父母们与乔一起观看自己和孩子的表现，而乔则会向父母指出他们无法约束孩子的原因何在，并提出改造方式。

乔所提出的育儿方式通常可以分为两大类：如何惩罚与如何奖励，而无论哪种方式，其目的都是建立父母的绝对权威，让儿童知道违抗父母命令会带来的后果。惩罚的方式中最有效的是隔离或禁闭，也即所谓的“淘气室”“淘气凳”“淘气角落”等。父母应该首先以低沉的不同于平日说话的语气警告儿童，告知他们之所以要被隔离的原因，然后不再与儿童有任何眼神和语言接触。儿童待在这一特殊空间的时间由他们的年龄决定，比如 5 岁孩子每次惩罚的时间就是 5 分钟。如果儿童不按要求待够时间，家长必须一言不发地将他们捉回来继续禁闭直到他们听命为止。而奖励方式则通常是语言上的赞扬，给予肢体上的拥抱和亲吻等，或是小小的物质奖励。

除此之外，《超级保姆》中最常需要处理的问题是孩子的生活没有严格的规律。乔要求父母列出详细的作息时间表，严格执行，儿童们需要按时吃饭、睡觉、玩耍，并且要尽早养成自己照顾自己的能力，父母要尽量让孩子在行为方式上“长大”。比如，儿童要父母陪着睡觉被认为是最需要改正的行为，儿童的空间必须与父母的空间分离。在这些过程中，儿童的痛苦适应过程被隐藏和显露的镜头记录下来，并放大呈现。他们声嘶力竭地痛哭的表情、抓狂地对抗父母约束的肢体动作等成为这一节目中最典型的场景。这些对抗有时相当激烈，比如有些孩童不愿接受几分钟隔离禁闭，宁愿与父母在这一问题上进行马拉松式长达数小时的拉锯战，不断逃离划定的区域，又被不断地捉回来，直到痛苦挣扎到筋疲力尽为止。而父母在乔的监督下，虽然也累得满头大汗，但是最终以胜利树立权威为结束。

在这些父母所寄出的录像带中，儿童们被刻画成了混世魔王，而画外音也直接地用“儿童的恐怖统治”“被孩子占领的空间”“孩子对母亲的操纵”等带有强烈“权力之争”意味的词语。孩子被塑造成强势的一方，父母成了被压迫的对象，而这种权力的关系被认为是不正常的急需纠正的问题。最终，当父母一遍遍规训儿童的行为时，它能够带给观众，特别是成年观众一种树立权威的快感和能够掌控局势的踏实感。实际上，在整个真人秀中，儿童们并没有任何凌驾于父母之上的权力，无论他们是否乐意，他们的所有行为都被全面地呈现出来，在镜头面前，他们无处可藏。他们弱小的身躯在大人规诫的身影下成为灵活的可以被不断形塑的客体。

二、母亲不堪重负的身体与完美的核心家庭

这一真人秀所选择的家庭中的孩童各有各的特点，但是这些家庭却有很多相似点。首先，它们都是美国现代核心家庭的典型——父母和至少两个以上的孩子。在这些家庭中，偶尔会有祖辈的出现，尤其是外婆或是奶奶。但是，她们对这一家庭的帮助在节目中却被表现成为一种干扰，阻碍了家长，尤其是母亲所应该担负的责任。其次，这些家庭都是典型的中产阶级，居住条件

优良，房间宽敞，布置得体，在物质生活方面似乎没有匮乏的担忧，但是基本没有雇佣他人照料小孩。在这样的家庭中，不论母亲是否是家庭主妇，她们都担负着主要的照料儿童的责任。因此，除了被规训的儿童，在这一真人秀中，另一个显形的身体便是母亲的不堪重负的身体，而这也是乔试图改造的对象。乔试图通过育儿技巧，让母亲能够同时扮演多个角色，将生养的压力转换成育儿的乐趣。

在《超级保姆》所帮助的中产阶级家庭中，全职家庭主妇仍然占了大多数。在求助的录像中，母亲们由于感到无法胜任这一角色而产生内疚、挫败感，并且与孩子、丈夫产生感情的疏离，这些情绪和感受都给她们的身体留下了焦虑痛苦的烙印。比如，第四季（2008 年）中斯拉格（Schrage）一家的母亲克里斯蒂（Christie）是一位全职妈妈，有 3 个女儿。他们家庭的问题是3 个女儿都是“疯丫头”，在家里随意涂画、损坏家具和墙壁，互相打闹，4 岁了还咬着奶嘴等，而最让超级保姆惊讶的是 3 个女儿必须要母亲的陪同才能入睡，以至于父母常年分床而眠。在镜头面前，3 个女孩显得极为活泼，在家里自由自在，肆意打闹。而与此相对，母亲克里斯蒂则显得懦弱虚弱，跟在女儿们身后无所适从。在对这一家庭进行观察之后，超级保姆乔对克里斯蒂下了如此评价：“她看起来很虚假，好像完全不在状态，没有热情。”这一评价非常有意思，它暗示了克里斯蒂的母亲身份，更多是一种社会要求扮演的角色，“虚假”和“不在状态”正是她无法胜任这一角色的表现。

克里斯蒂对自己无法胜任的解释是由于自己寝食难安，身体的不适让她无法应对家庭的责任。但超级保姆指出，她之所以无法得到充足的休息正是因为她没有尽到母亲管教的职责，过于迁就孩子，害怕得罪她们。在超级保姆的质问下，母亲袒露心声，认为不论是妻子还是母亲的角色都让她深感痛苦。她每天如履薄冰，试图讨好家里每一个人，感到筋疲力尽，害怕自己的失败让她失去了改变的动力。在这一例子中，超级保姆试图指出母亲不堪重负的身体与她失败的缺乏责任感的育儿方式形成了恶性循环，母亲的压力并非来自他人，而是来源于自身。

最终，超级保姆乔为她提供的解决方法与情感无关，她让克里斯蒂认识到要将为人妻母作为一项职业来进行严格规划，而非靠天性、本能或感觉来行事。比如，母亲在听到孩子痛哭后就无法贯彻规划被认为是软弱的表现。克里斯蒂在超级保姆的指导下，对自身的母亲角色有了新的认识："我需要学会如何规划，我需要学会如何提高工作效率。"学会规划和提高效率，这两项职场的准则被成功地引入了家庭生活，从而让公共空间与私人空间达到一致。

但在这一真人秀中，对有工作的母亲而言，工作往往成为这个家庭中的儿童缺乏管教的一个因素，因为它占用了母亲能够花费在家庭上的时间和精力。与此相对，父亲的工作则从来不是问题，以自然而然的方式存在。

以第四季中来自纽约的班加尼（Banjany）夫妇为例。夫妇俩开创了自己的曲奇饼生意并希望以后能开曲奇饼公司，目前主要由母亲丽萨（Lisa）在家做曲奇饼外卖。他们有 3 个 5 岁以下的孩子，2 个男孩 1 个女孩。3 个小孩共同的问题是不停要零食，不按父母的要求行事，两个儿子喜欢打架，甚至连父亲也一起打，而其中小儿子喜欢玩姐姐的"女孩"玩具，比如洋娃娃和各种女孩的服饰，这让父亲尤其担忧。丽萨对于丈夫对孩子的放任自由深感不满，而自己定下的规矩却得到不到任何回应。对于丽萨来说，卧室成了她接听电话、收发传真和邮件的办公室，而家庭厨房则成了制作车间，她既没有自己的空间，也侵占了孩子的空间。

母亲丽萨在家做曲奇饼生意，可以说是为了兼顾事业和家庭。但是，3 个没有上幼儿园的幼儿需要家长花费大量的时间来照料，而这 3 个儿童已经有了自己的主见和思维。此外，这一家庭的大宅从镜头表现来看，显得非常干净整洁，虽然这部分没有进入叙事，但是母亲丽萨所付出的劳动显然是相当关键的。照顾生意与家人，维持一个大屋子的整洁，让母亲丽萨难以分身，疲惫不堪。

乔在分析这家人的问题时则认为："这一家庭如很多家庭一样，希望兼顾生意和家庭，但是当他们欲望太强时，必然会失去很多东西。"乔让父母玩抛接多个皮球的游戏，以图让他们认识到他们的时间是有限的。最后，超级保姆设计了一个时间表，与父母商量将他们的时间进行更合理的分配，方式就是将这一时间分配方式与曲奇的制作工序联系起来，将孩子们纳入曲奇制作的工序当中，成为一部分，而不是对立的一方。乔认为这是她开始美国版的《超级保姆》以来所进行的最具有挑战性的一次任务。

然而，我们无法忽视的是，父母的"欲望"正是他们希望达到的社会对他们"成功"的期望。这个家庭要维持住他们一大家人的中产阶级的生活水平，毫无疑问，父母的事业是至关重要的基础。而这一要求对于母亲而言又更为严苛：一方面，照料孩子被认为是她们的"天职"；另一方面，现代社会给予她们的教育让她们无法避免有了更多"欲望"，期望利用工作和事业来实现自身的价值。对于没有外出工作的全职母亲们而言，这样的压力也并不会因此而减轻。如前文所提到的全职母亲克里斯蒂，她清醒地知道社会对一个全职母亲角色的要求：既然没有承担家庭经济的重担，就必须成为一个完美的妻子和母亲，要讨好家里的每一个人。因此，每个母亲所面对的压力固然不同，但是施加在母亲身上的压力却并非全然是个体性的，而更多是社会性的。

《超级保姆》则回避了这些压力的社会性，将重点放在给予这些疲惫不堪的母亲们管理自身和家庭的技巧上，它让她们相信通过科学的规划和有效率的执行，母亲们就可以应付生活的压力，完美地实现家庭的平衡。

三、自我管理与社会责任

超级保姆乔的介入对于这些求助的家庭而言是积极的，这的确让父母们混乱的、嘈杂的生活秩序有了恢复的可能。乔在节目中对儿童所使用的规训方式与对父母的要求紧密相连。父母被要求团结一致地对儿童进行管理，通常，他们会存在过严或过宽的问题。过严的方式通常伴随着语言和肢体暴力对儿童行为的压制；而过宽的方式则是无法贯彻惩罚的承诺，放任儿童按他们的想法行事。当父母无法贯彻这些措施时，他们往往会流泪表示“很失败”。但是，节目最后这些父母最终几乎都成功地实践了这些科学的育儿方式，家庭重新充满欢声笑语。

这一真人秀中所有的育儿技巧关键在于要求家长作为个体必须为自身和家庭负责，让科学化管理身体和行为成为通往美好生活的捷径。而这种要求与美国现代社会对于身体管理的要求是完全一致的。在这一真人秀中，父母都认为带着不受约束的孩子到公共场所去是一种噩梦。在很多剧集中，孩子们在超市中横冲直撞，小偷小摸，或是在餐厅里大呼小叫，哭闹不已，让父母感到尴尬窘迫。父母的尴尬窘迫在于儿童的不受规训的身体破坏了社会惯例，这一社会惯例要求主体在公共场合中，与他人的互动中，采取克制的理性态度。情绪化和冲动被认为是不健康的和缺乏能力的表现。

然而，如果说孩子们不受管教的身体成为家庭的混乱之源，也成为父母在公共场所感到难堪窘迫的原因，那么这些父母主动求助于在全国性电视网播出的真人秀来改变这种私人领域的混乱，则有更深刻的意味。这些因自己的小孩在公共场所不受约束的行为而感到窘迫的父母们，却甘愿在大众面前彻底地暴露自己家庭的混乱，并以此机会为幸。在《超级保姆》中，乔已经突破了原有的“保姆”在家庭中处于边缘的刻板印象，她成为让一切非凡奇迹发生的原因。乔的权威地位并不在于她的“保姆”身份，而是她的“专家”身份。

父母们对超级保姆乔和摄像镜头给予了完全的信任，深信参与这一节目能够改造自己的生活，让自己家庭积累多年的问题能够在超级保姆的干预下短期内得到非凡的改变。父母们毫不掩饰地将自己家庭私人领域的各个空间开放给摄像镜头，从客厅、餐厅、厨房等公共空间，到卧室、洗手间等更私密的空间。而当乔开始进行家庭指导时，他们会被问及自己家庭的隐私问题，儿童的教养背后往往也涉及夫妻生活中的种种不快。在真人秀中与超级保姆探讨这些私人问题，成为一种积极的被鼓励的行为，因为这是父母对自己和家庭负责任的表现。这种责任感能够带给社会一种稳定的力量，让现行秩序得到维持。

《超级保姆》中一旦涉及为家庭立规矩时，乔都会让父母将规则一条一条列在纸上，在解释给孩子们听后，将其挂在家庭的公共区域，比如客厅或是餐厅。这样的形式无疑是借鉴了社会契约的形式，让孩子们养成对成文规则的尊重。“超级保姆所建立的‘家庭盟约’虽然不能与由城市或民主国家建立的盟约和宪法相提并论，但是它同样地建立了旨在让这所住宅内的生活和管理能够以公正平等方式进行的那些权利和规则。就这个意义而言，家庭盟约不仅是一种维持家庭秩序和尊重的技术方式，也是维系住家庭内的亲密与公平的方式。”① 值得一提的是，《超级保姆》中的很多家庭都有未到入学年龄的儿童，也就是说，对于他们而言，白纸黑字的规则是超出他们理解范围的。墙上所挂的盟约只是一种符号和形式，代表规则和权威。超级保姆对成文规则的强调和对口头规则的不信任反映了一种深刻的现代的符号观。正是因为超级保姆所采用的育儿方式中渗透着现代社会的运行规则，所以她的育儿方式显得“理性”“科学”“可靠”，在节目中为父母们所认同。

在《透过现实的美好生活》（*Better Living through Reality*）一书中，作者埃利特（Quellette）和海（Hay）认为，现在流行的电视真人秀显示了电视在新时代教化社会的作用方式上的改变。“公民们如今被视作个体，他们对于社会最紧迫的责任就在于在私下里要自我提升能力。而电视则充当了提供各种支援技术的广泛网络中非常显眼的一员，这些支援技术的目的都在于激发个体的自我帮助和自我实现。”② 自由主义政府面临一个两难的局面：一方面有为所有人服务的目的，成为普世的政府，另一方面又要服务于地方性特殊性的自主，因此“立宪/盟约”成为一种重要的手段。这种盟约不仅是民主国家的宪法制定，而且深入到社会细胞当中，成为一种公民意识，即作为公民必须遵守不同场合不同情景下的社会盟约。而电视在这种语境下特别有效，它可以深入到家家户户的私人生活，从改造家庭生活使之公正有序、健康发展开始，指导人们进一步成为一个良好的社会成员。

《超级保姆》也正是这一庞大网络中的一部分，它借助乔的“专业人士”身份，将各种实用的技巧以个体互动的方式与父母

---

① Laurie Ouellette and James Jay, *Better Living Through Reality TV: Television and Post-welfare Citizenship*, Malden, MA: Blackwell Publishing, 2008, p. 171.

② 同上，第3页。

们交流，个性化地帮助他们一步一步解决问题，最终期望他们实现自我管理，将科学的、有规律的管理体制和对这种体制的认同贯彻到日常生活的点点滴滴当中。在《超级保姆》中，也偶尔有展现父母对乔的介入表示出怀疑或者不配合，这通常发生在男主人的身上。传统的家长权威与专家权威形成某种冲突，但最终仍然是代表科学的专家权威压倒了传统的家长权威，到节目结束时，男主人对乔的怀疑都会被化解。家庭的秩序被纳入整个社会的科学运作当中，成为有机的一体。

第四节 《极致改造之家庭版》：困境中的身体与社会改造

如果说《超级保姆》中真人秀对家庭生活的介入，能够间接地起到对社会秩序的稳定作用的话，《极致改造之家庭版》则被认为是将电视介入社会的功能进行了进一步革命性转变的真人秀，它的关注点从家庭一直延伸至社区。

《极致改造之家庭版》自 2003 年初登美国广播公司电视台的黄金时段以来，已经连续播放了 10 年，稳居美国广播公司电视台收视率最高的金牌节目之一，并多次被提名美国电视艾米奖的最佳真人秀。这档真人秀本来是作为以整容为主要内容的真人秀

《极致改造》（*Extreme Makeover*，又译为《改头换面》）的衍生节目①，却超越后者赢得了更高的收视率，具有更广泛的社会影响力。

这档真人秀的主要流程是，由主持人兼设计师泰·彭宁顿（Ty Pennington）带队的设计师团队，坐在前往这一家庭的大巴上观看这家的申请录像。录像中会简要介绍这个家庭为什么陷入困境以及他们的特殊之处。之后，设计师团队抵达这个家庭，在与激动万分的受助家庭会面后，设计师们分头了解这个家庭每个成员的个性化需求，并由此决定设计方向。随后这个家庭被送到迪士尼等度假胜地度过一周的时间。其间，设计师团队设计改造工程，发动当地社区志愿者提供免费的劳动力，联系当地承包商以及各种大品牌的赞助商，为这一改造计划提供资金和物资赞助等。

《极致改造之家庭版》延续了《极致改造》中的“极致改造”这一核心理念，突出改造的彻底和强烈对比下营造出的奇观效应。只是，与《极致改造》对作为个体的人的身体改造不同，《极致改造之家庭版》将改造的重点放在了身体的寄居处——住

---

① 《极致改造》于2002年在美国广播公司电视台播出，一共播出了55集，其主要内容是给申请者提供全套的身体改造，通常涉及大量的整容手术。入选者在好莱坞接受改造的过程中必须与家人朋友隔离，直到改造完成才能够相见，以突出惊艳的奇观效果。在节目播出伊始，取得了极好的收视率，但是很快又引发强烈社会争议，尤其是在“德里兹·威廉斯（Deleeze Williams）事件”后，这一节目的理念和方式受到质疑。德里兹是一位30岁的女性，被挑选作为《极致改造》的候选人，按照惯例与家人隔离。在等待改造的过程中，其家人被电视台鼓励说出对她外貌的真实评价，其妹妹因此做出了一些负面评论。但是，意外的是，在接受改造的前夜，德里兹被告知因为改造恢复期可能过长而落选了。面对没有改造成功而归的姐姐，德里兹的妹妹惊愕下对自己的评论深感内疚，最后自杀。与《极致改造》的非议相比，《极致改造之家庭版》在2003年作为前者的衍生节目，反而在荧幕上站稳了脚跟。

房上。更重要的是，它所期望改造的不仅仅是一所住房，而是寄居在这一住房内的家庭中所有成员的生活，并将这种改造的理念延伸至整个社会乃至国家。

一、困境中的住宅与积极贡献的身体

《极致改造之家庭版》中首要的现实是处于困境中的身体已经无力改变自身的栖息之所濒于崩溃的现状，而真人秀的介入是其得到“拯救”的最后途径。在《极致改造之家庭版》的标准下，肉身性主体的身体和他们的住宅是不可分割的整体，同样处于困境当中。在选择这些处于困境中的家庭时，节目组尤其强调这些家庭“值得”被拯救。

判断“值得”的标准有两个：一是这些家庭住宅的情况已经到了摇摇欲坠的危急关头，而他们还面临某种极端的困境，比如家庭成员病重或家庭支柱离世等，无力承担房屋维修或重建的费用；另外，更重要的是，家庭的成员还必须具有美国模范公民的某种品格，即他们面对极端困难仍然毫不怨天尤人，相反，还以各种方式积极回馈社会，所经历之事或所做之事具有特殊性或代表性。家庭成员的身体虽然正承受着某种痛苦和威胁，但是与此同时，又是具有活力的，能承担起社会责任。

例如，在第五季中（2007—2008 年），拜尔斯一家（the Byers family）的小女儿罹患脑癌，但是坚强的小女孩在艰苦的治疗过程中，仍然建立网页鼓励其他小朋友，并赠送玩具。这一家人因为给女孩看病开支巨大，而无力维修破败的住宅，住宅摇摇欲坠且多处长霉，对生病的孩子不再安全。而同一季中，卡特一家（the Carter family）的母亲由于罹患颅脑畸形这一罕见病症，长期处于痛苦之中，经受数次大手术，而这种疾病具有遗传性，其 3 个女儿也都不幸患病。但是，这个家庭还是发起了“蒙大拿颅脑畸形联盟”这一组织以帮助全国乃至全世界其他患同样病症的人们。由于常年治病，这一家庭经济拮据，全家住在一个由鸡舍改造的房子里，对这一家庭成员的身心都构成了威胁。这两个家庭的不幸既是不同的，又是相似的，都是由于疾病而致贫，而他们的住宅对他们家庭成员的身体健康产生极大威胁。

在其长达10年的播出中，这一真人秀“拯救”了超过200户这样处于极度困窘中几乎绝望的家庭。对于这些家庭而言，美国广播公司电视台成了他们的“救世主”，他们通常会以“我的祈祷得到了回应”来解释他们的幸运。比如，在第五季中，来自康涅狄格的布朗一家（the Brown family），黑人单亲母亲带着3个孩子在辛苦赚到足够的钱买到一处住宅后，这一住宅却连遭厄运。先是所有的水管爆裂将屋子淹没损坏，之后又遭遇火灾，将屋内所有物品烧毁。即便如此，这一家庭仍然竭尽全力积极回馈社区，为他人捐衣捐物、义务表演等。当这位母亲看到美国广播公司电视台的真人秀制作团队到来时，她激动地冲出屋门不慎踉跄倒地，却久久匍匐不愿起身。当被搀扶起来时，她泪流满面地说：“我感觉我的家庭被拯救了，我似乎看到许多天使萦绕着我。”

这一场面无疑是感人的，但是又隐含着残酷的现实。让布朗一家真正陷入绝境的现实是，如果他们不能尽早修复他们的房屋，政府很快会将之收回，布朗一家的困境既是天灾也是人祸。这一房屋破败的外观触目惊心，与社区的和谐与美观形成了强烈的反差。而更大的反差是，对于已经一无所有的家庭，政府非但没有伸出援手，反而成为一种威胁，因此这一家人只能将所有希望寄托在美国广播公司电视台的真人秀之上。

另一个更加残酷的现实是，面对海量的求助录像带，能被美国广播公司电视台挑选出的家庭比例很小。也就是说，对于大多数只能依靠“祈祷”来摆脱困境的家庭来说，他们渴求家庭能够得到改变在短期内很难得到实现，或者说根本不可能得到实现。

然而，面对困境中的住宅和家庭，《极致改造之家庭版》将这些家庭的悲剧赋予了正面积极的色彩。在第六季（2008—2009年），这一节目更清楚明了地将自己所挑选的这些家庭的成员定义为“英雄们”，以此来鼓励面对类似困境的家庭，继续对社会怀有感恩之心，以积极的态度回馈社会，努力改变境遇，等待幸运之神的眷顾，而不是走向社会的反面。

二、奇观式的住宅改造与生活方式的呈现

让这一改造与众不同的不仅在于受助家庭的“英雄”性质，还在于这一改造的奇观效应。一个家庭的住宅是这一家庭经济能力与审美趣味的综合反映，伴随着受助家庭住宅的改造，事实上整个家庭的生活方式也被改造了。利用媒体的力量，它还会直接将处于困境中的家庭一夜之间从其人生的最低谷推向最灿烂辉煌的公共注意力的中心位置，深刻地改变这些家庭中真人们的人生轨迹和规划。

《极致改造之家庭版》中对旧居的改造是一种极致的奇观的呈现，节目方利用种种手段营造这种奇观效应。首先，破旧与立新的强烈对比成功地呈现改造的彻底和极致。每一集中最激动人心之处，一是将这一家庭的旧居用大型机械迅速拆除时的痛快淋漓，二是“移开大巴”时刻，即受助家庭初次见到新居时的震惊和激动。摇摇欲坠的旧居被彻底改造得几乎可以称为豪宅：设计合理、独具匠心的房屋结构，考究的建材用料，精美的装修。此外，还提供全套的室内装饰、家具家电乃至厨房全套用具，甚至于连毛巾牙刷以及衣物等个人用品也已经安放到位。屋主们在

大巴移开后亲眼见到这一奇迹般的改造后，往往情绪激动，几乎失控，伴随着激烈的肢体动作，泣不成声、仰天长叹、匍匐跪地、雀跃不已等成为标志性的反应。

其次，让这一改造更具有奇观效应的是，一切的改造工作都在一周内完成。从拆掉旧居到设计新居，实施土木工程，再到装修装饰，最后购置家具家电等，每个步骤都涉及种种烦琐的工作，需要一个漫长的周期，更不用提及在这个过程中所需要付出的精力、体力和财力。在现实中，对普通家庭而言，这样的改造就其规模来说绝不可能仅用一周的时间完成，而这种改造的彻底度，也超过一般家庭的承受范围。对于这些困境中的家庭，更是“超现实”的。

不仅如此，这种奇观式的改造既超乎屋主们的期望和想象，实际上也超越了他们现实的经济现状所代表的趣味和品味。例如，第五季中来自夏威夷的莫米一家（the Momi family），夫妇的主卧豪华如同蜜月套房，卫生间里装备了按摩浴缸，与卧室相连的阳台还安上了微型泳池。儿童的房间更具有功能性，不仅是儿童睡觉的地方，还变成了具有个性的空间，能为他们将来能力的发展提供支撑。比如，喜欢音乐的儿子有了一间属于自己的音乐屋，有各种样式的吉他和乐器，以及编曲的高级电子设备，从电脑到软件一应俱全。除了必要的房间，设计师还设计了宽大的阳台作为公共休闲区，将其布置得与夏威夷的热带风情相得益彰，优美雅致。女主人无法言表她的震惊：“我目之所及都美极了，我刚看到这里想说‘这是我见过的最美的东西’，可转头又看到另一处，我又想说‘这是我见过的最美的东西’，再一扭头又会看到又一个极其美妙的东西……一切都像是杂志里的一样美妙。”

“一切都像是杂志里的一样美妙”准确地表达了《极致改造之家庭版》对改造后住宅在审美上的高标准。这些高标准不仅成就了这些住宅在电视呈现上的可看性，而且起到了对有品位的家庭生活的示范作用。《极致改造之家庭版》绝不仅仅在于简单地将各种危房改造成适宜居住的住宅，而是通过这样的改造对有品位和有质量的中产阶级生活方式进行展示。这也是为什么节目所挑选的家庭都是典型的郊区家庭，住在独栋的住宅中，而不是城市中的公寓，或是已经流离失所的无家可归的家庭。这样的住宅形态代表的正是典型的美国中产阶级的生活，只是这些家庭由于种种变故而没有能够达到那样的生活水平。

对于《极致改造之家庭版》而言，这样的改造符合这一真人秀的“让好心人有好报”的道德逻辑：改造住房的目的就是为了让真人们得到应有的安全、舒适和享受，并且期望伴随身体所获得的舒适，真人们的生活也随之得到改造。改造后的房屋也将同时改造真人们的生活方式，它让处于困境中为生存和基本安全等担忧的真人们开始步入“享受生活”的境界，而这种生活方式正是这一真人秀所希望巩固的理想的美式生活方式。

这一生活方式的呈现非常重要的功能在于，它能够自然而然地与各种商业品牌相结合，因为对于消费社会而言，生活方式与商品消费之间具有不可分割的联系。这也是这一真人秀能够动员众多的企业和品牌为其进行直接赞助的原因。在节目中，这些品牌不仅能够以赞助商的姿态出现，比如，运送家具的货车车身上印着某一著名家用五金商场的商标。它们还能够成为节目的一部分。又比如，设计师们会出现在这些卖场当中去购物，卖场所经营的产品也能得到呈现。再比如，某一著名品牌的冰箱或是厨房设备等会安置在被改造的家庭当中。除此之外，真人秀还会在节目中提醒观众，它还经营有网页和杂志，如果观众对改造中的某些环节或是产品感兴趣，他们可以在其中找到相应的更详尽的介绍。

通过奇观式的住宅改造，美国中产阶级的生活方式作为一种美好生活的象征得到了积极的呈现，而家庭的私人空间也与商业的公共空间实现了联通。在奇观式的改造之后，真人秀中的真人们是否真的可以达到中产阶级的生活水平，维持这样的生活方式，却是另一个问题。一栋漂亮的豪宅需要维护保养才能保持住它的状态，而对于这些家庭而言，他们的经济收入和精力体力正是他们最初陷入困境的原因。例如，在这一节目最初播出时，就有律师不无担忧地指出，按美国现行的税收法规，这些豪宅可能会带给受助家庭持续的沉重的房产税务负担，让他们难以为继①。然而，在节目中，从法律问题到工程实施中所有的烦琐细节都不在叙事之内，整个改造显得迅速高效、干净利落，的确如同一个奇迹。

借助真人秀传媒的力量，对于这些家庭而言，也许他们的困境能够得到一定的纾解。然而，单纯的住宅改造实际上并非能够奇迹般地带给一个家庭实质上的生活改造，更不可能让类似的家庭一一获得拯救。真正的改造必须依靠更切实的社会关注和政策支持，也就是制度性的支持，而这些则既不是真人秀的关注重点，也不符合真人秀所提倡的通过慈善改变生活的道德逻辑。

三、真人的身份、情感与巩固彰显的社区服务与美国精神

当《极致改造之家庭版》取得极好的收视率和口碑后，这一真人秀开始更自觉并主动地介入美国人的社会生活，将这一真人秀进一步定义为体现和提升整个美国的“行善主义”（Do-goodism）精神的地位。而这些又都巧妙地通过真人家庭的代表

① Danie McGinn, “Television: Tax Trouble For ABC's ‘Extreme’ Winner”, *Newsweek*, http://www.thedailybeast.com/newsweek/2004/05/16/television-tax-trouble-for-abc-s-extreme-winne.html, 2012-11-22.

性和真人参与者的情感表露得以实现。

首先，它特别注重这一真人秀在地域上的覆盖面，扩大它的社会影响力，这主要是通过挑选来自不同地区的家庭所实现的。

在第一季和第二季，《极致改造之家庭版》挑选的家庭主要在加州地区，这是出于制作成本和便利的考虑。但是，从第三季开始，也就是在这一真人秀取得广泛的社会反响之后，节目组开始有意识地挑选来自不同地区的家庭。几乎每一集的家庭都来自不同的州，也就是说，24 个家庭大概来自 20 个以上不同的州。这也是因为节目借助全国性电视网上播出后所取得的全国性的效应，它吸引的申请家庭也来自美国各地。在其 10 年的播出期间内，共播出了超过 200 集，这也就意味着，有超过 200 个困境中的家庭或社区受惠于这一节目。

这样的覆盖面提高了节目制作成本，也具有相当大的技术难度，但是，它也毫无疑问地体现出其对整个美国的广泛代表性和影响力。主持人泰在第六季的《幕后故事》一集中回顾自己的工作时就总结到，他一年有 300 天在旅途当中，飞行距离超过 50 万千米，足迹遍及美国各地。如同《美国偶像》的海选一样，《极致改造之家庭版》所到之处也会成为当地重要的公共事件，得到地方传媒的响应。

其次，在整个改造过程中，主持人不断强调的是“家庭”和“社区”这两个概念的关联性，它试图证明在社区的紧密联系和互相扶持之下，家庭个体的困境能够得到奇迹般迅速的解决，电视里的奇观是可以实现的现实。

这一改造中所动用的社会力量是极致的，从个人到企业，从家庭的亲朋好友到素不相识的社区居民，都被动员起来参与到为期一周的高强度改造工程当中。每一期的改造都要动员几百上千人的志愿劳动者，也就是说，这一节目直接的参与者有几十万之众。这样的彻底改造之所以能够在一周内实现，也正是因为参与者众多。而社区由于这样的被改造家庭的存在，也变得更团结，增添了道德凝聚力。在节目中，主持人要对提供无偿劳动的承包商或是志愿者进行采访，他们有的与这一家庭相识，有的则完全是陌生人，但他们都一致表达被这一家庭精神所感动，愿意参与到行动当中来。在改造过程的“破旧”和“立新”两个激动人心的高潮处，聚集在被改造大宅外的人群正是热烈气氛的制造者。他们为这一家庭得到了极致改造欢呼雀跃，也为自己能参与到这一“盛事”成为其中的一员而骄傲。

因此，这档真人秀节目试图表明，它所改造的不仅是一个家庭，也是这一家庭所辐射的社区乃至整个社会。它格外明确地对家庭观念以及爱国主义等主流价值观进行颂扬，而这种颂扬依托在真人们的身体之上，通过真人参与者们情感的爆发来进一步影响受众的情感，在情感的震撼之下，观念的传递和输送也更为自然并且有效。以第五季当中的吉尔耶一家（the Gilyeat family）为例，我们可以清楚地看到这一运作的模式。

住在堪萨斯城的吉尔耶一家的父亲丹尼尔（Daniel）是一位退伍海军军官，两次应征入伍前往伊拉克，在第二次服役时他在一起路边炸弹袭击中失去了左腿；同时他还是一位单亲父亲，一人独立抚养四个未成年的孩子。他的军人身份为这一改造增添了爱国主义色调，而节目组对这点进行了重点渲染，调用大量象征，精心安排流程，强化两者间的联系。

在改造开始前的介绍阶段，节目组并未深究他的妻子为何与之离婚，也没有对丹尼尔生活的不如意进行刻画，而是强化了丹尼尔对自己服役选择的义无反顾，失去左腿后依然热爱生活、鼓励他人的精神以及对子女的深沉的父爱。比如，丹尼尔回顾自己在伊拉克的服役生涯，谈及每天与死亡相伴时显得从容而平静，画面中则插入了他们在伊拉克执行任务时的画面，特别突出各种爆炸的场景；与此相对，当丹尼尔解释自己为什么希望得到帮助时，他说道，“我并不需要多好的居住条件，但我的孩子们需要。他们很为我自豪，我不想让他们失望”。此时的丹尼尔则语调低沉，似有哽咽。由此，丹尼尔化身为忠诚勇敢和父爱的象征。

而“移开大巴”时刻是所有象征集中发挥功能的时刻，丹尼尔的情感的变化也再次成为重要的表现对象。当吉尔耶一家出现在现场，丹尼尔裸露在外的假肢彰显着他为国效力的经历。此时画面中出现了聚集在外的人群，并插入对丹尼尔的个人采访，这段采访不是在现场进行的，但是被提前用在这里反映丹尼尔此时的心情。“我环顾左右，看到那么多男女老幼都在这里，有的是上了年纪的退伍老兵，还戴着军帽，他们挥舞着国旗，他们都为了我来到这里。我被一种澎湃的感情一下击倒了。”面对欢迎的人群，丹尼尔挥手表示谢意，而眼眶早已红了。

一家人与聚集在大宅外的支持人群一起反复高喊着“移开大巴”，大巴缓缓开动，彻底改造后的大宅出现在他们面前，焕然一新。吉尔耶一家激动不已，而镜头则将重点放在了丹尼尔的面部表情。肢体残疾却依然壮硕的丹尼尔此时已经激动得不断擦拭泪水，但他仍然不断调整呼吸，试图忍住不哭。此时，画面插入了一队穿着海军军装巍然肃立在大宅外的军人，这些军人的眼中也泛着泪光，紧闭的嘴唇微微颤动，似在压抑着激动的情绪，画外音介绍到“这些曾经挽救了他生命的战友们又再次出现给他一栋崭新的住宅”。主持人随后将带队的军官引到丹尼尔面前，泪流满面的丹尼尔在见到长官并听到他说道“欢迎回家”之时，终于难掩激动之情，泣不成声。

画面适时出现了高悬着美国国旗的旗杆，这里再次插入了对丹尼尔的个人采访。丹尼尔说道：“当我走近看到旗杆时，我知道他们付出了怎样的艰苦努力，这是我见过的最美丽的东西。我为身为美国人而深深自豪！我为能为它效力而骄傲！我愿意随时随地再次为它效力，付出一切！”这时画面再次回到现场，丹尼尔含着热泪对所有的支持者高喊“我爱你们”。就在丹尼尔的情绪稍微平静一下时，主持人再次请出当他遇袭时与他同在现场的战友与他相见。丹尼尔一见到这位战友，情感受到更剧烈的冲击，他与战友紧紧相拥，两个壮汉无法抑制地抱头痛哭，哽咽无语。支持的人群被两个壮汉间的兄弟情谊所感动，爆发出热烈的掌声，也开始抹泪。画面中及时插入支持人群打出的标语：“我们为你修了一栋房子，而你给了我们自由。”

通过精心的剪辑，这些画面形成了一种互动和对话，将丹尼尔作为一个个体、他所代表的军人群体，以及他所象征的爱国精神和美国自由主义精神联系在一起贯穿于整个改造过程当中。除了这一家庭的成员，从主持人到设计师到志愿者，也都投入了大量的情感和体力。无论是丹尼尔、他的战友、主持人还是现场的支持人群，所有真人们的感情在此刻都迸发出来，受到身为美国人的骄傲这一情感的洗礼，而他们的真情流露也同时震撼着观看的大众。随着丹尼尔情感的步步展露，受众也在感情的震撼中逐渐认同其中所传递的信息。面对真人们的真情流露带来的感动，任何对战争的残酷或合法性的质疑，以及对退伍军人的待遇和际遇的考问都成了不宜涉及的话题。在整个过程当中，政府的意志和利益从来没有正面出现过，但是，它却得到了巩固。

《极致改造之家庭版》的节目理念呼应的正是美国政府在20世纪末到21世纪初的近30年间所推行的重塑政府以及遥控治理的政治理念和社会政策。通过发动民众参与志愿劳动来建立各级的社团或是志愿者组织，让政府计划不再看上去由政府主导，而是由以社区为基础的开发公司来发动，政府和民众以及企业之间形成一种合伙人关系。政府社会福利的责任分摊到各种民间组织和私人组织，让公民形成危机意识，以自我管理、自我提升来应对不断变化和削弱的公共福利保障系统和经济环境的变动[①]。但事实上，这种软控制或远控制同样达到了控制的目的，政府既减少了责任又同样能合法统治。这也可以解释为什么从布什时代到奥巴马时代，两任总统夫人，南希和米歇尔，都对这一真人秀表示了强烈的支持，甚至直接参与其中。

《极致改造之家庭版》的确展示了美国当下社会中存在的种种社会问题，以及真人家庭们因此而受到的冲击。但是，它又借助奇迹般的改造过程，稀释了受众对这方面事实的关注。它成为调和各种具有冲突的利益团体矛盾的平台，让不同利益团体的具身性代表参与到对普通人的日常生活的改造当中。在共同的情感冲突和震撼之下，对话和合作成为一种美好的幻象，社会不同阶层的关系得到了黏合，进一步巩固了占统治地位的意识形态。

小　结

从《老大哥》到《单身汉》再到《超级保姆》和《极致改造之家庭版》，以普通人的日常生活和生活方式为着眼点的真人秀节目目前在美国真人秀的景观中蔚为壮观。

在《老大哥》和《单身汉》中，真人们都自愿放弃人身的自由，为了奖金或是爱情，走入豪华封闭的环境，接受大众对自己日常生活的窥视与评论，而其中隐私的暴露是真人们必须付出的身体代价。在《老大哥》中，真人们受到的全方位、全时段的监视被作为卖点，以凸显这一真人秀在捕捉人际互动上的全面

---

① Laurie Ouellette and James Jay, *Better Living Through Reality TV: Television and Post-welfare Citizenship*, Malden, MA: Blackwell Publishing, 2008, p. 23.

与深刻。在《老大哥》的游戏规则下，身体成为最重要的人际互动的源头，身体和身体互动的真实性也构筑了这一真人秀的真实性基础。但是，《老大哥》并不仅仅止于监视和曝光真人们在“老大哥大宅”中的日常生活，它更积极地干预和建构着他们的生活。“游戏”成为“老大哥大宅”日常生活的常态，不仅如此，《老大哥》还进一步将受众卷入对真人参与者身体的彻底游戏化的实践当中，而真人参与者们由于作为受众时已经熟悉《老大哥》规则，从而自觉地将自己的身体也作为可以被游戏化的客体加以对待。《老大哥》中真人们的生活状态既是游戏化的，又具有现实的特征，它显示了现代人对监视下生活既麻木又自觉的状态，以及他们对媒体化生存体验的渴望。它尤其表征了大众传媒对真人私人生活的侵入，真人们对于“老大哥”的监控和大众的监视产生了比与朝夕相处的室友更强烈的信赖与服从。

《老大哥》中的真人们对日常生活的游戏化产生了相对自觉的认识，并因此而改变了自己的行为方式，而《单身汉》中的真人们则将参与真人秀与更严肃的人生规划，即婚姻相联系，他们期待通过真人秀切实地改变自己的日常生活。聚焦于两性关系的《单身汉》利用童话的隐喻，将单身汉塑造为超现实的理想对象，并提供给参与者种种实现浪漫幻想的机会。与此同时，参与者看似自发的身体行为和感情选择，事实上都受到了真人秀的形塑。通过调用各种剪辑手段，《单身汉》将参与者的身体作为性的符号和载体，并利用规则对参与者的身体和情感施加了严密的控制和深度的干预。在真人秀中，参与者被鼓励约束或是释放感情，在公众面前暴露内心世界，并志愿将身体置于真人秀强大的塑造力之下。在整个过程中，真人秀完成了童话的叙事，但是对于大多数参与者而言，现实的残酷却更为直接地影响了他们的身体与情感，甚至改变了他们的人生轨迹。

在后两个真人秀中，来自不同地区的不同家庭组成和形态得到了呈现。《超级保姆》（美国版）中的家庭的物质条件往往是优越的，无论是居所还是父母的工作，都体现了典型的美式中产阶级的生活标准。与此相对的是，在《极致改造之家庭版》中的家庭，从经济层面看则往往是不幸的典型，拥挤、不卫生和不安全的居所成为改造的对象。但是，这些家庭还是有很多关键的共同点，首先，它们都是以传统的异性恋为基础的家庭并且都代表着美式中产阶级普通家庭；其次，无论是《超级保姆》（美国版）还是《极致改造之家庭版》，被改造前的日常生活让真人们身心俱疲，他们无力改变现实，而经过真人秀的干预之后，他们的日常生活质量得到了“奇迹般”的迅速提升。表面上，真人秀改造的是一个家庭的秩序或是一个家庭的寓所，然而，实现改造的过程却巧妙地将个人与社会的关系进行了改造。通过对身体和生活方式的改造，个体被纳入社会改造之下，以便为社会的稳定以及生产力做出持续的贡献。

美国的电视真人秀延续了电视对日常生活的关注，通过真人秀的介入，日常生活也完成了从普通向非凡的转换。电视真人秀一方面企图通过监视和曝光真人们在日常生活中的状态而凸显其真实性，另一方面，为了实现电视的可看性，它对真人们生活的干预又是深刻的。最终，日常生活在真人秀的世界中被呈现为充满矛盾、对抗，或是本身是一个亟须改造的问题，而电视真人秀则成了暴露日常生活的真相，并成为可以介入以解决其中问题的中介。通过这四章真人秀案例分析，本书对电视真人秀在文本中所塑造的真人与社会进行了解读，并剖析了其中的意识形态运作模式。本书的最后一章将把电视真人秀置于它所处的社会当中，从更宏观的视角对它的社会功能进行进一步分析，尤其是它与受众间的互生关系将得到重点讨论。

第七章

以真人为秀：新媒体时代的社会实验场所

在前面的几章中，本书主要是从文本的角度探讨了真人秀如何利用真人的身体和围绕其编织的象征体系来构建美国多元文化社会的现实，传递主流的价值观和支撑占统治地位的形态，同时也探讨了真人们是如何利用这一平台呈现自身，实现自我认同与社会定位的。但是，真人秀之所以能够担负起这样的社会功能，则与新世纪的媒体技术的革新、社会经济的变革和政治风向的转变息息相关。诗人约瑟夫·布罗茨基（Joseph Brodsky）曾经说过，一个总统候选人最近读过的一本书比他最近的一次演说能使你对他有更多的认识[①]。那么我们也许可以说，一个国家老百姓最近最喜爱的电视节目比他们的总统最近对外所做的一次宣扬能使人们对这个国家有更多的认识。在这一章中，我们将从宏观的角度来审视电视真人秀与美国新世纪的社会结构转变以及政治风向转换间的关系，而其中电视、真人与社会间的关系将得到进一步讨论。

① 比尔·莫耶斯：《美国心灵：关于这个国家的对话》，王宝泉等译，北京：生活·读书·新知三联书店，2004年，第15页。

第一节　新媒体：电视真人秀的技术基础与动力

电视真人秀在美国迅猛发展为一种较为稳定形态的过程与“新媒体”在社会话语中逐渐取代“大众传媒”占据中心位置的过程十分一致。从形态构成到形态流通，电视真人秀都借助了新媒体之力；同时，真人秀的繁荣促使传统主流媒体以更加开放主动的姿态将新媒体作为产业发展的方向。

一、被调动的真人资源与新媒体的应用

随着真人秀这一形态得到大众的热烈反响，它改变的不仅是节目里的参与者，也包括媒介的组织和运行逻辑。也就是说，真人秀的全面繁荣让这一形态开始具有更大的可以进行社会动员和介入现实的潜力，而让电视业界开始更有意识地通过组织和运行方式的调整等来利用这些能力。真人秀将观众全面纳入节目设计中，将被动观看的观众变为主动为节目卖力的主体，因此拥有最广大的可以调用的人才库作为节目资源，而真人秀对真人的调动正是有赖于新媒体技术的应用。

“新媒体”是一个容易理解并在当下被频繁使用却又难以定义的术语，它必然是一个相对的概念，即必须有“旧媒体”的对照我们才能定义和理解“新媒体”。在现在社会话语中流通的“新媒体”主要是指在20世纪80年代开始的传播技术的数字化、计算机化和网络化，以及其他与之相关的传媒设备与服务。既然技术的更新日新月异，那么新媒体的定义也处于随时的变化之中。在《新媒体：批判性导言》（*New Media: A Critical Introduction*）中，李斯特（Martin Lister）对新媒体做了如下定义：“我们视它们为那些利用了数字化的、多媒体的、联网的计算机以及这

一机器被携带的方式的传播、表征和表现方式以及社会实践，它们已经改变了其他媒体的运作：从书籍到电影，从电话到电视。”①

美国电视真人秀首先突出地将新媒体技术运用到电视节目制作和传播当中。监视摄像头和便携式的摄像设备都是让电视真人秀具有捕捉非专业的参与者的一举一动，从而能够剪辑成有质量的电视节目的关键。观众的网络参与和留言成为制作方进一步进行节目设计所参考的资源。真人秀使用的新媒体技术在不断更新，但是这些技术的首要目的在于最大限度地调动或方便观众的参与。观众不仅观看节目，而且通过投票等方式在更大范围和更深程度上参与节目。真人秀所使用的投票形式是多样的，既有如《生存者》这样的通过参赛选手内部投票的方式，也有如《美国偶像》和《与星共舞》这样的动员全美国人投票的方式。这种投票所营造的参与性让观众感到自身的参与可以改变节目的结局，也就是可以在某种程度上决定他人的命运。受众与电视节目间形成了更直接的互相影响的关系，由此观众的权力得到了史无前例的改变，成了节目的生命线，是节目设计中的一个变量。而这种投票决定与政治选举最大的不同是，无论其决定是否明智，它都不会直接损害观众的利益。

然而，真人秀形态全面繁荣时，不同的真人秀节目为了创新和节目设计上的考虑，也存在没有明显运用到民主性“投票”这一方式的例子。比如《学徒》这种为美国地产大亨寻找项目经理的节目，或是《美国超模新秀》（*America's Next Top Model*）这类专业性很强的真人秀节目主要由精英投票决定，也有《极致

① Martin Lister et al.，“Introduction”，*New Media: A Critical Introduction*，New York：Routledge，2005.

改造之家庭版》这样的为贫困家庭改造居住环境以及《单身汉/单身女》这样的为某一个单身男或是单身女寻找另一半的节目，似乎根本没有涉及观众投票直接参与的因素，但是，它们为观众进入节目当中开通了很多其他的渠道，而海选是其中最重要的渠道。通过海选，“投票”所承载的“民主性”被置换为一种“民众性”的要素，节目中的参与者/主体成为可以置换的单位变量。

所谓的海选即任何对参与节目有兴趣的观众都可以通过节目开放的报名渠道申请加入，通常这些海选都会设定较宽松的门槛，以吸纳更多的观众参与。对于有些节目而言，海选本身就已经成为重要的节目环节，但是即便海选本身的过程不是节目的重点，海选所涉及的范围和参与的情况也会在每个秀的一开始便加以重点强调，以突出节目的受欢迎度和影响力。

除了利用新媒体技术来协助观众的参与，电视真人秀还大量利用跨媒体的平台来进行节目的宣传，扩大受众的范围。不论是何种投票形式或是海选方式，人们参与真人秀的方式从很大程度上是一种跨媒体的经验。真人秀由于需要调动最广大的真人作为节目资源，因此，它必然需要求助于各种媒体力量，从传统的平面媒体，如报纸、杂志，到新的媒体技术，如手机和计算机网络甚至于电子游戏的平台。比如《美国偶像》和《与星共舞》这类要求全美投票的真人秀都大量利用了电话特别是手机的渠道，同时在网络上也开通了相应的平台。《美国偶像》尤其鼓励参加者自拍参加这一真人秀的全过程，并适时挑选片段作为其最后在全国电视网中播出的剧集的一部分。

然而，最重要的是，无论“投票”和海选在实际播出的节目中占据多大的比重，它们的确真实地深入观众可以接近的现实当中，成为电视和现实间的纽带。就节目制作方而言，观众和节目参与者又成为可以互相替换和互相转变的变量，扩展了真人秀施展影响力的平台，在节目还没有播出之时，就已经在社会中营造出了参与的氛围。真人秀对这种参与氛围的营造也不再局限于电视广告之中，而是在一种电视媒体当中跨形态合作和电视媒体与其他媒体间跨媒体运作的结果。

二、“泛真人秀”景观与电视产业的新媒体转向

真人秀在逐渐成为社会认同的一种电视形态后，便悄然影响电视其他已有形态，整个美国电视因此呈现出“泛真人秀”化的景观。

真人秀在商业上的成功，与以往的先例一样，这一形态迅速被复制、改进和提升，一个新的节目形态已经得到了确立，只是这次的速度更为迅速，而且引起了其他节目形态的连锁改变。目前的美国电视呈现出“泛真人秀”的景观：首先，真人秀节目数量激增，播出时间相对固定，节目影响力持续增强；其次，其他传统的非真人秀节目，如喜剧片、新闻、剧情片等开始将真人秀的形态要素整合到已有的节目形态中，提升文本的互文性、受众的参与性等。真人秀不仅影响了美国电视中事实类的形态发生从关注事实到关注真人以及人际互动的转向，而且也开始影响虚构类的形态。

比如，美国近几年最流行的家庭情景喜剧《摩登家庭》（*The Modern Family*）就因为从剧集结构到人物的表演形式都直接借用了真人秀的元素而显得新颖亲切，而演员们的“真人”演绎形式让他们言行常常看上去有些别扭，似乎是因为没有对好台词的露怯，却取得了极好的喜剧效果。《摩登家庭》本是对真人秀的一种“戏仿”，却成为一种“真实情景剧”的新风格。而近年来，另一种被称为“真实罗曼史”（Real Romance）的真人秀形态的子形态，也可以说是肥皂剧的变形，也正受到年轻观众

的欢迎。与前者相反，它的剧情设置和对白都戏仿了美国肥皂剧的内容，但是，所有的人物和场景乃至其中的戏剧性却都是“真实的”。比如2012年的《拉古那海滩》（*Laguna Beach*）就是其中的代表，它被称为真实版的《橘子郡男孩》（*The Orange County*）。它记录了一群生活在美国南加州拉古那海滩区的高中生的生活，剧中所有的人物都以本人真实姓名出镜，从其所上的学校、平常爱逛的商店，到经常购买的物品、家庭居所都是真实存在的，人物之间的爱恨情仇也宣称是真实的，但是在剪辑后这些戏剧性的发生又显得格外符合传统肥皂剧虚构的人物设置和情节发展，具有超越真实的叙事的完整性。

而伴随着这一“泛真人秀”现象的，事实上是美国电视产业正在实现的新媒体转向。作为信息化程度极高的发达国家，美国自20世纪末即大规模进入了新媒体时代，而新媒体时代的来临对电视产业这一传统的强势媒体文化产业构成了极大的威胁。1995年7月，（美国）全国广播公司、美国广播公司和哥伦比亚广播公司三大老牌电视网黄金时段的收视率总和，自有数据记录以来，第一次降到了50%之下，而在之前的几十年里，这一数据长期保持在90%①。

传统的大众传媒是一种单向的权威式传播方式，在受众对于媒体信息的接受方式没有太多选择权的时代，这种传播方式非常直接有效，也成就了无线电视网长期依靠高收视率、出卖广告时间获得巨额利润的商业模式。然而，自有线电视技术和其商业模式再度成熟以及家用录像机等新的技术出现，无线电视网的这种单一的商业模式渐露疲态。有线电视还没有带给无线电视真正的

① Wilson Dizard, *Old Media New Media: Mass Communications in the Information Age*, 2nd ed., New York: Longman, 1997, p.1.

威胁，因为其尚未从根本上改变受众的收视方式和媒体使用的习惯。但是当以数字传播和网络科技为载体的“新媒体”这一概念逐渐步入社会话语的中心区域时，这一趋势所代表的新一代年轻人的媒体使用习惯的改变，已经带给无线电视网以巨大的冲击。传统的无线电视商业模式中所依靠的高收视率，尤其是18岁至34岁消费人群的收视率，可能伴随新的一代不再观看电视而全面终结。早在1990年，尼古拉斯·尼古庞德（Nicholas Negroponte）在《数字化》（*Being Digital*）一书中就指出“被动的旧媒体”和“互动的媒体”迥然不同，他犀利地预言无线电视网将由于分众广播和细化媒体时代的到来而崩溃[①]。但是面对新媒体的挑战，美国的电视产业虽然受到了极大的冲击，却没有立刻采取行动。

美国的电视产业经过70年的发展已经非常成熟，是一个高度形态化的产业，纵观美国电视产业的发展，业内对形态的变化一直非常谨慎，而新的形态和模式的出现往往都要遭遇冷遇，而当成功的范例出现时，对其的复制和全面推进则极为迅速。作为传统大众传媒中流砥柱的美国四大无线电视网，即（美国）全国广播公司，美国广播公司，哥伦比亚广播公司和福克斯电视网，的态度和反应各有不同，极为复杂，但总的来说可以分为怀疑、恐惧、谨慎尝试到应对转向四个阶段。它们在已有的节目形态框架下寻求结合点，而“真人秀”成了最理想的试验田。

美国电视产业对新媒体转向的态度已经从被动转为主动。在真人秀作为一种形态刚刚崛起之时，新媒体主要被真人秀“粉丝们”所利用，这些业余爱好者利用网络的联络力量自主建立了相

① Henry Jenkins, *Convergence Culture: Where Old and New Media Collide*, New York: New York University Press, 2006, p.5.

关的网站社群，分享对真人秀的观看心得、评论乃至对进程的猜测和对内容的“搅局”。各个主流媒体则对这样的新媒体方式心存芥蒂。如雷蒙德·威廉斯（Raymond Williams）所言，“任何一个新技术的时刻都是选择的时刻”①。但是面对新媒体的来势汹汹，曾经怀疑和恐惧的主流媒体采用了更积极的方式，将新媒体融入对主流媒体的支撑当中。到目前为止，四大电视网都推出了网上免费观看平台，提供丰富的方便受众建立社群以及参与到节目中的工具和空间。比如，哥伦比亚广播公司在网络平台上所投放的《生存者》剧集可让观众一边收看，一边向节目中的参与者发送表示他们态度的文字和图像。假如观众喜欢某一位选手，可以点击玫瑰花或红唇图标，而这时屏幕上的选手身上也会出现这些图标，观众因此与剧集参与者产生虚拟的互动。

数字化和网络让电视节目资源能够产生更大的边际效应，而其代价却相对较小。“数字化使所有类型的图像、声音和文字可以简化为一种通用形式并通过同一种传输设施传输。”当传媒内容简化为“原数据”，从储存、管理到流通都变得更为容易，所以数字技术在传媒的广泛应用对于通过斜向交叉媒体扩张而节省资金和提高效率都有着重要的意义②。仅仅10年时间，美国的四大电视网已经开始全面向新媒体转向。在这一意义上，真人秀引导了美国电视产业从单一媒体主导的大众传媒时代向跨媒体合作的新媒体时代过渡。

---

① William Boddy, *New Media and Popular Imagination: Launching Radio, Television, and Digital Media in the United State*, Oxford: Oxford University Press, 2004, p. 3.

② 吉莉安·道尔:《理解传媒经济学》，李颖译，北京：清华大学出版社，2004年，第22页。

第二节　被实验的真人与社会实验

电视真人秀中的“重塑”真实不仅是一种电视形态理念和大众文化现象，而且成为构建某种意识形态上认同的关键概念和手段。首先，真人秀仍然通过改造个体表征了一种规诫化和控制化的社会现实；其次，真人秀还格外自觉地将社会实验作为这一形态施加社会影响的优势。因此，真人秀正在实现或是实行的意识形态功能就不仅体现在其文本中的象征体系所产生的表征效应上，还在于它在不同层面所进行的社会实验上，而这些社会实验对于美国的文化和政治生活从微观和宏观的层面都将产生微妙但深刻的影响。

一、被改造的个体与规诫和控制化的社会

电视真人秀正是实践福柯或德勒兹（Gilles Deleuze）对于权力与现实关系理论的最好例证，即所谓的“规诫性社会”和/或“控制化社会”。

福柯认为，身体构成了日常实践与权力机制间的一种关联，现代社会的制度和机构通过规诫身体来实施权力，具身性的主体被鼓励自我监督，对自我行为实施控制[①]。德勒兹在分析福柯的规诫社会理论时认为第二次世界大战后权力运行的方式开始发生变化，不再单纯通过自上而下的方式行使权力，也不仅仅局限在一套机构内部的规则和程序，而是将曾经固定于某些机构的规范的权力流向蔓延到整个社会网络去实现。他称之为“一个控制化

① 米歇尔·福柯：《规训与惩罚》（修订译本第四版），刘北成、杨远婴译，北京：生活·读书·新知三联书店，2012 年，“第三部分：规训”。

的社会”，即通过无休止的改良，瞬间跨越空间的交流和去中心化的传播方式，渗透进日常生活。在这样的社会中，现实不再是一个个稳定的具有可表征的本质/内在的客观的场域，而是一套流动的各种势力的网络，这个网络由这些势力的外在，即由势力与势力之间的关系所决定①。

在德勒兹所描述的控制化社会当中，主体是可被置换的，而且被经常置换。这种机制的经济基础是灵活的劳动力，一种劳动/休闲的结合，一个流动的不稳定的劳动力大军。同时，还需要有数字化的信息基础设施作为技术背景。这些构成了美国后福特时代图景的一部分。劳动者被培训成可以在临时的团队中工作，对任务反应敏捷，通过不断汇报工作评估自己的进展，不断提升人际交往技巧的人。这种过程创造出持续的互相交际、游牧式的、自省灵活的主体。控制化社会需要塑造和鼓励这种主体，而真人秀则是这种社会下一种关键的文化形式。

电视真人秀中对这种主体的塑造和鼓励主要是通过将“自我追求”和“改造”的理念相关联来实现的。简单说来就是试图在真人秀与美国梦之间建立联想：参与真人秀即在追求“美国梦”。真人秀被定义为新媒体时代实现美国梦的最佳途径。美国的电视真人秀尤其鼓励人们通过“追求梦想，实现自我”来打破阶级的局限。这也是为什么从《学徒》到《美国偶像》，从《生存者》到《老大哥》，丰厚的奖金或成功的机会非但没有成为真人秀极端商业性的证明，反而被认为是激励真人们发挥实现“美国梦”的美国精神的工具。

真人秀是将观众参与到电视中的期望进一步深化的过程，它

① Dana Heller ed., *Makeover Television: Realities Remodelled*, New York: I. B. Tauris & Co Ltd., 2007, p. 12.

将观众所观看到的“梦想成真”的种种戏剧情节转化为观众可以体验的真实的梦境，让普通人通过节目体验到“非同寻常的事物”，感受到童话般的改变的力量。“梦想成真”这一符号实际上是将“梦想/幻想/不真实”与“真实”相融合，它吸引人的力量就在于它给予人们这样的承诺，即梦想可以是幻想和不真实的，而现实却有可能会实现这样的不真实。

由此，在美国的电视景观中，真人秀与“美国梦”之间有比其他电视节目秀更明显的联系。这也可以解释为什么在美国真正引起了真人秀浪潮的是《生存者》和《美国偶像》，这类强调在逆境中或是在奋斗中通过竞争最后实现梦想的“史诗般”的节目秀，而并不是源于荷兰的《老大哥》或是美国音乐电视网（Music Television，简称 MTV）的《真实世界》（*The Real World*）这样的通过将个人放置于 24 小时监控中以暴露其真实一面的节目，即便后两者出现得更早，或是在欧洲已经取得轰动。

众所公认的“美国梦”的内涵是，个人通过自身的奋斗可以改变现状、实现理想，在社会中实现个人价值，但是实际上在这一过程当中，个人的奋斗必须是符合经济社会的发展趋势的，也就是说，个人在奋斗的过程也必然是一个重塑自我的过程。杰克·布拉迪奇（Jack Z. Bratich）认为再创造的能力始终被视为美国神话的一部分，从杰斐逊（Thomas Jefferson）的自立公民到大熔炉理念，都反映了美国人性格中要求与时俱进的改造自己的精神①。真人秀的参与者往往自述真人秀是一个学习的过程，是一个成熟的经历，而“自述”参与真人秀的心路历程成为真人秀节目的仪式，是真人秀与之前的游戏秀等的区别，也是真人秀

① Jack Bratich, “Programming Reality: Control Societies, New Subjects and the Powers of Transformation”, Dana Heller ed., *Makeover Television: Realities Remodelled*. New York: I. B. Tauris & Co Ltd., 2007, p. 8.

对节目真实性的一种提升。尼克·库德瑞（Nick Couldry）认为，“自述改造经历”这样的仪式是将参与者从节目游戏的参与者回归至“真实世界”的主体[①]。无论不同真人秀的目的是什么，参与者都被要求经历改造变形这一过程。与此形成对照的是，如果拒绝转型改造的，或是无法接受节目中的专家对其变形的建议的参与者，往往既是节目结果上的失败者，也被认为有性格上的缺陷，因此无论是在节目中还是在舆论上，都是失败者。

按照福柯对于现代政府和执政治理方式的定义，美国电视真人秀对追求美国梦的行为的鼓励和对自我提升以及重塑的宣扬，实际上是整个社会治理网络中的一部分。在福柯看来，成功的政府依靠统治者和被统治者同时约束自身的行为进行运作。现代自由主义的政府不是靠命令的方式来告诫公民如何行为，而是给予公民某种自理权，他们的自由就在于他们有各种的选择，但是最终的目的还是要让公民们所选择的行为方式服务于统治的运作。现代社会，依靠各种所谓的科学的或有益身心的知识形式构建成了互相呼应协作的网络体系，这一体系为行为设定了各种与“正常”相关的标准和价值观，从而规约了个体的选择。而无须诉诸自上而下的暴力镇压。政府不是一个中央集权的官僚机构，而是由遍布社会各个层面的“权威”行为人和代理人所构成。现代社会中的个体，既是充满了欲望和需求的主体，同时也是被治理的客体，他们对于自身需要什么非常自觉，但是对于自身被刻印上的东西却毫无察觉。对于“权威”而言，治理始终是为了让

---

① Nick Couldry, “Teaching Us to Fake It: The Ritualized Norms of Television's ‘Reality’ Games” in Susan Murray and Laurie Quellette eds., *Reality TV: Remaking Television Culture*, New York and London: New York University Press, 2004, pp. 57 -74.

个体在政治上是有用的：能被控制并且具有生产效率[1]。

通过这种方式，真人秀事实上还帮助塑造和规范着阶级归属性。按照布迪厄的“文化资本”的理论，所谓的文化、品位和知识成了进行阶级区分的关键方式。公民性被重新认定为对于生活品位、穿着打扮和行为举止的选择[2]。大多真人秀采用了“干预人生”（life intervention）这种理念来体现节目所具有的积极意义。所谓的“干预人生”即通过参加节目或是由节目去主动参与到个人生活中，通过一系列对外在或内在的积极干预来改变个体不如意的境遇。这一理念非常符合美国社会自20世纪90年代以来的社会心理和政治倾向的发展趋势，而这种倾向既是电视所反映的，也是电视所引导的。但是电视真人秀的“干预人生”的理念已经与20世纪60年代以来进步时期所发起的社会义工这类运动的方式和目的迥然不同了，它更多的是倡导90年代所流行的新自由主义的政治倾向。它的主要目的不是维护弱势群体得到基本的社会保障，而是变为更集中强调对个人的培训，以符合或是迎合占统治地位的市场的权威。

真人秀式的“干预人生”强调的是对个人灌输全方位的自我管理的技巧，参与者通常被认为是缺乏专业或系统的指导和意识，通过灌输和培训，而不是依赖国家改革或政府福利，能够实现自我的提升以及生活问题的解决。真人秀的成功之处在于，它将商业元素的统治性以服务社会之名悄然灌输给受众；而这种统治方法的绝妙之处在于，这些受到灌输的人们，无论是直接的参

---

① Gareth Palmer, *Discipline and Liberty: Television and Governance*. Manchester and New York: Manchester University Press, 2003, pp. 2 -4.

② Pierre Bourdieu, “The Forms of Capital”, John Richardson, ed., *Handbook of Theory and Research for the Sociology of Education*, New York: Greenwood, 1986, pp. 241 -258.

与者还是观看的人，在娱乐的氛围中非但易于赞同这种策略，而且感激得到的教化和启发，从而自觉地按专业指导规范和改变自身。从更深层的意义上说，它似乎解决了自由主义的两难局面，既不需要政府直接参与，又让公民自觉或不自觉地按政府的意图通过“自由选择”规范自身融入社会。

从某种意义上来看，与真人秀最相似的文化形式正是童话，因为两者都同样强调变形和改造。真人秀是一种童话的延续，两者具有同样的文化功能①。而两种文化形式都是为了创造足以应付新的经济和社会情况变化的、顺从的、可变通的主体。真人秀将“现实”定义为需要改变的客体，而非实在稳定客观的存在，它将“现实”的概念中传统的实在、稳定、客观存在等内涵剥离开来。从语源学来说，英文的“reality”一词其本初的词素“rex”意指“君王的”，把它与“reality”联系看来则有“固定的不可变动的财产”之义，因此“reality”和“royalty”（王族）在概念上都起源于土地和权力交织，属于君主权力的传统。因此“现实”从来都不是与“真理”相关，而是指向权威和权力使之发生的存在。将“现实”理解为一种表征的中立之源，仅仅是近代历史发展的结果②。

如布拉迪奇敏锐地指出的，真人秀所处的社会是一个电脑化的社会，在这样的社会中现实已经成为某种“现实软件”，是可以被修改编程的，而主体既是程序的变量，又是得到了准入密码

---

① Jack Bratich, “Programming Reality: Control Societies, New Subjects and the Powers of Transformation”, Dana Heller ed., *Makeover Television: Realities Remodelled*, New York: I. B. Tauris & Co Ltd., 2007, p. 7.

② 同上，第11页。

的使用者①。布拉迪奇的“电脑化社会”的类比直接指向了美国电视真人秀中所正在进行着的对个体规训与改造的特殊方式，那就是将真人秀作为社会实验的场所。

二、真人秀中的社会实验

可以说，真人秀节目对美国社会生活的干预和社会现实的塑造触及政治实践的层面。就政治实践方式而言，真人秀区别于其他电视形态的重要之处在于，真人秀充当了社会实验的场所，真人被置于或虚拟或真实的场景中接受规训与控制的种种实验。真人的身体和身份成为实验中的变量，真人的改造与改变、人际交往的方式以及所引发的社会效应则是实验的结果。真人秀中的社会实验可以从微观和宏观两种层面来理解。

电视真人秀所进行的微观层面的社会实验，一是指将实验的场景局限在真人秀所设定的或真实或虚拟的较封闭的环境之下，这一封闭的环境充当了社会的缩影，而真人们则化身为种种社会阶层和群体的代表，主要考察人与人之间的关系，比如《生存者》与《老大哥》就是这类社会实验的代表；二是指将个体及其生活方式作为被实验的对象，考察通过真人秀的干预，个体和其生活方式是否或如何能够得到改造，《超级保姆》是这种实验的典型。

宏观的社会实验则是指，以真人秀为中介或平台的，考验真人与社会机构机制进行联系的方式。美国真人秀中常见的节目理念是传递“慈善行德”的积极信息，即由真人秀搭建平台，将

① Jack Bratich, “Programming Reality: Control Societies, New Subjects and the Powers of Transformation”, Dana Heller ed., *Makeover Television: Realities Remodelled*, New York: I. B. Tauris & Co Ltd., 2007, pp. 12 - 13.

需要帮助的个人与慈善家、慈善组织或者大公司等相联系，或是由真人秀来发起慈善性的活动，号召个人的参与。《极致改造之家庭版》就是这类节目中的佼佼者。而另一种理念是让个人通过真人秀的平台参与到真实的经济活动或社会活动之中，同时这些经济活动和社会活动中的企业或机构也利用这个中介来联系更广大的受众。《学徒》和《美国偶像》都带有这种实验的性质。

无论是微观还是宏观的实验，美国真人秀制作者对真人秀这一形态的实验性质都具有自觉的意识，并且以这种性质作为这一形态所具有的社会意义的论据，以减少对其低俗性或商业性的质疑。比如，《老大哥》就强调这一真人秀旨在考察权力的运作方式，权力是如何被赢得和失去的，选手们又是如何被权力所左右或是对抗权力的；而《生存者》则强调它对文明世界的人们如何在几乎一无所有的物质条件下重建一个社会关系进行了创造性的实验。事实上，真人秀因依托主流媒体的经济支撑和号召力，的确可以完成某些社会学家一直期望能够进行却囿于资金和人力条件而无法开展的社会实验。

真人秀的制作过程于传统的媒体内容的制作流程不尽相同，由于真人参与者的即兴反应，它在某种程度上也是一种社会建构过程。这对于真人秀的制作方而言，则意味着需要更精心地从社会学的角度设计节目规则和流程，以对这些即兴行为有所控制。“制作方在这些参数上所做的决定，通过限制、禁止或实施某些行为模式来影响参与者的行为。尤其是这些决定会影响哪些矛盾形式能够被拍摄到，因此就能决定这些真人秀的内容。无论制作方是否是有意识的，已有的理论可以解释他们已经做出的社会学决定所造成的结果。"①

就微观层面的实验而言，有的学者认为真人秀不仅提供给社会学家研究人际互动方式的素材，而且通过运用这些社会学理论，真人秀制作方可以对各种变量进行设计和控制，以便操控冲突的发生和频率，决定节目在道德上的走向，分析成功节目之所以成功的原因，最终增加收视率。在《影像人生：真人秀的社会几何学》一文中，戈达德运用唐纳德·布莱克（Donald Black）的社会学阐释策略和理论模式，对每个理论及其运用在真人秀解释上的合理性进行了详细解释。布莱克的"纯粹社会学"（pure sociology）理论、社会几何学模式（models of social geometry）和冲突控制理论（theories of conflicts management）自20世纪70年代开始被广泛应用于各种阐释领域。纯粹社会学理论将人际交往提纯为可以被观察的各种变量之间的关系，主要目的不是去解释个体的行为（如社会心理学），而是试图解释在个体之间发生的社会生活，从而提出社会几何学的概念和模式。他认为，人际交往乃至社会生活的关系都可以从这些模式中得到解释，道德生活也同样发生于一个社会多维空间之中。戈达德因此建议真人秀制作方认真研究布莱克的社会学理论，通过精确控制人际交往的几何学模式来控制节目的内容②。

显然，戈达德认为真人秀节目的成功取决于冲突是否真实，以及冲突发生后参与者的反应是否符合观众期望或是符合潜在的道德要求，而对于制作方对真人秀内容和结构的操控，他认为是

① Ellis Godard, "Reel Life: The Social Geometry of Reality Shows", Matthew Smith and Andrew Wood eds., *Survivors Lessons: Essays on Communication and Reality Television*, Jefferson, North Carolina, and London: McFarland & Company, Inc., Publishers, 2003, p. 74.

② 同上，第92－93页。

理所当然而且非常必要的。只要参与者本身的反应不是剧本刻画的，那么真人秀就足够真实了，制作方只需要认真设计可以激发参与者真情流露的结构就可以达到预期的效果。既然社会几何学是通过对自然状态中的交往进行观察后得出的社会学理论模式，那么通过控制自然的模式可以制造出自然的真实效果。虽然戈达德的观点有鼓励人为操纵真实的嫌疑，但是他的观点具有代表性，有助于理解真人秀的社会实验性质。

实验最重要的前提在于实验的可控性和可重复性，因此制作方可以据此解释对真人行为的约束与控制，并且可以将同一模式进行重复使用，只要其中的真人秀参与者这一变量不同，实验都可以具有意义。

以《老大哥》美国版为例。第一季的《老大哥》将网络平台与电视平台进行了平行播放，引发了大众的深度参与，但是大众的参与对叙事的建构是灵活而难以把握的，甚至是破坏性的。更加令《老大哥》制作方没有预计到的是，第一季的真人参与者对节目的叙事产生了抵触，他们甚至谋划集体退出这一正在直播的节目，以显示他们为友谊而放弃金钱的高尚。这一计划最后因其内部的矛盾和制作方的干预瓦解了，也就是说事实上本来可能发生的真实还是被制作方按照自己的叙事线路改变了。在第一季之后，《老大哥》从选角到选址思虑都更为周全，以防止突发情况。“在这一脆弱的时刻过去后，日后的节目更多是从吸引收视率的角度挑选有魅力的选手，而不再选择朴实得让人惊讶的天真选手了，节目的程式也越发固定，叙事被破坏的机会也就越来越受到限制。”①

---

① Ernest Mathijs and Janet Jones, *Big Brother International: Formats, Critics and Publics*, London and New York: Wallflower Press, 2004, p. 212.

以真人为实验对象的真人秀却也有可能因为真人的伪装式表演而失去一定的实验价值，因此理论上真人秀参与者越是对自身所处的实验环境无知，真人秀的实验性质越明显，结果的真实性也越强。因此，我们也可以根据真人参与者的知情程度将真人秀的社会实验分为全知实验、半知实验和隐蔽实验。

隐蔽实验是指真人参与者对自己所处的真人秀环境全然无知，他们甚至不应被称为“参与者”，而是被动地卷入了实验当中。比如美国广播公司电视台的《你会怎么做》（*What Would You Do*）就是这样的直接运用社会学理论的带有明确实验目的的真人秀。制作方按照社会学专家的建议在真实环境下设定各种由专业演员出演的虚拟的场景进行社会实验，中间置换各种真人变量，比如性别、种族、外貌、职业等来观察普通路人对某一社会事件的反应。比如，一群少年在一个社区的公共停车场对车辆进行嬉闹性的破坏，对此路过的普通人会做出何种反应。这群少年由演员扮演，是其中的变量，社区居民的构成也是变量。如果这是一个以白人为主的社区，普通路人的反应便对这群少年是白人或是黑人有明显的反差，对前者包容，对后者厌恶，从中可以看出普通人的道德判断中所包含的种族因素。而另一个案例中，一个“陌生人”在街道突然倒地昏迷，考察路人会做何反应。“陌生人”由演员扮演，是可以操纵的变量，昏倒的时间和地点也是可以置换的变量。当“陌生人”是一位打扮入时的典型上班族年轻女子时，无论是在哪个路口或者是否是上班高峰期，路人们几乎都不假思索地停下进行急救；而当他是一个衣着寒酸貌似流浪汉的中年男子时，即使是人流如织或是非高峰期，绝大多数路人会漠然而过，不施援手。由此可以看出经济和阶级因素对于普通人在对情况的紧急性的判断中的影响。制作者在完成每个实验后都要向参与方（包括知情的演员和不知情的陌生人）进行后续采访，以确保让观众知道这些参与者有知情权，也从而减少其中人为操控的色彩。

半知实验是指参与者知道自己处在了真人秀的实验环境之下，但是真人秀制作方并没有完全告知他们实验的目的。比如美国广播公司电视台的《真美人》（*True Beauty*）在招募志愿者之时宣称这是一个“挑选全美最美的人”的真人秀，而实际上，这一真人秀在要求志愿者完成与身体之美相关的任务时，又安排了专业演员制造一些场景以考验志愿者是否也有心灵之美，并用隐蔽摄像头将全程摄录。只有当每个选手被淘汰时，他面对评审团，才知道自己被淘汰的真实原因并不全在于其身体之美的缺陷，而可能是自己的某些行为有失德之处。

值得指出的是，隐蔽实验和半知实验却没有成为电视真人秀中社会实验的主流，大多数的真人秀采用的是全知实验的方式，即参与者清楚地知道自己所处的实验环境和目的。这仍然是由美国电视真人秀的性质所决定的。隐蔽实验和半知实验往往用这种实验性质来标榜自己的社会公益性，但是过于强调实验性质，事实上更赤裸裸地将真人作为缺乏感情的可置换的变量，容易与观众的体验疏离，也不利于激发大众的参与热情。全知实验则突出强调娱乐性质，而将实验作为一种提高娱乐附加值的方式。这种方式看似降低了其社会实验的准确性，但是减少了作为参与者的真人被操控的痕迹，营造了参与者自主掌握实验进程的幻想，从而更符合大众期望中的参与媒体的体验。

不同层面或性质的实验对社会产生影响的方式和程度都有所不同，但是，从整体上来说，美国真人秀的社会实验性质与它的社会动员能力紧密相关。它既表征它所处文化和社会的潮流变化，同时又是推动潮流的一股力量。

第三节　跨媒体时代的大众文化转型及其政治影响

美国电视真人秀本身对新媒体的应用，以及它所引发的电视产业的新媒体转向，都指向了更广大意义上的大众文化在跨媒体时代的转型。真人秀一方面的确展示了电视如何通过作为一个社会实验的平台，将个人与社会相联系，通过展示个人经历将个人置于被规诫的客体地位，从而规诫了受众的社会体验。但是这仅是真人秀所代表的电视介入现实的一种方式而已，真人秀对现实的另一种介入在于它所激发和动员的大众的积极主动性的增长，这种主动性会扩展和加深真人秀对现实渗入的程度，也是真人秀政治影响力所在。

一、主动的观众：新媒体时代的大众文化

在20世纪，新的媒体技术一直在不断推动电视产业的运作和赢利模式的更新，但新媒体并不能被简单等同于某一种新的媒体技术，新媒体代表的是变化和转折的出现。新媒体研究学者李斯特将笼统的“新媒体”术语赋予更详细的内涵，他认为这一术语中的“新”大概指向以下6个方面：新的文本体验，新的表征世界的方式，新的媒体使用的主体与客体间的关系，新的化身、身份和社群的关系，对肉体与技术间关系的新观念，新的组织与生产关系[①]。他因此总结了新媒体话语区别于以往的五大特征：数字化（digitality）、互动化（interactivity）、文本超链接

① Martin Lister et al. *New Media: A Critical Introduction*, New York: Routledge, 2005, p. 12.

（hyper-textuality）、分散性（dispersal）和虚拟化（virtuality）①。李斯特对新媒体这一术语的解释实际上是他所体察到的新媒体的技术将对社会组织关系和文化的表现方式产生的深刻影响。电视真人秀的形态特征与李斯特对新媒体特征的分析相当契合，而这也是它可以对文化产生影响的一大原因。

本杰明（Walter Benjamin）在《机械复制时代的艺术》（"The Wok of Art in the Age of Mechanical Reproduction"）一文中则指出，人们认知方式上的变化影响的可能是人们的生存方式。本杰明对于机械复制所推动的大众艺术的流行持有积极的看法，他认为大众艺术打破了围绕在艺术周围的精英氛围，变得更易得、更民主，也更具有政治性②。同样，大众文化研究学者约翰·费斯克也对大众文化的反抗性抱有期望。他认为，大众文化产业所生产的产品如果不能为个人提供足够的使用价值，即利用它来作为回避或对抗政府和制度所施加的意识形态统治的素材，那么这些产品就得不到流行，因此也只能被迅速淘汰。然而，这种回避和对抗不见得导致革命性和颠覆性的社会行为，而是一种游击战和拉锯战。对于政府和产业而言，这种游击战和拉锯战让它们不能掉以轻心，而是时刻保持活力，通过理解、收编、合理化等方式来回应。这种政府/产业/大众三方间的游击战和拉锯战，在费斯克看来是大众文化及其产品所共有的特点③。但是，另一方面，电视这一主流媒体长久以来所实行的单向传播的传播

---

① Martin Lister et al. *New Media: A Critical Introduction*, New York: Routledge, 2005, p. 13.

② Water Benjamin, "The Work of Art in the Age of Mechanical Reproduction", Jessica Munns and Gita Rajan, eds., *A Cultural Studies Reader: History, Theory, Practice*. New York: Longman, 1995, pp. 88 -91.

③ 约翰·费斯克：《理解大众文化》，王晓珏等译，北京：中央编译出版社，2006年。

方式又让很多学者悲观地认为电视时代的大众文化总体上是被动和消极的文化。

无论学者们对于大众文化的态度如何，一个确切的事实是，在新媒体的推动下，大众对大众文化产品的消费方式发生了深刻的变化。面对文化产品，大众除了选择消费和拒绝消费这两种方式，还拥有参与制作与创造性批判的武器。更重要的是，大众不再是无形无名的群体，而成为可以互相沟通交流的个体，这种组织方式让大众成为更为有力的影响力之源，而非仅仅是被影响的对象。

例如，“搅局”（spoiling/jamming）或者说“恶搞”（collage）成了一个新媒体时代大众对商业化的文化产品发挥创造性和批判性能量的标志性实践方式。以美国电视真人秀《生存者》为例。《生存者》不以观众的投票确立最终获胜者，也不是现场直播的真人秀节目，但是为了保持节目的吸引力和对现实的伴随感，节目制作方所有员工以及参与者都签订保密协议，即在节目最终播出前不能透露任何节目细节。因此从观看感受来说，节目当中每周一次的淘汰就与每周一次的播出同步。但是，这一节目的观众自发建立了种种“搅局”论坛，除了互相分享观看评论，他们还分享自己通过不同途径搜索到的“情报”来泄密，有的观众甚至动用卫星地图来窥视真人秀的拍摄地以提前预测下一季的走向[①]。真人秀文本的开放性和与真实的关联给予了观众参与的途径，而节目组的保密则激发了《生存者》粉丝群通过互联网的“集体智能”（collective intelligence）来刺探真人秀内幕的欲望，他们通过破译节目的“密码”预测最终结果，让节目所营造的

① Henry Jenkins, *Convergence Culture: Where Old and New Media Collide*. New York: New York University Press, 2006, pp. 28 - 38.

悬念落空，从而获得掌控真人秀中的现实发展的快感。而对于节目方而言，他们既需要这种关注，又必须要防止这种刺探彻底瓦解节目的神秘感和“直播式”的真实感，而最终他们选择了顺应这种潮流，主动地加入和利用这些论坛和网站以扩大影响力，同时在节目中给予观众更多或真或假的线索让他们享受揽局的快感。

这种大众对文化产品的消费方式的转变引发了大众文化向所谓的“交融态文化”（Convergence Culture）、“参与性文化”（Participatory Culture）以及“草根文化政治”（Grass-root Cultural Politics）转变的倾向。其中，“交融”是这个“新媒体”爆炸时代十分流行的概念，也是这种文化转型的关键词。从狭义来说，它是指“电子媒体的传递将在某一点聚合在一起”[①]。但是在《交融态文化》（*Convergence Culture*，也译为《融合文化》）一书中，詹金斯则认为新媒体时代下交融的概念应该从技术层面延伸至整个文化层面。

所谓的交融，在这里是指“穿行在不同媒体平台间的内容流，不同媒体行业间的合作，以及媒体观众的迁徙行为，它们为了得到他们想要的娱乐体验而愿意搜索各个角落”，而“媒体内容在不同媒体系统、竞争性的媒体经济体间以及国际的流行中非常依赖消费者的积极参与”[②]。他认为交融不应该仅仅被理解为某种让多重媒体功能集于一体的技术过程，相反，交融代表的是一种文化的转变，消费者在这种文化中被鼓励渴求新信息，并且能在分散的媒体内容间寻求联系。这样的交融态文化因此也就伴

---

① Martin Lister et al，*New Media: A Critical Introduction*，New York：Routledge，2005，p. 212.

② Henry Jenkins，*Convergence Culture: Where Old and New Media Collide*，New York：New York University Press，2006，p. 3.

随着参与性文化的崛起，媒体受众从被动的观看者转变为积极的行动者，甚至媒体的制作者和消费者不再独立地各司其职，反而在很大程度上互动，交换角色。

詹金斯的洞见在于，他明确地指出，最深刻的文化转型发生在各个具身性主体的头脑和他们的社会行为当中。“我们每个人都从媒体流当中攫取各种信息的片段，并据此建构我们各自头脑中的事实和观念，并且将其转变为各种资源以理解我们的日常生活。”① 詹金斯乐观地认为，这样的参与性文化培育下的大众必然更明显地倾向于使用集体智慧，惯于分享信息与资源。现在的大众已经习惯了在休闲生活中使用这种集体力量，而将来则可能很快转换为某种政治力量。

詹金斯所乐观预言的政治力量就是新媒体时代的草根政治的文化，即分散的大众能够利用新媒体聚合成一定的媒体力量，以抗衡传统的大众传媒对信息和事实的垄断性单向传播和政治宣传。在这种文化里，每一个个体单独来说都缺乏影响力，但是每一个个体的某些思想和观念却都有可能成为某种影响力之源，在集体智能的合力之下，产生“蝴蝶效应”，最终可能发展成具有决定性的力量。

从某种意义上，美国的电视真人秀现象的确可以作为詹金斯预言的某种佐证。电视真人秀的实验性质和相对开放的文本结构既容易激起观众的参与欲望，又适合并需要观众的参与。上文中提到的《生存者》就是一个典型，它的整个组织方式让它成为被议论、批评、猜测、争辩的绝佳对象，从而能被跨媒体广泛传播与流通。仍然以《老大哥》为例，作为另一个典型，它将网

① Henry Jenkins, *Convergence Culture: Where Old and New Media Collide*, New York: New York University Press, 2006, p. 5.

络平台与电视网平台结合起来，因此提供了一种新的叙事方式，或者说它是一个由多重叙事构成的文化文本。一方面它在网络上即时展开，另一方面它又被真人秀制作者精心挑选编辑成在黄金时段播出的剧集。《老大哥》美国版第一季由于形式的新颖性、元素构成的灵活性以及选手们即兴的未经编剧的行为方式，引发了一次史无前例地大众对其进行建构式和颠覆式的主动消费。观众甚至侵入了其位于好莱坞的未经特别保护的拍摄场所，这打乱和改变了制片方所设想的“真实”叙事节奏，让制片方猝不及防。

电视真人秀的文本呈现出罗兰·巴尔特（Roland Barthes）所定义的“作者的文本”的特征。在《S/Z》（*S/Z*）中，巴尔特认为现代文学要与古典文学相决裂的关键就在于文本的可写性，这也是现代文学的价值所在。“因为文学的目的是要让读者不再仅是文本的消费者，还要成为制造者”，从而让读者不再处于文本的对面，不再无所事事，而要主动从文本中创造意义，得到写作的乐趣①。巴尔特的文学主张与他的美学和政治主张是一致的，“作者的文本”是一种革命的力量，有利于防止世界运行方式被某种单一的系统僵化。电视真人秀文本的开放性也可能蕴藏着某种革命的潜力。有学者认为，《老大哥》引发的是一场电视媒体“叙事的民众运动”，而这种叙事上的运动暗示的是一种文化转型②。

发生在《老大哥》案例中的叙事运动可以被视为一种媒体/文化的搅局形式，它是更广泛意义上的社会运动的一部分。媒体/文化搅局是一种有意识地兼具嬉闹和颠覆性质的行为，它反

① Roland Barthes, *S/Z*. Trans. Richard Miller, New York: Hill and Wang, 1996, p. 4.

② Ernest Mathijs and Janet Jones, *Big Brother International: Formats, Critics and Publics*, London and New York: Wallflower Press, 2004, p. 213.

映了一种后现代主义的状况，并与日益增长的反大企业和反全球化的政治运动相关，它可以被定义为对新媒体技术和信息系统的一种挪用，旨在侵入、破坏、阻击和打乱大企业系统以及它们的产品[①]。

美国电视真人秀显示了新的电视形态与新的媒体技术以及新的文化势力之间的动态辩证关系。在结合观众的预期和大众消费媒体习惯的改变的基础上，美国电视真人秀这一形态让电视对个人生活和社会生活的干预和介入也达到了前所未有的程度；而另一方面，真人秀更强烈地刺激了个人或群体对利用电视及其与之相关的媒体来改变个人和社会现状的自觉意识。作为繁荣在新媒体时代的电视节目形态，真人秀的形态特征符合这个时代的文化趋向，具有激发新文化势力的潜力。但是伴随着这种文化转型的还有美国电视产业对自身社会功能的反思，他们正在更自觉地利用新形态对社会施加影响。

二、巩固与颠覆：真人秀的双重政治影响

作为同时依托传统主流媒体和新媒体进行传播和流通的节目形态，电视真人秀在政治上的影响也是双重的：一方面，它是美国电视产业的文化商品，是政府进行社会治理系统中的一部分，其文本中的象征系统有利于巩固和支撑现行的政治与经济秩序；另一方面，它的流行又取决于新媒体时代受众的主动性和创造性的发挥，这种流行所激发出的大众力量可能对主流媒体的运行逻辑和方式产生反作用力，或者说它可能成为颠覆主流媒体期望巩固的某些秩序。

---

① Ernest Mathijs and Janet Jones, *Big Brother International: Formats, Critics and Publics*, London and New York: Wallflower Press, 2004, p. 213.

电视真人秀在美国一开始被认为是"有线电视"节目形态。有线电视频道通常服务的对象是分众，而非大众。细分化的有线电视频道的优势在于可以服务于更细化的文化要求，也引导分众的生活方式。然而，自20世纪90年代末开始，真人秀这一形态开始在美国无线电视网中大规模崛起，其中一个重要原因在于，它所具有的整合社会和国家意识的功能被发掘出来，从而继承并且提升了无线电视网在新媒体时代的社会功能。

从前面的文本分析当中，我们可以清楚地看到，无论是在以改造普通人日常生活为内容的真人秀中，还是以打造明星为目的的展示才艺的真人秀中，"社会"以及"美国"这些宏大概念都被频繁地调用。真人秀在微观层面进行的社会实验虽然内容各有不同，但是它们都以一种展示性规约的方式，引导民众对自身的行为进行反省与改造，以成为负责任和有贡献的公民，并融入社会的主流当中，而不是成为边缘的不合群的另类。真人在真人秀于宏观层面进行的社会实验中，与各种社会组织、社团、企业以及机构进行互动，个人的命运则更为明显地与美国的国家认同与国家精神相联系。

《透过现实的美好生活》的作者认为，美国真人秀开始盛行的时间正好是美国在政治和经济上频频发生危机的时刻：一是1999年由于高科技公司泡沫经济破灭所带来的股票市场的剧烈震荡，接下来是2002年的"9·11"事件，以及随后的安然公司的轰然破产①。这些政治和经济上的危机动摇了美国人的安全感和作为美国人的自信。真人秀则通过节目中控制性地反映危机，又创造性地号召和引导民众来应对危机，从而达到表达自身政治

---

① Laurie Ouellette and James Jay, *Better Living Through Reality TV: Television and Post-welfare Citizenship*, Malden, MA: Blackwell Publishing, 2008, pp. 141-143.

诉求和意识形态功能的目的。再以《极致改造之家庭版》为例，在之前的文本分析当中，我们可以看到这一真人秀首先集中刻画了极端不幸的美国普通家庭，渲染了当下美国社会所普遍感受到的危机感，但是这些家庭最终都通过社区的努力得到帮助和改造，回归到“正常”的生活轨道和方式上来。因此，危机感在节目中得到解除，并且创造出身为美国人的安全感。这一真人秀似乎很好地实现了电视所肩负的商业的赢利性和社会的公益性的目的，而这种结合又与美国政府近三十年来所推行的削减政府职能、去福利依赖性以及强调公民自我能动性的政治理念和社会政策息息相关，因此既能得到观众的好评，也能得到政府的支持。

电视既是实验场所，也起到了某种训练负责任的公民的工具作用。但是这种训练不是其独立完成的，而是整合在一个由政府远程控制，由企业、私人中介和公民组成的网络中。新自由主义政府的理想正是将公民训练成有危机意识的，能识别并且管理风险的个体，而且这种训练最终要内化为公民的自觉行为。

但是，美国电视真人秀带来的另一种政治影响也不可忽视，那就是大众文化转型所带来的美国民众，特别是年轻人，对自身的参与所能带来的对现实改变的新认识。简而言之，在娱乐文化里受到锻炼的美国年轻人感到有望通过自身的参与改变现实的进程，并将这种认识扩展到政治运动当中。美国真人秀的制作方也通常以提升了民众的民主参与意识来标榜真人秀所具有的改革社会的意义。比如《美国偶像》绵延数月的投票和它所创造的投票方式都被认为发挥了前所未有的社会动员能力。在2006年第五季的《美国偶像》总决赛上，主持人骄傲地宣称，有超过6 400万美国人为最后的冠军投票，而这一票数已经超过以往任何一位总统候选人最终所得的票数①。

一个事实是，美国年轻人的参政意识在近几年的确有所增加，我们在美国2008年的总统大选和2011年以“占领华尔街”（Occupy Wallstreet Movement）为导火线的席卷美国全国的民众抗议运动中可以看到这种影响的端倪。

在2008年的美国总统大选中，民主党候选人奥巴马（Barack Obama）的黑人血统和他的年龄，传统上来说并不具有优势，但是他的竞选团队正确地把握了民众的心理和新媒体时代的游戏规则，从而赢得了选票，特别是年轻选民的选票。在竞选时，奥巴马访问了互联网高科技公司谷歌（Google）位于加州的总部，就他在科技与革新上的政策做了演讲。在这一演讲中，他不仅明确地将新媒体作为竞选的手段，而且将之提升到改变整个国家政治风向的高度。他宣称：

> 为了抓住时机，我们必须用我们的科技来开启我们的民主政治。这并不是一种巧合，那就是现在我们国家有史以来最保密的政府保护的是特殊阶层的利益，他们的政治手段也见不得阳光。作为总统，我将改变它。我们将会把政府数据以全民都可以获得的方式上传到网路。我会让公民可以追踪联邦政府的拨款、合同、特殊款项以及各种游说合约。我会让你们参与到政府的论坛中来，实时发问，提出建议，而这些建议都将在做出决定前纳入考虑。在任何法律法规被签署前，我会让你们

---

① Laurie Ouellette and James Jay, *Better Living Through Reality TV: Television and Post-welfare Citizenship*, Malden, MA: Blackwell Publishing, 2008, p. 213.

对之进行评论。[①]

奥巴马所言的“最保密的政府”指向的是布什执政8年的政府，而“我们的科技”则指向了新媒体技术。事实上，在2008年的选战中，奥巴马团队将竞选口号直截了当地定为“改变”，而在竞选策略上，在不放弃传统媒体的基础上，他们则尽可能运用新媒体来接近年轻选民，同时号召年轻选民主动参与到为奥巴马造势的运动当中。“互动”而非单一的“宣传”成为奥巴马制胜的法宝，奥巴马团队的竞选策略更符合詹金斯所定义的“交融态文化”的趋势。

奥巴马是第一个拒绝公共财政支持的主要政党候选人，公共财政既来自纳税人的口袋，也有更多的限制。奥巴马的决定不仅为他占据了政治道德的高地，而且事实上为他募集到了有史以来最多的竞选资金。根据“公开的秘密”（opensecrets. org）网站的报告显示，“自2007年始，他的竞选所依靠的大赞助者与小赞助者所贡献的资金几乎齐平，而他的资金几乎都是通过因特网所募集到的”[②]。通过传统媒体，奥巴马团队将网上募集资金的消息传递给选民，而当时最流行的搜索引擎谷歌也会将你引向奥巴马的竞选网页。这一网页的首页便是一个赞助主页，选民可以选择跳过它，或者留下一个联系方式，或者直接捐款。一旦他们留下了自己的联系方式，比如一个电子邮箱，那么将很快收到一封热情洋溢地来自奥巴马本人的电子邮件，解释捐款的重要意义。随

① “Obama Unveils Innovation Agenda at Google”, *USA Today*, http://www. usatoday. com/news/pdf/obama - at - google - 11 - 14 - 2007. pdf, 2008 - 11 - 12.

② “Presidential Candidate: Barack Obama, Senator from Illinois”, Open Secrets Organization, http://www. opensecrets. org/pres08/summary. php? cid = n00009638, 2008 - 11 - 12.

后，他们还将陆续收到落款为奥巴马夫人或是他的竞选搭档，或是他本人的邮件，随时通报竞选的进展。即便选民没有为他捐款，这些邮件也不断提醒他们正在进行的竞选、攻击对方、解释谣言以及营造万众一心的氛围，最终期望将那些摇摆不定的选民拉入他的阵营。除了直接的捐款，奥巴马团队还将整个竞选商业化，将奥巴马的形象以及竞选的标志以各种形式在网上出售。

深谙新媒体时代的“参与性文化”之道，奥巴马团队大量采用了网民自创的内容，即所谓的“用户生成型”（user-generated）的内容，作为竞选辅助。比如，一个名为“继续前进”（Moveon Organization）的组织发起了一场名为“30 秒钟的奥巴马”（Obama in 30 seconds）的网络运动，业余或专业的电影制作人员都可以在网上提交一个 30 秒钟长的创意广告或“微电影”，接受其他网民的评分和投票，获胜者的作品会被奥巴马团队采用，并在主流媒体上播放。结果这些创意广告和微电影激发了选民的创造性与积极性，他们不再是政治宣传的接收者，而成为政治宣传的发起者和推动力。但是，这一竞选策略如果没有习惯于在网络上写博客、在视频网站展示自己视频作品的新媒体使用者，就不可能成功。

奥巴马团队对年轻选民的重视是史无前例的，他们甚至将竞选广告置于电子和网络游戏中虚拟的街景当中。在这里，严肃的政治与最娱乐的媒介、现实与虚拟达成了交融。尽管新媒体技术并非在 2008 年大选中才被使用，但是 2008 年大选中，它发挥了关键性的作用，奥巴马团队的策略取得了重大的胜利。其原因就在于，新媒体技术日新月异，在新媒体文化的发展中成长起来的新一代美国人在这一次大选中达到了投票年龄。对于美国年轻人而言，2008 年大选既是一个具有历史意义的严肃的政治事件，但是也可以被认为是另一种意义上的“真人秀”，他们完全可以运用他们在娱乐文化中已经反复实践过的方式参与到政治事件当中，成为颠覆传统的一股政治能量。

如果说在2008年的总统大选中，这种政治势力虽然具有颠覆传统的力量，但是却仍然服务于维护美国现行的政治格局，并且进一步展示了这种政治结构的有效性，那么“占领华尔街”运动最后演变为全国甚至世界性的“占领”运动，则显示出这股政治力量可能具有更大的革命性的潜力，会对现有的社会制度产生动摇。

“占领华尔街”运动是一场没有明确领导者、行动纲领甚至政治诉求的草根政治运动，但是它有一个共同的行动口号——“我们是99%”，指向的是美国社会收入分配上的不均衡，暴露的是21世纪的美国所实行的政治经济体制在实现社会公正和财富均衡上的严重弊端。2011年，诺贝尔经济学奖获得者约瑟夫·斯蒂格利茨（Joseph Stiglitz）在其著名的《1%有，1%治，1%享》（“Of the 1%，by the 1% and for the 1%”）一文中指出，在美国的民主政体下，最富有的占人口1%的人却占有了超过1/4的收入，而从财富总量来算，这1%的人口更是占有了高达40%的比例，而在20年前，这两个数据还分别是12%和33%。换言之，在过去的20年中，美国的贫富差距在日益扩大。他尖锐地指出，甚至与世界其他贫富差距巨大的大国如巴西相比，美国的情况都要严重，因为“美国放任不平等的加剧”①。其原因是多样的：技术革新减少了中产阶级、蓝领获得好工作的机会，全球化让大企业将工厂搬至劳动力低廉的地区，以及工会力量持

① Joseph Stiglitz，“Of the 1%，by the 1% and for the 1%”，Vanity Fair，http://www.vanityfair.com/society/features/2011/05/top-one-percent-201105，2012-12-24.

续减弱等。但是斯蒂格利茨认为，最重要的原因，还是1%的富人满足这一现状，并希望维持它，而且有能力影响决策者来维持他们汲取更多的财富，现在的政治体制正有利于维护富人的利益。但是这种放任从长期来看将必然损害国家经济的健康和效率，而最终可能动摇政治的稳定。

从美国的政治抗议历史来看，“占领华尔街”运动的诉求并不特别，但是从其发起和发展的过程来看，则带有明显的新媒体文化的特征。这一抗议最初是由一个加拿大的出版组织“广告克星媒体基金会”（Adbusters）所构思，之后这一组织注册了一个名为“占领华尔街”的网站，同时它用电子邮件的方式向其订阅者倡议美国效仿埃及的革命，通过博客的方式倡议进行和平占领华尔街的运动，以抗议大企业对民主的影响和政府对金融业的贪婪，以及造成的灾难性影响的不作为。这是一场不是由某个“突发事件”引起的群众运动，而是观念在新媒体中以“滚雪球”的方式传播和组织。它不预先设定行动纲领或议题，没有一个明确的领袖，而是让参与者集合“集体智能”确定行动的方式和方向。它是一个自下而上的草根政治运动，并不服务于某一特定的人群，“我们是99%”这一口号几乎将所有的人包括其中。除了努力赢得主流媒体的关注，它主要通过新媒体的方式得到传播，“YouTube”视频网站和“脸谱”（Facebook）社交网站是它宣传的主要阵地。从抗议人群的构成来看，初期熟悉并习惯使用新媒体的年轻人占据了绝大多数，后来随着抗议的升温和这一运动的口号的号召力，越来越多不同阶层和年龄的人加入了抗议。在“占领华尔街”的大本营——纽约的祖科蒂公园（Zuccotti Park），有一个区域被划为信息区，设置有笔记本电脑以及无线路由器，抗议者将运动的视频上传至网络，向全世界实时传递运动的发展情况。虽然纽约警方后来以消防安全为由没收了他们的汽油发电设备，但是为了保证信息传递的及时流畅，抗议者们甚至使用了自行车等人力方式保持电力的供应。在“占领华尔街”运动中，美国的主流媒体没有始终直播跟进，也没有给予它足够的报道力度，但是“占领华尔街”运动成为一个巨大的由多重叙事构成的真人秀，除了传统主流媒体的报道，更多的人选择新媒体作为参考，在浩瀚的信息当中拼凑出各自认为真实的版本。

身为美国总统的奥巴马将自身形象塑造为平民总统和新媒体文化的支持者，因此，当面对这场新媒体时代的群众运动时，他谨慎地表示，这一抗议反映了“民众对我国经济表现的广泛的失望之情”，在随后的评论中，他不断将自己定位于99%，认为自己同他们一样“沮丧”[①]。但最终“占领华尔街”运动还是随着大本营被警方强制清场而虎头蛇尾地结束了。在对“占领华尔街”运动的抗议者所做的街头采访当中，许多曾经投票给奥巴马的抗议者表示，奥巴马是他们的失望之源，他给了他们承诺与希望，但是最终却让他们不得不走上街头。有被访者尖锐地指出：“在我们投票给他让他代表我们两年半之后，他才最终理解和感受到了我们的沮丧，他并不是我们的一员。”[②] 新媒体时代的草根政治运动，虽然具有易于组织和迅速发酵的特点，但是将新媒体文化的“集体智能”转换成更有针对性和战斗力的政治力量则还不成熟。抗议者们有了更多的渠道展示自己的情绪、态度乃

① Lucy Madison, “Obama: ‘Occupy Wall Street’ Reflects ‘Broad Sensed Frustration’”, *CBS News*, http://www.cbsnews.com/8301－503544_162－20116707－503544.html, 2011－10－09.

② “What Occupy Wall Street Protestors Really Think of Obama?” Business Insider, http://www.businessinsider.com/the－download－occupy－wall－street－obama－2011－10, 2012－08－22.

至声音，但是却没有形成统一具体的诉求和清晰的愿景。这种参政的方式与他们参与真人秀以及其他流行文化实践的方式是相当一致的。

2008年的美国大选与2011年的“占领华尔街”运动显示电视真人秀时代的媒体在政治中起的作用正在发生变化，它从单一的政治宣传的工具和平台，变为需要互动参与和跨媒体交融的中介。主流媒体与新媒体之间的交融，既可能互相支撑与巩固，又可能互相竞争与颠覆。但是这种发生在媒体功能和大众文化方式上的转变，却并不能让我们轻易地得出美国政治正变得更加民主这样的结论。

从以上两例来看，无论是美国大选还是群体的草根运动，最后，最大的赢家仍然是媒体产业。就竞选而言，选民们的参与极大地刺激了媒体的消费，而候选人庞大的竞选资金最后大部分落入了媒体巨头的腰包。而新媒体本身虽然具有开放性、互动性等性质，它可能带来更具有参与性的草根政治，但是这种草根政治在短期内却不能改变美国现在的两党互相竞争的政治生态，相反，它还可能成为巩固现有政治体制和文化偏见的工具。

小　结

新媒介、新形态与新文化势力之间存在着动态辩证关系。新媒体是新形态出现的技术基础，而新形态既表征着新媒体的影响力，又助其在社会话语中流通。最终在新媒体与新形态的合力下必然催生出新的文化势力，而这一文化势力反过来进行新媒体和新形态的再生产实践。美国电视真人秀现象以及它所反映和带来的文化转型，正体现了这种动态的辩证关系。

美国电视真人秀从多个层面而言具有社会实验的意义。首先，它是美国电视产业进行新媒体转向的试验田。电视真人秀将新媒体技术应用到形态的构成与流通当中，又依托传统无线电视网所具有的庞大的经济和观众基础。它是美国电视形态在新世纪的重要转变，并且让整个美国电视呈现出“泛真人秀”的景观，而它的成功最终促使了电视产业全面的新媒体转向。其次，电视真人秀以真人为秀的形态特征和它的大众媒体的平台，都让它特别适用于作为社会实验的场所。它体现出在规诫与控制化的现代社会中，政府如何通过以科学和生活方式为名的个体改造进行社会治理与政治调动。电视真人秀中的实验既有微观层面的，也有宏观层面的，而真人在其中成为可以被置换的变量，真人间的互动方式以及真人与社会机构间的关联形式都是实验的重点。它将电视中的真人参与者与观看电视的真人们巧妙地连为一体，让他们自动地成为其生产环节中的免费劳动力，并积极支持它所进行的进一步的文化再生产。

电视真人秀的繁荣和它对现实的渗透，反映并助推了跨媒体时代的大众文化转型。由于这一形态的文本所具有的开放性和兼容性的特征，它提供给受众更多主动参与的方式，邀请他们进入文本叙事的建构中。这种开放性则进一步激发了受众的创造性。他们不满足在电视真人秀制作方所期望的框架内进行参与，而是采取更激进、更多元的方式参与到真人秀的文本建构当中，甚至期望改变游戏的方式与规则。美国电视真人秀现象中所呈现出的大众对文化商品的主动消费与活跃参与，是更广大意义上的新媒体时代大众文化转型的一部分，一种交融态的参与性的大众文化正在崛起，这种文化的转型也带来了政治上的影响。

在当下，美国电视真人秀既是传统主流的无线电视网中最活跃和具有生产力的节目形态，又是高度依赖新媒体的参与性进行完成与流通的电视节目形态。因此，一方面它的节目在象征体系上发挥着整合国家和社会认同的意识形态功能，另一方面，它所助推的大众文化以及它所提供的实践平台，又可能将其政治的影响力导向了传统的反面。美国真人秀在其国内政治上起到的影响力也是双重的，或者可以说是矛盾的，巩固与颠覆并存。它既是典型的自由主义的政府意志、大企业与全球化经济共同合作的产物，却又为反抗这种合作的政治力量提供了实践的平台。

结　语

电视曾经是制造美国流行文化最强大的引擎，发挥着为美国人创造共同记忆和统一情感的机制作用。从宏观来看，它所制造的流行文化是将经济和商业模式、政治体制与观众消费趣味加以调和后的产物；从微观来看，由于电视文化的制造者本身来自不同的文化背景，在不同层面经受着冲突与妥协，它又是个体与体制间不停协商的产物。随着新媒体的迅速发展，美国电视产业面临前所未有的巨大挑战与威胁，而电视真人秀这一新形态则是电视产业应对危机的产物。电视真人秀的成功让它在电视这一传统的电子论坛上的分量增加，而随着它的话语权的增加，它也要在塑造当下的美国媒体文化上扮演更重要的角色，肩负相应的意识形态上的责任和功能。电视真人秀的这些角色和功能都要通过对真人的利用和调用来实现。另一方面，作为具身性主体的真人们也同样具有能动性，试图通过电视真人秀实现自身的意图。

因此，电视真人秀与真实间的暧昧关系，特别是真人秀与真人间的相互关系，真人秀如何发挥它的意识形态功能，在当前美国的社会与文化中扮演了怎样的角色，以及它反映和带来了文化与社会的哪些变化，是本书着重关注和重点讨论的内容。

本书的总论点是美国电视真人秀作为一种新兴的主流电视节

目形态，在继承美国秀文化和电视文化的双重传统的基础上，将真人及其身体作为真实性的源泉和建构真实的载体，从而深入地介入并重塑了真实，实现了其整合个体的社会认同与国家意识的意识形态功能，又反映并助推了新媒体时代的文化转型。笔者从历史的、文本的和社会的角度对这一总论点进行了分层论证：在回顾与梳理历史背景与渊源的基础上，主要以美国电视真人秀的4种主要子形态的典型节目为案例，综合运用意识形态分析方法和社会学中的身体研究理论，对真人秀的文本进行了细读，最后对电视真人秀所处的社会语境进行了宏观的分析与评价。具体的支撑论点如下：

第一，美国电视真人秀是新世纪的美国电视产业为应对新媒体冲击而迅猛发展起来的新兴电视娱乐节目形态，它继承了美国秀文化的传统，并发展了美国电视与真实间的关系。

本书首先定义并简要梳理了美国秀文化的特征与精髓，指出美国秀文化的娱乐性和大众性特征、深植其中的文化歧视与偏见以及秀文化与美国精神间的密切联系，而美国电视的性质始终存在娱乐与真实间的博弈。本书分析了商业性和娱乐性的美国电视对美国文化产生的建设性作用和可能具有的消极被动因素。在回顾了电视真人秀的这两大文化传统后，研究的焦点集中在学界对电视真人秀的定义之争上，这尤其反映了学界对真人秀中的真实在理解上所存在的争议，以及在此基础上对电视真人秀的形态功能的不同定义。

因此，为了研究的针对性，从历史文化的角度，本书将所讨论的电视真人秀定义为：“20世纪90年代末到21世纪初，美国电视网中出现的以真人（包括普通人和名人）本色出镜，以展示或者竞技才艺、展示或竞技常态和特殊情景中的个人与群体的经历和生活状态等为内容，通常运用全国范围大规模海选或者观众投票等鼓励即时互动的节目手段，在黄金时段播出的以没有剧本地真实呈现冲突与改变为卖点的娱乐节目形态。”这一定义强调了这一形态的历史性以及媒体性质，认可了真实这一元素在这一形态当中的重要性和作用，但同时也将娱乐性作为它的本质。

在这一定义的基础上，本书进一步梳理了电视真人秀的形态化历程，这种梳理主要放置于电视形态演变的框架内进行，重点在于这些形态是如何组织现实的影像以及受众对电视真实的预期上，换言之，即将电视与真实间的关系作为梳理的主要脉络。笔者认为从电视形态的演变中可以看出电视与真实间关系的不断发展，经历了从呈现真实、参与真实再到重塑真实的过程，并且这是一种累积式而非替代式的发展。在分析和梳理了体育比赛转播、新闻报道以及纪录文献片这几大电视节目形态后，本书指出美国电视对真实的呈现中偏好于对矛盾和冲突的反映；而综艺秀、游戏秀和脱口秀，作为参与真实的节目形态代表，回应并进一步刺激了受众对进入电视真实中的渴望，并在普通人的普遍性与电视的真实性之间建立了关联，为电视全面进入重塑真实的阶段打下了基础。受众之所以渴望进入电视真实当中，是由于电视的社会影响力和它所呈现的“超真实”性，也就是说，受众渴望通过电视改变生活现实。电视真人秀正是明确地将真人参与和重塑真实进行联姻，模糊了电视真实与现实真实间的界限，从而开启了一种新的节目形态。这一节目形态强调一种普通与非凡之间的转换，前者是真实的，却也是具有问题和需要改造的现实，后者则是一种理想，具有超现实的性质，但是又被塑造为可以通过电视实现的真实。

根据电视真人秀中普通与非凡的关系，本书将美国电视真人秀大致分为 4 种子形态。与传统的完全基于对节目的内容归纳总结之上的形态划分方式相比，这一划分具有一定的理论性和概括性，避免了前种划分方式存在的过细或是难以涵盖周全的缺陷。

第二，在美国的社会现实下，多元化的人口构成和文化交融给电视真人秀提供了相当丰富的真人资源，而作为一种象征和资源的真人，在电视真人秀对真实的建构中起着关键的作用，也是电视真人秀戏剧性的重要来源，对电视真人秀成功地实现意识形态功能至关重要。

本书以 4 种子形态的具有代表性的节目作为案例，进行了文本细读。通过意识形态的分析方法，我们可以看到在《生存者》、《学徒》、《美国偶像》以及《老大哥》等文本中，真人作为资源和象征，被加以调用和建构以支持主流的价值观，反映和体现了真人及其身体在后现代的媒体文化以及美国当下的社会语境中所处的境况。真人参与者试图利用真人秀的平台实现自我价值和求得身份认同，从而改变自身所处之现实，但是他们又自觉地将现实与真人秀相区分，用“游戏”来对自身行为进行辩护和指导。最终，他们求得个人认同的努力都被归于社会认同之下，整合在对“美国梦”的追求之中。电视真人秀对真实最深入的重塑还在于对真人们日常生活的介入，借助真人秀将普通生活非凡化的力量，它把个体日常生活下的身体和行为方式通过监视、曝光、约束、控制、规诫与引导等方式加以改造，将其纳入主流的社会规范当中，为主流观念的再生产提供积极贡献的个体。

总的说来，通过对真人秀文本的细读，本书进一步得出了以下的结论：真人身份上的真实是电视真人秀真实性的重要指标，但是真人之真，还不仅在于此，真人的真实还必须满足电视“视觉化”的要求，即必须看起来也具有真实性。因此，真人的身份、身体和情感成为电视真人秀所利用的最重要的刻画真实的手段，却又因此被置于受到塑造和商业化的客体地位。电视真人秀充分地利用了美国真人资源的丰富性来建构戏剧性的叙事。在真人秀中，这种戏剧性的叙事巧妙地与真人秀的真实性相关联。电视真人秀中所展示的戏剧性冲突，除了是由于人际沟通与互动方式的不同所造成的，更多的是由于文化冲突和文化偏见所引发的，而这种文化冲突与偏见多体现于真人的身体与身份之上。电视真人秀对文化冲突进行了必要的描绘，无论是性别间的、种族间的或是高雅与低俗文化间的冲突都得到了相应的反映。因为这种文化的冲突是多元文化共存所必然面对的困难和挑战，更是美国大众在日常生活中可以切实体验和感知到的。没有冲突的多元文化共存图景会脱离大众的日常体验，也将让真人秀显得不真实，反而减弱其在意识形态上的支撑功能。但是真人秀对文化冲突的刻画又是经过精心规划与设计的，它必须局限在个人的行为上或虚拟的场景中，是可以调节、控制和克服的，而不能是集体的、历史的和颠覆性的，否则这种所谓真实的描绘带来的集团化传播就可能引发真实社会的动荡和不安。因此，电视真人秀建构真实的过程，实际上也是对真实进行稀释与消解的过程。在娱乐的外衣下，这种对真实的构建和消解得到了受众的认可与默许。

第三，本书认为以真人为秀的电视真人秀充当了新媒体时代的社会实验的场所，在其中真人和社会都成为被实验的对象和可置换的变量，而这种实验性又反映和助力了新媒体时代的美国大众文化的转型，并对美国社会和政治产生了双重的影响。

电视真人秀对真人资源的调动大量依靠了新媒体的技术，从而使它成为电视产业新媒体转向的试验田。在电视真人秀所进行的实验中，无论是微观还是宏观，个体和社会的关系都是最主要的实验对象，它广泛地表征了一种规诫和控制化的现代社会。在这一社会中，通过鼓励并协助具身性主体的自我改造意识以及行为，政府期望完成社会治理的责任与任务。但是，电视真人秀的文本对真人参与者呈现出的开放性，锻炼并刺激了受众的创造力与主动建构真人秀叙事的热情，这也成了跨媒体时代大众文化转型的一种体现。大众文化中的大众正从消极被动的消费者，转向积极主动的参与者和建构者。他们对商业化的电视真人秀文本的创造性使用和侵入式消费进一步转化为参政议政，乃至发起政治运动的助推力。

电视真人秀的政治影响因此也是双重的。从真人秀的制作者所建构的文本角度而言，它具有巩固现有的社会经济模式、传递主流价值观、对占统治地位的阶层的利益进行支撑的作用。从美国的电视文化产业到政界，都不同程度地对之加以利用，以隐蔽、温和的方式实现治理的目的。但是从真人秀参与到社会文本的角度而言，它却可能对传统的主流价值观和现行的政治经济模式发起挑战，甚至引发一种颠覆性的能动力量。本书以美国2008年总统大选和2011年“占领华尔街”运动为例对这种文化所带动的政治影响加以分析。

但不得不指出的是，本书所选议题本身具有相当的复杂性和变化性，虽然本书力图从多个角度并尽可能选择最具有代表性的案例进行分析，但是由于篇幅所限和一手资料收集中的客观困难，力有所不逮，在全面性上仍然存在遗憾；也由于对身体研究理论的把握还不够深入，在分析的深度、广度和力度上也多有所缺憾。电视真人秀这一议题的以下方面还值得更深入的挖掘和考察：

第一，本书主要选择了以普通人为主要参与者的真人秀作为研究对象，对名人作为参与者只做了相关部分的分析，没有作为重点进行深度解析。然而，目前以名人为主要参与者的真人秀正在成为真人秀现象中的新潮流，可以提供相对丰富的文本作为分析对象，对这一类真人秀的集中研究将是对本议题的一个有价值的补充。

第二，本书对电视真人秀的研究主要置于美国文化研究的框架下进行，但电视真人秀已经成为一种席卷全球的电视文化现象，并且具有明显的全球化传播的特征。中国的电视正在经历相似的新媒体转型，虽然发展时间上晚于美国，但真人秀毫无疑问是近年最引人注目的节目形态，因此对电视真人秀的跨文化比较研究将是非常具有现实意义的选题，并有助于我们理解全球化的影响和将文化产品进行全球化传播的运作方式。

第三，本书从历史、文本和社会的角度对真人秀这一形态进行了研究，而对消费真人秀的受众角度的研究囿于研究方法的局限，未能充分展开。将社会学分析与受众研究相结合，应当是相当具有潜力的研究方向。

研究当下的文化一向是最难的课题，因为人们身在其中可以即时感受到其快速的变化却又无法简单清楚地勾勒出它的发展轮廓。哲学家用“后现代”对当今时代进行定义，这种概括非常准确地反映了现有文化与半个世纪以前的文化的区别，却也相当敏感地反映了当代人面对当下文化时不可避免地产生了碎片化和多元化的感受。“后现代”更多是对以普通大众为受众的流行文化的概括，是对进入大众传媒时代的文化景观的描述。而数字化时代的到来带来了大众文化的多重变化，数字化时代提供了更多的具有大众传媒性质的媒体样式，这些进一步加大了文化研究者对当下文化加以总体全面理解的难度。因此，面对新媒体时代纷繁的文化景观，选择研究已经发展成熟却又因为受到新兴媒体技术的不断挑战而不得不快速变化的电视，对其所呈现和关联的文化现象进行解剖，可以避免直接研究数字化媒体而必然带来的不确定性，却又保持了对当下文化必要的关切。流行文化是流动且不断变化的文化，有的变化浮于表面，有的变化则藏于根基。作为美国文化的研究者，我们的任务正是对这些变化做出分析和判断。总的来说，电视真人秀不仅提供了丰富的、鲜活的流行文本作为分析对象，还尤其典型地表征了后现代的文化现象，因此无论对于研究美国文化、进行中美文化比较研究还是考察经济全球化对文化的影响，在很长一段时期，电视真人秀都将是相当具有活力和持续研究潜力的议题。

参考文献

阿伯克龙比，尼古拉斯，2001. 电视与社会［M］. 张永喜，等译. 南京：南京大学出版社.

艾尔雅维茨，阿莱斯，2003. 图像时代［M］. 胡菊兰，张云鹏，译. 长春：吉林人民出版社.

艾英戈，仙托. 唐纳德·R. 金德，2004. 至关重要的新闻：电视与美国民意［M］. 刘海龙，译. 北京：新华出版社.

奥威尔，乔治，1998. 1984［M］. 董乐山，译. 沈阳：辽宁教育出版社.

柏拉图，2009. 理想国［M］. 吴献书，译. 上海：上海三联书店.

贝尔吉，雪莉，2000. 媒介与冲击：大众媒介概论［M］. 4 版. 赵敬松，译. 大连：东北财经大学出版社.

波德里亚，让，2006. 消费社会［M］. 刘成富，全志钢，译. 南京：南京大学出版社.

波兹曼，尼尔，2004. 娱乐至死［M］. 章艳，译. 桂林：广西师范大学出版社.

布尔斯廷，丹尼尔，2009. 美国人：殖民地历程［M］. 时殷弘，等译. 上海：上海译文出版社.

布尔斯廷，丹尼尔，2009. 美国人：建国的历程［M］. 谢廷光，等译. 上海：上海译文出版社.

曹卫东，2004. 霍克海默集——文明批判［M］. 渠东，等译. 上海：上海远东出版社.

道尔，吉莉安，2004. 理解传媒经济学［M］. 李颖，译. 北京：清华大学出版社.

德里达，雅克，2005. 声音与现象：胡塞尔现象学中的符号问题导论［M］. 杜小真，译. 北京：商务印书馆.

费伦，詹姆斯，彼得·拉比诺维茨，2007. 当代叙事理论指南［M］. 申丹，等译. 北京：北京大学出版社.

费斯克，约翰，2006. 理解大众文化［M］. 王晓珏，等译. 北京：中央编译出版社.

弗莱，诺加思普，2006. 批评的解剖［M］. 陈慧，袁宪军，吴伟仁，译. 天津：百花文艺出版社.

福柯，米歇尔，2012. 规训与惩罚. 修订译本第四版［M］. 刘北成，杨远婴，译. 北京：生活·读书·新知三联书店.

福柯，米歇尔，2003. 知识考古学［M］. 谢强，马月，译. 北京：生活·读书·新知三联书店.

哈贝马斯，1999. 作为"意识形态"的技术与科学［M］. 李黎，郭官义，译. 上海：学林出版社.

赫尔曼，戴卫，2002. 新叙事学［M］. 马海良，译. 北京：北京大学出版社.

黄佩，2009. 解读美国"真实电视"的经济动因［J］. 中国电视（9）.

霍恩比，1997. 牛津高阶英汉双解词典. 第四版/简化汉字本［M］. 李北达，译. 商务印书馆/牛津大学出版社.

吉登斯，安东尼，2003. 社会学［M］. 4 版. 赵旭东，译. 北京：北京大学出版社.

蒋晓丽，石磊，2008. 传媒与文化：文化视角下的传媒研究［M］. 北京：华夏出版社.

蒋苑昕，任婷婷，2008. 美国真人秀节目的发展及其文化背景［J］. 大众文艺（理论）（10）.

杰伊，马丁，1996. 法兰克福学派史（1923—1950）［M］. 单世联，译. 广州：广东人民出版社.

卡林内斯库，马泰，2004. 现代性的五副面孔 [M]. 顾爱彬，等译. 北京：商务印书馆.
凯尔勒，道格拉斯，等，2006. 后现代理论——批判性的质疑 [M]. 张质斌，译. 北京：中央编译出版社.
阚乃庆，谢来，2008. 最新欧美电视节目模式 [M]. 北京：中国广播电视出版社.
克兰，戴安娜，2001. 文化生产：媒体与都市艺术 [M]. 赵国新，译. 南京：译林出版社.
冷淞，2007. 从《学徒》看新派真人秀节目的崛起 [J]. 传媒观察 (3).
冷淞，2008. 西方娱乐竞技节目特色分析 [J]. 电视研究 (8).
李冬晓，2008. "真人秀"节目的文化范式解读 [J]. 当代传播 (5).
刘利群，傅宁，2008. 美国电视节目形态 [M]. 北京：中国传媒大学出版社.
刘岩东，安立国，2010. 浅析电视真人秀的后现代叙事特征 [J]. 佳木斯大学社会科学学报 (3).
陆扬，王毅，2007. 文化研究导论 [M]. 上海：复旦大学出版社.
罗钢，刘象愚，2000. 文化研究读本 [M]. 北京：中国社会科学出版社.
马尔尚，菲利普，2003. 麦克卢汉：媒介及信使 [M]. 何道宽，译. 北京：中国人民大学出版社.
麦克奎恩，大卫，2003. 理解电视——电视节目类型的概念与变迁 [M]. 苗棣，等译. 北京：华夏出版社.
麦克卢汉，埃里克，2000. 麦克卢汉精粹 [M]. 何道宽，译. 南京：南京大学出版社.
麦克卢汉，马歇尔，2003. 理解媒介：论人的延伸 [M]. 何道宽，译. 北京：商务印书馆.
曼彻斯特，威廉，2006. 光荣与梦想：1932—1972 年美国社会实录 [M]. 广州外国语学院美英问题研究室翻译组，等译. 海口：海南出版社.
莫耶斯，比尔，2004. 美国心灵：关于这个国家的对话 [M]. 王宝泉，等译. 北京：生活·读书·新知三联书店.

帕灵顿，沃浓，2002. 美国思想史［M］. 陈永国，等译. 长春：吉林人民出版社.

沙茨，托马斯，2009. 好莱坞类型电影［M］. 冯欣，译. 上海：上海人民出版社.

沙琪，2007. 浅谈“残酷”的美国电视真人秀节目［J］. 剧作家（3）.

莎士比亚，2009. 皆大欢喜［M］. 朱生豪，译. 昆明：云南人民出版社.

斯克特，吉妮，1999. 脱口秀——广播电视谈话节目的威力与影响［M］. 苗棣，译. 北京：新华出版社.

索威尔，托马斯，2011. 美国种族简史［M］. 沈宗美，译. 北京：中信出版社.

索绪尔，费尔迪南，2002. 第三次普通语言学教程［M］. 屠友祥，译. 上海：上海人民出版社.

汤普森，约翰，2005. 意识形态与现代文化［M］. 高铦，等译. 南京：译林出版社.

托多罗夫，兹维坦，2010. 象征理论［M］. 王国卿，译. 北京：商务印书馆.

汪民安，2007. 文化研究关键词［M］. 南京：江苏人民出版社.

王逢振，王晓路，张中载，2007. 文化研究选读［M］. 北京：外语教学与研究出版社.

王晓路，石坚，肖薇，2004. 当代西方文化批评读本［M］. 成都：四川大学出版社.

吴申坤，李骏，2007. 游戏中的众人狂欢——论“真人秀”电视节目的消费文化特征［J］. 科教文汇（上半月）（1）.

西尔弗斯通，罗杰，2004. 电视与日常生活［M］. 陶庆梅，译. 南京：江苏人民出版社.

希尔，安奈特，2008. 流行真人秀——真实电视节目受众的定性和定量研究［M］. 赵彦华，译. 北京：中国国际广播出版社.

希林，克里斯，2010. 身体与社会理论［M］. 2 版. 李康，译. 北京：北京大学出版社.

希林，克里斯，2011. 文化、技术与社会中的身体［M］. 李康，译. 北京：北京大学出版社.
谢耕耘，陈虹，2007. 真人秀节目：理论、形态与创新［M］. 上海：复旦大学出版社.
邢虹文，2005. 电视与社会——电视社会学引论［M］. 上海：学林出版社.
徐瑞青，2007. 电视文化形态论——兼议消费社会的文化逻辑［M］. 北京：中国社会科学出版社.
徐瑞青，2007. 电视文化在消费社会中的新形态和新走向［J］. 清华大学学报（哲学社会科学版）（5）.
亚里士多德，1996. 诗学［M］. 陈中梅，译注. 北京：商务印书馆.
燕宏远，韩民青，等，2001. 当代英美哲学概论［M］. 北京：社会科学文献出版社.
尹鸿，冉儒学，陆虹，2006. 娱乐旋风——认识电视真人秀［M］. 北京：中国广播电视出版社.
尹鸿，2005. 解读电视真人秀［J］. 今传媒（7）.
詹姆逊，弗雷德里克，1999. 政治无意识［M］. 王逢振，陈永国，译. 北京：中国社会科学出版社.
赵华，2007. 论电视真人秀节目中的模糊美学规则［J］. 湘潭师范大学学报（社会科学版）（4）.
赵一凡，张中载，李德恩，2006. 西方文论关键词［M］. 北京：外语教学与研究出版社.
赵毅衡，2011. 符号学：原理与推演［M］. 南京：南京大学出版社.
周建军，陈一，2007. 电视真人秀节目的价值批判［J］. 苏州大学学报（哲学社会科学版）（5）.
朱立元，1997. 当代西方文艺理论［M］. 上海：华东师范大学出版社.

Abt, Vicki, Leonard Mustazza, 1997. *Coming After Oprah: Cultural Fallout in the Age of the TV Talk Show* [M]. Bowling Green, Ohio: Bowling Green State Univesity Press.

Adams, Hazard, Leroy Searle, 1976. *Critical Theory since Plato* [M]. 3rd ed. Beijing: Peking University Press.

Adler, Richard, Douglas Cater, eds. *Television as a Cultural Force* [M]. New York: Praeger Publishers.

Adorno, Theodor, 1975. "Cultural Industry Reconsidered" [J]. Trans. Anson Rabinbach. *New German Critique*, 6: 12-19.

Aguirre, Adalberto Jr., Jonathan Turner, 1995. *American Ethnicity: The Dynamics and Consequences of Discrimination* [M]. New York: McGraw-Hill, Inc.

Allen, Robert, 1992. *Channels of Discourse, Reassembled: Television and Contemporary Criticism* [M]. 2nd ed. Chapel Hill and London: the University of North Carolina Press.

Allen, Robert, Annette Hill, 2004. *The Television Studies Reader* [M]. New York: Routledge.

Altman, Rick, 1999. *Film/Genre* [M]. London: British Film Institute.

Andrejevic, Mark, 2004. *Reality TV: The Work of Being Watched* [M]. New York: Rowman and Littlefield Publishers, Inc.

Babbie, Earl, 1994. *What Is Society: Reflections on Freedom, Order and Change* [M]. Thousand Oaks, California: Pine Forge Press.

Bagdikian, Ben, 2004. *The New Media Monopoly* [M]. Boston: Beacon Press.

Barker, Anthony, 2006. *Television, Aesthetics, and Reality* [M]. Newcastle: Cambridge Scholars Press.

Barthes, Roland, 1996. *S/Z* [M]. Trans. Richard Miller. New York: Hill and Wang.

Belton, John, 1994. *American Cinema/American Culture* [M]. New York: McGraw-Hill, Inc.

Bender, Gretchen, Timothy Druckrey, 1994. *Culture on the Brink: Ideologies of Technology* [M]. Seattle: Bay Press.

Bennett, Tony, John Frow, 2008. *The SAGE Handbook of Cultural Analysis*

[M]. Los Angeles: Sage Publication Ltd.

Bernardoni, James, 1991. *The New Hollywood* [M]. Jefferson and London: McFarland and Company, Inc. Publishers.

Besteman, Catherine, Hugh Gusterson, 2005. *Why America's Top Pundits Are Wrong: Anthropologists Talk Back* [M]. Berkeley, Los Angeles and London: University of California Press.

Bignell, Janathan, 2004. *An Introduction to Television Studies* [M]. London and New York: Routledge.

Biressi, Anita, Heather Nunn, 2005. *Reality TV: Realism and Revelation* [M]. London and New York: Wallflower Press.

Blumenthal, Howard, Oliver Goodenough, 1998. *This Business of Television* [M]. 2nd ed. New York: Billboard Books.

Blumenthal, Howard, Oliver Goodenough, 2006. *This Business of Television: The Standard Guide to the Television Industry* [M]. 3rd ed. New York: Billboard Books.

Boddy, William, 2004. *New Media and Popular Imagination: Launching Radio, Television, and Digital Media in the United State* [M]. Oxford: Oxford University Press.

Boorstin, Daniel, 1974. *The Americans: The Democratic Experience* [M]. New York: Vintage Books.

Bourdieu, Pierre, 1984. *Distinction: A Social Critique of the Judgement of the Taste* [M]. Trans. Richard Nice. Cambridge, Massachusetts: Harvard University Press.

Brenton, Sam, Reuben Cohen, 2003. *Shooting People: Adventures in Reality TV* [M]. London and New York: Verso.

Bretz, Rudy, 1950. "TV as an Art Form" [J]. *Hollywood Quarterly*, 5: 153 - 163.

Brottman, Mikita, 2005. *High Theory/Low Culture* [M]. New York: Palgrave Macmillan.

Bruzzi, Stella, 2006. *New Documentary* [M]. 2nd ed. London and New York: Routledge.

Campbell, Richard, 2003. *Media and Culture: an Introduction to Mass Communication* [M]. 3rd ed. Boston and New York: Bedford/St. Martin's.

Carter, Bill, 2006. *Desperate Networks* [M]. New York: Broadway Books.

Chamberlain, Mary, Paul Thompson, 1998. *Narrative and Genre* [M]. London: Routledge.

Clark, Danae, 1995. *Negotiating Hollywood: the Cultural Politics of Actor's Labor* [M]. Minneapolis and London: University of Minnesota Press.

Cohen, Ralph, 1986. "History and Genre" [J]. *New Literary History*, 17: 203 - 318.

Corner, John, Sylvia Harvey, 1996. *Television Times: a Reader* [M]. London and New York: Arnold.

Couldry, Nick, James Curran, 2003. *Contesting Media Power—Alternative Media in a Networked World* [M]. New York and Oxford: Rowman & Littlefield Publishers, Inc.

Coward, Rosalind, 1990. "Literature, Television and Cultural Values" [J]. *The Yearbook of English Studies*, 20: 82 - 91.

Creeber, Glen, 2001. *The Television Genre Book* [M]. London: the British Film Institute.

Crossley, Nick, John Michael Roberts, 2004. *After Habermas: New perspectives on the Public Sphere* [M]. Oxford: Blackwell Publishing.

Croteau, David, William Hoynes, 2000. *Media/Society: Industries, Images, and Audiences* [M]. 2nd ed. London: Pine Forge Press.

Dahlgren, Peter, 1995. *Television and the Public Sphere: Citizenship, Democracy and the Media* [M]. London, Thousand Oaks and New Delhi: Sage Publications.

Dalton, Mary, Laura Linder, 2005. *The Sitcom Reader: America Viewed and Skewed* [M]. New York: State University of New York Press.

Decherney, Peter, 2004. *Hollywood and the Culture Elite: How the Movies became American* [M]. New York: Columbia University Press.

Derrida, Jacques, Avital Ronell, 1980. "The Law of Genre" [J]. *Critical Inquiry*, 7: 55 -81.

Dizard, Wilson, 1997. *Old Media New Media: Mass Communications in the Information Age* [M]. 2nd ed. New York: Longman.

Dornfeld, Barry, 1998. *Producing Public Television, Producing Public Culture* [M]. New Jersey: Princeton University Press.

Durham, Meenaskshi, Douglas Kellner, 2001. *Media and Cultural Studies: Key Works* [M]. Malden and Oxford: Blackwell Publishers Ltd.

During, Simon, 1993. *The Cultural Studies Reader* [M]. New York: Routledge.

Eagleton, Terry, 2000. *Literary Theory: An Introduction* [M]. 2nd ed. Beijing: Foreign Language Teaching and Research Press.

Eagleton, Terry, 2000. *The Idea of Culture* [M]. Oxford: Blackwell Publishers Ltd.

Eastman, Susan, Douglas Ferguson, 2006. *Media Programming: Strategies and Practices* [M]. Belmont, CA: Thomson Wadsworth.

Edgerton, Gary, Brian Rose, 2005. *Thinking Outside the Box: A Contemporary Television Genre Reader* [M]. Lexington, Kentucky: the University Press of Kentucky.

Eisele, John, 2002. "The Wild East: Deconstructing the Language of Genre in the Hollywood Eastern" [J]. *Cinema Journal*, 41: 68 -94.

Erenberg, Lewis, 1984. *Steppin' Out: New York Nightlife and the Transformation of American Culture*, 1890—1930 [M]. Chicago: the University of Chicago Press.

Escoffery, David, 2006. *How Real Is Reality TV?* [M]. London: McFarland & Company Inc. Publishers.

Essany, Michael, 2008. *Reality Check: The Business and Art of Producing*

Reality TV [M]. Burlington, MA.

Farrell, Joseph, 2003. "Classic Genre in Theory and Practice" [J]. *New Literary History*, 34: 383 - 408.

Fishman, Mark, Gray Gavender, 1998. *Entertaining Crime: Television Reality Programs* [M]. New York: Aldine De Gruyter.

Fiske, John, 1987. *Television Culture: Public Pleasures and Politics* [M]. New York: Routledge.

Friedman, James, 2002. *Reality Squared: Television Discourse on the Real* [M]. New Brunswick, New Jersey and London: Rutgers University Press.

Frith, Simon, Andrew Goodwin, 1990. *On Record: Rock, Pop and the Written World* [M]. London: Patheon.

Gamson, Joshua, 1994. *Claims to Fame: Celebrity in Contemporary America* [M]. Berkeley and Los Angeles: University of California Press, Ltd.

Gee, James, 2003. *What Video Games have to Teach Us about Learning and Literacy* [M]. New York: Palgrave Macmillan.

Gelbart, Larry, 1998. *Laughing Matters* [M]. New York: Random House.

Giddens, Anthony, 2000. *Runaway World: How Globalization Is Reshaping Our Lives* [M]. New York: Routledge.

Given, Jock, 2003. *Turning off the Television: Broadcasting's Uncertain Future* [M]. Sydney: University of New South Wales Press Ltd.

Glynn, Kevin, 2000. *Tabloid Culture: Trash Taste, Popular Power, and the Transformation of American Television* [M]. Durham and London: Duke University Press.

Graham, Todd, Auli Hajru, 2011. "Reality TV as a Trigger of Everyday Political Talk in the Net-sbased Public Sphere" [J]. *European Journal of Communication*, 26: 18 - 32.

Gray, Jonathan, et al., 2007. *Fandom: Identities and Communities in a Mediated World* [M]. New York: New York University Press.

Grindstaff, Laura, 2002. *The Money Shot: Trash, Class, and the Making of TV*

Talk Shows [M]. Chicago: the University of Chicago Press.

Habermas, Jurgen, 1979. *Communication and the Evolution of Society* [M]. Trans. Thomas McCarthy, Boston: Beacon Press.

Harris, Kenneth, 1990. "American Film Genres and Non-American Films: A Case Study of 'Utu'" [J]. *Cinema Journal*, 29: 36 -59.

Harris, Trudier, 1994. "Genre" [J]. *The Journal of American Folklore*, 1995, 108: 509 -527.

Heller, Dana, 2007. *Makeover Television: Realities Remodelled* [M]. New York: I. B. Tauris & Co Ltd.

Hesmondahalgh, David, 2007. *The Cultural Industries* [M]. 2nd ed. Los Angeles: Sage Publications.

Hewitt, Don, 2001. *Tell Me A Story: Fifty Years and 60 Minutes in Television* [M]. New York: Public Affairs.

Hill, Annette, 2005. *Reality TV: Audiences and Popular Factual Television* [M]. London and New York: Routledge.

Hill, John, Pamela Church Gibson, 2000. *American Cinema and Hollywood—Critical Approaches* [M]. New York: Oxford University Press.

Hilmes, Michele. "Born Yesterday: Television and the Academic Mind" [J]. *American Literary History*, 6: 792 -802.

Hirdman, Anja, 2011. "Tears on the Screen: Bodily Emotionalism in Reality-TV" [J]. *Observation (OBS) Journal*, 5: 19 -23.

Holmes, Su, Deborah Jermyn, 2004. *Understanding Reality Television* [M]. London and New York: Routledge.

Jameson, Fredric, 1994. *Postmodernism or the Cultural Logic of Late Capitalism* [M]. Durham: Duke University Press.

JeanBaudrillard, 1983. *Simulations* [M]. Trans. Paul Foss, et al., New York: Columbia University Press.

Jenkins, Henry, 1992. *Textual Poachers: Television Fans and Participatory Culture* [M]. New York: Routledge.

Jenkins, Henry, 1992. *What Made Pistachio Nuts?* [M]. New York: Columbia University Press.

Jenkins, Henry, 2006. *Convergence Culture: Where Old and New Media Collide* [M]. New York: New York University Press.

Jenkins, Henry, 2006. *Fans, Bloggers and Gamers: Exploring Participatory Culture* [M]. New York and London: New York University Press.

Jenkins, Henry, 2007. *The Wow Climax: Tracing the Emotional Impact of Popular Culture* [M]. New York and London: New York University Press.

Johnson, Steven, 1997. *Interface Culture—How New Technology Transforms the Way We Create and Communicate* [M]. New York: Basic Books.

Johnson, Steven, 2005. *Everything Bad is Good for You: How Today's Popular Culture Is Actually Making Us Smarter* [M]. New York: Riverhead Books.

Kamberelis, George and Thomas Bovino, 1999. "Cultural Artifacts as Scaffolds for Genre Development" [J]. *Reading Research Quarterly*, 34: 138 - 170.

Kaminsky, Stuart, Jeffery Mahan, 1985. *American Television Genres* [M]. Chicago: Nelson-Hall Publishers.

Kavaka, Misha, 2008. *Reality Television, Affect and Intimacy: Reality Matters* [M]. London: Palgrave Macmillan.

Kellner, Douglas, 1992. *The Persian Gulf TV War* [M]. Boulder: Westview Press.

Kellner, Douglas, 2003. *Media Spectacle* [M]. London and New York: Routledge.

Kellner, Douglas, 2005. *Media Spectacle and the Crisis of Democracy: Terrorism, War and Election Battles* [M]. Boulder and London: Paradigm Publishers.

Kellner, Douglas, 1995. *Media Culture: Cultural Studies, Identities and Politics between the Modern and the Postmodern* [M]. London: Routledge.

Kelly, Michael, 1994. *Critique and Power: Recasting the Foucault/Habermas Debates* [M]. Cambridge, Massachusetts: The MIT Press.

Kenneday, John F., 1964. *A Nation of Immigrant* [M]. New York and

Evanston: Harper & Row.

Kent, Thomas, 1986. *Interpretation and Genre: The Role of Generic Perception in the Study of Narrative Text* [M]. London and Toronto: Associated University Presses.

Kilborn, Richard, 2003. *Staging the Real: Factual TV Programming in the Age of Big Brother* [M]. Manchester and New York: Manchester University Press.

King, Geoff, 2005. *The Spectacle of the Real: From Hollywood to "Reality" TV and Beyond* [M]. Portland, OR: Intellect Books.

Koven, Mikel, 2003. "Folklore Studies and Popular Film and Television: A Necessary Critical Survey" [J]. *The Journal of American Folklore*, 116: 176 - 195.

Lacey, Nick, 2000. *Narrative and Genre: Key Concepts in Media Studies* [M]. New York: St. Martin's Press.

Landow, George, 1997. *Hypertext 2.0* [M]. Johns Hopkins University Press.

Lembo, Ron, 2000. *Thinking through Television* [M]. Cambridge: Cambridge University Press.

Lister, Martin, et al., 2005. *New Media: A Critical Introduction* [M]. New York: Routledge.

Lott, Eric, 1993. *Love and Theft: Blackface Minstrelsy and the American Working Class* [M]. New York: Oxford University Press.

Lowney, Kathleen S, 1999. *Baring Our Souls: TV Talk Shows and the Religion of Recovery* [M]. New York: Aldine de Gruyter.

Lubar, Steve, 1993. *InfoCulture: the Smithonian Book of Information Age Inventions* [M]. Boston and New York: Houghton Mifflin Company.

Manovich, Lev, 2001. *The Language of New Media* [M]. Cambridge, Massachusetts: The MIT Press.

Marshall, Jill, Angela Werndly, 2002. *The Language of Television* [M]. London and New York: Routledge.

Masello, Robert, 2000. *A Friend in the Business: Honest Advice for Anyone*

Trying to Break in to Television Writing [M]. New York: A Perigee Book by the Berkley Publishing Group.

Mathijs, Ernest, Janet Jones, 2004. *Big Brother International: Formats, Critics and Publics* [M]. London and New York: Wallflower Press.

McAnany, Emile, Kenton Wilkinson, 1996. *Mass Media and Free Trade: NAFTA and Cultural Industries* [M]. Austin: the University of Texas Press.

McCarthy, Anna, 2001. *Ambient Television: Visual Culture and Public Space* [M]. Durham and London: Duke University Press.

McGuigan, Jim, 1996. *Culture and the Public Sphere* [M]. London: Routledge.

McLuhan, Marshal, Bruce Powers, 1989. *The Global Village-Transformations in World Life and Media in the21 st Century* [M]. New York: Oxford University Press.

McNeil, Alex, 1991. *Total Television: A Comprehensive Guide to Programming from 1948 to the Present* [M]. 3rd ed. New York: Penguin Books.

Meadow, Robin, 1970. "Television Formats: The Search for Protection" [J]. *California Law Review*, 58: 1169 – 1197.

Meloy, Mike, 2009. "From *Kid Nation* to Caste Nation: Mobility, Privilege, and the Paradox of Class on Reality Television" [J]. *Americana: A Journal of American Popular Culture (1900 to Present)*: 8.

Miller, Toby, 1002. *Television Studies* [M]. London: British Film Institute.

Miller, Toby, 2005. "Turn off TV Studies!" [J]. *Cinema Journal*, 45: 98 – 101.

Mittell, Jason, 2001. "A Cultural Approach to Television Genre Theory" [J]. *Cinema Journal*, 40: 3 – 24.

Mittell, Jason, 2004. *Genre and Television: From Cop Shows to Cartoons in American Culture* [M]. New York and London: Routledge.

Morley, David, 1992. *Television, Audiences and Cultural Studies* [M]. New York: Routledge.

Munns, Jessica, Gita Rajan, 1995. *A Cultural Studies Reader: History, Theory, Practice* [M]. New York: Longman.

Murray, Susan, Laurie Quellette, 2004. *Reality TV: Remaking Television Culture* [M]. New York and London: New York University Press.

Murray, Susan, Laurie Quellette, 2009. *Reality TV: Remaking Television Culture* [M]. 2nd ed. New York and London: New York University Press.

Neale, Stephen, 1980. *Genre* [M]. Hertford: British Film Institute.

Nightingale, Virginia, Karen Ross, 2007. *Critical Readings: Media and Audiences* [M]. Beijing: Peking University Press.

Nowell-Smith, Geoffery, 1996. *The Oxford History of World Cinema* [M]. Oxford: Oxford University Press.

O'Donnell, Victoria, 2007. *Television Criticism* [M]. Los Angeles: Sage Publications.

OECD, 2010. *Education at a Glance 2010 : OECD Indicators* [M]. Organization for Economic Co-operation and Development.

Ouellette, Laurie, James Jay, 2008. *Better Living through Reality TV: Television and Post-welfare Citizenship* [M]. Malden, MA: Blackwell Publishing.

Palmer, Gareth, 2003. *Discipline and Liberty: Television and Governance* [M]. Manchester and New York: Manchester University Press.

Postman, Neil, 1985. *Amusing Ourselves to Death* [M]. New York: Viking Penguin, Inc.

Priest, Patricia, 1995. *Public Intimacies: Talk Show Participants and Tell-all TV* [M]. Cresskill, New Jersey: Hampton Press, Inc.

Rabinow, Paul, 1984. *The Foucault Reader* [M]. New York: Pantheon Books.

Ramey, Carl, 2007. *Mass Media Unleashed: How Washington Policymakers Shortchanged American Public* [M]. Boulder: Rowman and Littlefield Publishers, Inc.

Rannow, Jerry, 1999. *Writing Television Comedy* [M]. New York: Allworth Press.

Richardson, John, 1986. *Handbook of Theory and Research for the Sociology of Education* [*M*]. *New York*: *Greenwood.*

Rivkin, Julie, Michael Ryan, 2004. *Literary Theory: An Anthology* [M]. 2nd ed. Oxford: Blackwell Publishing.

Rollins, Peter, 2003. *The Columbia Companion to American History on Film: How the Movies Have Portrayed the American Past* [M]. New York: Columbia University Press.

Roman, James, 2005. *From Daytime to Primetime: The History of American Television Programs* [M]. Westport, Conneticut, and London: Greenwood Press.

Rose, Brian, 1985. *TV Genres: A Handbook and Reference Guide* [M]. Westport, Connecticut: Greenwood Press.

Ross, Steven, 2002. *Movies and American Society* [M]. London: Blackwell Publishers, Ltd.

Schiller, Herbert, 1992. *Mass Communications and American Empire* [M]. 2nd ed. Updated. Boulder: Westview Press.

Scott, Allen, 2005. *On Hollywood: the Place, the Industry* [M]. Princeton: Princeton University Press.

Scott, Gini Graham, 1996. *Can We Talk? The Power and Influence of Talk Shows* [M]. New York and London: Plenum Press.

Segrave, Kerry, 1998. *American Television Abroad: Hollywood's Attempt to Dominate World Television* [M]. Jefferson: McFarland & Company, Inc. Publisher.

Silverstone, Roger, 1994. *Television and Everyday Life* [M]. New York: Routledge.

Simon, Keller, 1999. *Trash Culture: Popular Culture and the Great Tradition* [M]. Berkeley: University of California Press.

Smith, Matthew, Andrew Wood, 2003. *Survivors Lessons: Essays on Communication and Reality Television* [M]. Jefferson, North Carolina, and

London: McFarland & Company, Inc., Publishers.

Solomon, Stanley, 1974. "Film Study and Genre Courses" [J]. *College Composition and Communication*, 25: 277-283.

Spigel, Lynn, 2005. "TV's Next Season?" [J] *Cinema Journal*, 45: 83-90.

Spivak, Chakravort, 1988. *In Other Worlds: Essays in Cultural Politics* [M]. New York: Routledge.

Stone, Joseph, Time Yohn, 1994. *Prime Time and Misdemeanors: Investigating the 1950 's TV Quiz Scandal-the D. A. 's Account* [M]. New Brunswick, New Jersey: Rutgers University Press.

Straubharr, Joshph, Robber LaRose, 2004. *Media Now: Understanding Media, Culture and Technology* [M]. 4th ed. Beijing: Tsing-hua University Press.

Stumpf, Samuel, James Fieser, 2003. *A History of Philosophy: Socrates to Sartre and Beyond* [M]. Beijing: Peking University Press.

Sweet, Frank W, 2000. *A History of the Minstrel Show* [M]. Backintyme.

Taylor, Lisa, Andres Willis, 2004. *Media Studies: Texts, Institutions and Audiences* [M]. Beijing: Peking University Press.

Timberg, Bernard M, 2002. *Television Talk: A History of the TV Talk Show* [M]. Austin: University of Texas Press.

Tolson, Andrew, 1996. *Mediations: Text and Discourse in Media Studies* [M]. London and New York: Arnold.

Toplin, Robert, 1996. "History on Television: A Growing Industry" [J]. *The Journal of American History*, 83: 1109-1112.

Vaughm, Steven, 2006. *Freedom and Entertainment: Rating the Movies in an Age of New Media* [M]. New York: Cambridge University Press.

Verna, Tony, 1987. *Live TV: An Inside Look at Directing and Producing* [M]. Boston and London: Focal Press.

Wasko, Janet, 2003. *How Hollywood Works* [M]. London: Sage Publications Ltd.

Watson, George, 2004. *Communications Law: Liberties, Restraints, and the*

Modern Media [M]. 4th ed. Beijing: Tsing-hua University Press.

Willis, Don, et al., 1980. "Genre Studies" [J]. *Film Quarterly*, 33: 53-55.

Willis, Don, et al., 1981. "Genre Studies" [J]. *Film Quarterly*, 34: 52-53.

Willis, Don, et al., 1982. "Genre Studies" [J]. *Film Quarterly*, 35: 55-56.

Wolin, Richard, 1992. *The Terms of Cultural Criticism: The Frankfurt School, Existentialism, Post-Structuralism* [M]. New York and Oxford: Columbia University Press.

Zelenzny, John D, 2004. *Communications Law: Liberties, Restraints, and the Modern Media* [M]. 4th ed. Beijing: Tsing-hua University Press.

网站资源

AmericanVaudeville [EB/OL]. American Studies, University of Virginia [2012-03-08]. http://xroads. virginia. edu/ ~ MA02/easton/vaudeville/vaudevillemain. html.

Madison, Lucy. Obama: "Occupy Wall Street" Reflects "Broad Sensed Frustration" [R/OL]. CBS News [2011-10-09]. http://www. cbsnews. com/8301-503544_ 162-20116707-503544. html.

McGinn, Daniel. Television: Tax Trouble for ABC's "Extreme" Winner [R/OL]. Newsweek [2012-11-22]. http://www. thedailybeast. com/newsweek/2004/05/16/television-tax-trouble-for-abc-s-extreme-winne. html.

Obama Unveils Innovation Agenda at Google [R/OL]. USA Today [2008-11-02]. http://www. usatoday. com/news/pdf/obama-at-google-11-14-2007. pdf.

Presidential Candidate: Barack Obama, Senator fromIllinois [R/OL]. Open Secrets Organization [2008-11-12]. http://www. opensecrets. org/pres08/summary. php?cid = n00009638.

Stiglitz, Joseph. Of the 1%, by the 1% and for the 1% [J/OL]. Vanity Fair [2012-12-24]. http://www. vanityfair. com/society/features/2011/05/

top - one - percent - 201105.

U. S. Top 10s and Trends in 2010 [R/OL]. Nielson, [2011 - 01 - 12]. http://www.nielsen.com/us/en/newswire/2010/u - s - top - 10s - and - trends - for - 2010.html.

What Occupy Wall Street Protestors Really Think of Obama? [R/OL] Business Insider, [2012 - 09 - 22]. http://www.businessinsider.com/the - download - occupy - wall - street - obama - 2011 - 10.

乔磊. 盛产“废品”的美国大学 [R/OL]. IT 时代周刊 [2010 - 02 - 09]. http://www.techweb.com.cn/column/2009 - 12 - 14/495801.shtml.

电视真人秀节目

American Idol Season 11.40 episodes. Fox. 18 Jan. -23 May 2012.

Big Brother Season 12 (*U. S.*). 30 episodes. CBS. 8 Jul. -15 Sep. 2010.

Extreme Makeover: Home Edition Season 5. 24 episodes. ABC. 30 Sep. 2007 - 18 May 2008.

Extreme Makeover: Home Edition Season 6. 24 episodes. ABC. 28 Sep. 2008 - 17 May 2009.

The Apprentice Season 1. 15 episodes. NBC. 8 Jan. -15 Apr. 2004.

The Apprentice Season 2. 15 episodes. NBC. 8 Sep. -16 Dec. 2004.

The Apprentice Season 3. 17 episodes. NBC. 20 Jan. -19 May 2005.

*The Bachelor Season*13. 10 episodes. ABC. 5 Jan. -2 Mar. 2009.

Super Nanny Season 4. 20 episodes. ABC. 2 Jan. -1 May 2008.

Survivor: Borneo. 13 episodes. CBS. 31 May -23 Aug. 2000.

Suvivor: Samoa. 15 episodes. CBS. 17 Sep. -20 Dec. 2009.

后　记

选择电视真人秀作为我的研究课题，以严谨的学术态度对待一个具有高度娱乐性的研究主题，不得不说，这是一次既愉快又痛苦的经历：一方面我得放下架子纵情投入其中，让娱乐的氛围包围我，获得作为观众的真实体验；另一方面，为了更准确地把握娱乐文化的精髓，我更需要具有学术批判的敏锐触角，能时刻从中冷静地抽离出来，在眼花缭乱的视觉冲击和汹涌澎湃的情感冲击下坚持理性的分析与诉求。因而，在这些年的研究中，我不得不时常与自己易于沉迷于娱乐中的惰性做斗争，也常常需要克服自己因旁人对这一题目严肃性的质疑和不解所产生的沮丧与动摇。但是，也正是这一过程，让我更好地认识了自己所从事的文化研究的艰难与活力，也更好地认识了自我的弱点与潜力。回首这些年，幸而遇到了良师益友，幸而有亲爱的家人的支持与鼓励，让我可以选择这一自己真正感兴趣的课题，也让我可以在片刻的迷失和茫然后坚持自己的选择。

我首先要感谢我的博士导师石坚教授。先生不仅是我学术上的导师，也是我人生的导师与楷模。先生引领我走入了文化研究的大门，又一路不懈地鼓励、支持和点拨我。先生渊博的知识、开明严谨的学术态度和谦逊大度的为人之道让我受益匪浅。无论是作为我硕士研究生时期还是博士研究生阶段的导师，抑或是作为英语语言教学事业的前辈，先生总是鼓励我放开科研的手脚，遵循心之所向，珍惜自己创造性思维中的闪光点，在广泛的阅读和发散性思维中去寻找和建立自己的学术领域与专长。当我在研究中取得一点成果时，先生总是及时给予肯定，让我备受鼓舞；当我在研究中遇到瓶颈停滞不前时，与先生的交流总能让我茅塞顿开、豁然开朗。此外，师母幽默风趣、温柔贤惠，对我爱护有加，她积极乐观具有前瞻性的人生态度与见地总让我获益良多。先生和师母的恩情让我倍感温暖与幸运。

我还要衷心感谢程锡麟教授、叶英教授、马睿教授在百忙之中对本书的评阅，他们对我的书稿做出了肯定的评价并提出了很多让我深受启发的建议。我要特别感谢程老师和叶老师长期以来对我学业的关心和帮助。程老师博览群书，治学严谨，其深厚的文学修养和广博的学术视野总是让我叹服，也正是老师要求严格的文学课为我敢于在文化研究中进行详尽的文本分析打下了坚实的批评基础。老师对我的帮助让我深深感激，与老师的交流总是让人愉快且收获丰富。气质如兰的叶老师于我亦师亦友，老师对学术的孜孜以求和高尚的人品一直深深激励着我，老师对美国文学与文化研究的深刻理解更让我深为叹服。我还要感谢博士生阶段的老师——王晓路教授、朱徽教授、袁德成教授、冯宪光教授，他们的课堂夯实了我的学术基础，开阔了我的学术视野，他们或机智风趣或温文尔雅的学者风范让人钦佩。我要感谢我本科和硕士研究生学习阶段的老师——段峰教授、李毅教授、任文教授、陈杰教授、王安教授等，他们在课堂内外对我的帮助与鼓励为我的学术研究打下了基础，他们的学识与风范也是我学术道路上持久的动力。此外，我还要感谢学院的领导和同事，他们的支持和爱护是这部书稿得以完稿的不可或缺的保障。我也要感谢我在美国南加州查普曼大学访学期间结交的良师益友，其中杰伊·

道格拉斯（Jay Douglas）博士与凯瑟琳·李（Catherine Lee）博士不仅启发和鼓励了我对博士论文选题的确定，还给予我生活上无微不至的照顾和关心，让我至今仍然难以忘怀；感谢我的师姐师兄和博士同学们，与他们的交流既是学术上的帮助也是人生的乐事。

最后，我深深地感激我最亲爱的家人，他们的理解与包容是我最大的财富。感谢我的父亲吕祖武先生和母亲黄润冰女士三十多年来对我的支持与爱护，他们面对生活时的淡定与乐观让我可以笑对自己人生与事业上的潮起潮落；感谢我的公公古水扬先生和婆婆郭禾青女士，他们对我关爱备至，无论在生活上还是学业上，都给予了最大的支持和理解，让我得以全力以赴。我当然还要感谢我的丈夫古健先生，与他相识、相爱、相知、相伴是我人生最大的幸事，没有他坚定的支持与鼓励，也没有本书的完稿；我还要感谢我的外婆王佐君女士和我的儿子古浩轩，这对整整相差 90 岁的曾祖孙，让我每每在回顾往昔与展望未来时，都感到无限的温馨与欢悦。

我酝酿写作这部书稿的过程，也正是我孕育小生命的过程：书稿初就时，我的儿子呱呱坠地；书稿完善的几年，我的儿子也从牙牙学语的婴儿长成有自己性格与思想的小男子汉。面对这样的巧合我不禁感慨：人类的一切成果都来之不易，生命不止，则学术追求的道路也就没有尽头。这部书稿是青涩与稚嫩的，由于种种原因并不完美，希望各位专家不吝赐教、批评指正，帮助我迈向学术成长之路。

吕　琪

2016 年 9 月